道德經注合校

〔唐〕李榮 撰
張克政 輯校

圖書在版編目（CIP）數據
道德經注合校 / (唐) 李榮撰 ; 張克政輯校.
上海 : 上海古籍出版社, 2024. 8. -- ISBN 978-7-5732-1317-4
Ⅰ. B223. 12
中國國家版本館 CIP 數據核字第 20243VF827 號

道德經注合校
［唐］李榮　撰
張克政　輯校
上海古籍出版社出版發行
（上海市閔行區號景路 159 弄 1－5 號 A 座 5F　郵政編碼 201101）
（1）網址：www. guji. com. cn
（2）E-mail：guji1@guji. com. cn
（3）易文網網址：www. ewen. co
上海顓輝印刷廠有限公司印刷
開本 890×1240　1/32　印張 11. 375　插頁 2　字數 229,000
2024 年 8 月第 1 版　2024 年 8 月第 1 次印刷
印數：1—1,300
ISBN 978－7－5732－1317－4
B・1417　定價：59. 00 元
如有質量問題,請與承印公司聯繫

序

蓋建民

李榮，號任真子，綿州巴西縣（今四川綿陽）人，初唐與西華法師成玄英齊名的著名道家道教思想家、重玄學大師。

在李唐皇室尊認老子爲先祖、崇奉道家道教的歷史背景下，一大批道家道教學者競相注疏《老》《莊》等經典，積極參與道家道教思想理論建設。李榮適逢其會並爲其中翹楚。

李榮著作中留存較完整的是《道德經注》（以下簡稱「李《注》」）。李《注》現存兩種殘本：一爲《正統道藏》洞神部玉訣類所收殘本，題名《道德真經注》，存「序」及一至三十六章經注；二爲敦煌寫本殘卷（共六件），分別爲P.二五九四、P.二八六四、S.二〇六〇、P.三二三七、P.二五七七、P.三二七七，存三十七章、三十九章（絕大部分）至八十一章經注。《正統道藏》殘本和敦煌寫本殘卷合併，仍缺三十八章經注和三十九章經文「昔之得一者天得一以清地得一以寧」。

李《注》蘊含内容極爲豐富且體系較爲完整的哲學思想。研究以李榮爲代表的隋唐道家道教思想家的哲學思想特别是其重玄學思想，對於深入認識隋唐道家道教思想的源流影響，對於準確把握隋唐道家道教思想與儒釋二家思想的競合關係，對於恰當定位隋唐道家道教思想在道家道教思想史乃至中國哲學史上的歷史地位，都具有重要意義，因此李榮是研究中國哲學史特别是道教老學難以繞開的重要人物。

深入研究李《注》哲學思想的前提是有比較完備的李《注》文本可資利用。爲方便學界，自二十世紀三十年代至二十一世紀初，小島佑馬、蒙文通、嚴靈峰、黄海德、周國林、王卡等學者先後對李《注》進行了部分校勘或完整輯校。一九三四年，日本學者小島佑馬《巴黎國立圖書館藏敦煌遺書所見録（八）》一文對李《注》敦煌寫本殘卷P. 二五九四、P. 二八六四、P. 三二三七、P. 二五七七、P. 三二七七的部分文字進行了校勘。一九四五—一九四七年，蒙文通先生完整輯佚、仔細校勘了李《注》，並以《輯校李榮〈老子注〉》爲名由四川省立圖書館於一九四七年石印刊行，這是李《注》的第一個完本輯校本。二十世紀九十年代後期，蒙文通先生哲嗣蒙默教授重新整理校勘《輯校李榮〈老子注〉》，並以《輯校李榮〈道德經注〉》爲名收入巴蜀書社二〇〇一年出版的《蒙文通文集》第六卷《道書輯校十種》，二〇一五年又收入該社出版的《蒙文通全集》第五册《道教甄微》。一九六五年，嚴靈峰先生《輯李榮〈老子〉注》收入《無求備齋老子集成初編》第三函，並由臺北藝文印書館出版發行。二〇世紀八〇年代末至九〇年代初，黄海德教授撰成《李榮〈老子注〉校釋》一書，但該書迄今尚未正式出版，殊爲憾事；該書第一章校釋内容曾以《李榮〈老子注〉校釋（一章）》爲名發表於一九九四年四川人民出版社出版的《道教研究》第一輯； 黄海德教授還曾在《四川師範大學學報（社會科學版）》一九九二年第三期發表《倫敦不列顛博物院敦煌S.二〇六〇寫卷研究》一文，該文包含對李《注》敦煌寫本殘卷S.二〇六〇的校勘内容。黄海德教授的研究，是二十世紀八九十年代爲數不多且值得重視的成果，爲學界提供了基礎與出發點。二〇〇四年，周國林教授點校、王卡先生復校的李榮《道德真經注》收入華夏出版社出版的《中華道藏》第九册。二〇一一年，周國林教授點校的李榮《道德真經注》收入宗教文化出版社出版的《老子集成》第一卷。

上述公開出版的李《注》輯校本雖在一定時期較好滿足了當時的研究需要，但確實仍存在經注文字改、補、删説明不够詳細的問題，致使讀者無從顯見文字改易之處及改易根據，利用不便。有鑒於此，張克政以《正統道藏》所收李榮《道德真經注》殘本、敦煌寫本六殘卷、《正統道藏》所收强思齊《道德真經玄德纂疏》中所纂集的第三十八章經注和第三十九章經文「昔之得一者天得一以清地得一以寧」爲底本，以强思齊《道德真經玄德纂疏》中除作爲底本部分外的李《注》經注、《正統道藏》所收顧歡《道德真經注疏》和李霖《道德真經取善集》中所引李《注》經注、《文淵閣四庫全書》所收焦竑《老子翼》中所引李《注》經注爲參校本，以蒙文通《輯校李榮〈道德經注〉》、嚴靈峰《輯李榮〈老子注〉》、周國林和王卡點校的李榮《道德真經注》、周國林單獨點校的李榮《道德真經注》、黄海德《李榮〈老子注〉校釋（一章）》和《倫敦不列顛博物院敦煌S.二〇六〇寫卷研究》所含校勘内容爲參考本，逐字逐句校勘整理李《注》，形成了如今呈現在讀者面前的這個輯校本。

通讀之後，我認爲張克政的這個輯校本在充分汲取前輩學者們的校釋成果的基礎上，又有所推進突破，具有以下幾個特色。第一，本輯校本對李《注》經注文字改易、取捨根據的説明非常詳細，對各底本、參校本、參考本之間文字異同的校對十分詳盡，校記凡一〇〇〇餘條，相對已公開出版的其他輯校本的校記，較爲細緻又不失簡明，方便讀者。第二，本輯校本校記中引用了大量書證和例證，以此解説經注文字改易、取捨依據，可見整理者查閲資料用功甚勤。第三，本輯校本在整理過程中綜合運用了陳垣先生總結的「校勘四法」（對校法、本校法、他校法、理校法），這能有效保證整理水準，也可見整理者在改易、取捨經注文字上付出了很多精力。

古籍整理並非易事，它需要有文字學、音韻學、訓詁學等方面的扎實功底。整理者坦誠告訴我，他對訓詁學並不十分熟悉，對音韻學更是一知半解。所以，該輯校本主要是從文字比對、文意斟酌、句法推敲等方面開展整理工作的，可能與嚴格的校勘學必須將文字學、音韻學、訓詁學三者聯繫貫通起來的要求有一定差距，或許只做到了重其形、意而未及其音、義，因此訛誤可能在所難免。但即便如此，我依然認爲，僅就該輯校本的三個特色而言，整理者甘於坐冷板凳的治學精神與工作態度是完全值得嘉許的。

本輯校本的整理者張克政是我的學生，曾在我的指導下在四川大學攻讀中國哲學專業博士學位。他謙虚好學，勇於探索，甘於寂寞，學風端正。讀博期間，他就已經表現出對於古籍整理的濃厚興趣。而今，他整理出版李《注》，可以説堅持了他的學術志趣和治學精神。

古籍整理工作是一項十分艱辛而又枯燥的工作。在當下以論文和項目爲評價指標的學術環境中，整理古籍不僅是在坐冷板凳，而且主要是在爲他人作嫁衣裳。作爲中青年學者，張克政願意從事這一工作，説明他對古籍整理對於保護、傳承、弘揚中華優秀傳統文化的重要意義有自覺而深刻的認識。作爲作者的導師，我希望他繼續保持初心，並把該輯校本的完成作爲新的開端，在虚心聽取專家學者和廣大讀者的批評意見的基礎上，進行更深入的研究，推出更優異的成果。

是爲序。

二〇二四年九月二日於浙江大學紫金港校區惟學樓

輯校説明

李榮，號任真子，綿州巴西（今四川綿陽）人，唐高宗時著名道士、道教思想家，初唐與西華法師成玄英齊名的重玄學大師。李榮生卒年史無詳載，約生於貞觀四年（六三〇）前，卒於永淳二年（六八三）後。據釋道宣《集古今佛道論衡》，作爲道教一方主要代表人物，李榮曾五次參加佛道朝廷論義：顯慶二年（六五七）六月、顯慶三年（六五八）四月、顯慶三年十一月，於長安分别與釋慧立、釋義褒等論六洞義、道生萬物義、本際義，「屢遭勁敵，仍參勝席」，漸成「道士之望」「老宗魁首」〔二〕；顯慶五年（六六〇）八月，與釋静泰論老子化胡事於洛陽内宫，因四度失語無答而被「令還梓州」〔三〕；龍朔三年（六六三）六月，與釋靈辯論道玄義於長安蓬萊殿〔三〕。據釋道世《法苑珠林》，麟德元年（六六四），李榮曾與長安諸觀道士廣搜並重修道經〔四〕。據劉肅《大唐新語》，總章中（六六

〔二〕［唐］釋道宣：《集古今佛道論衡》卷丁《今上在東都有洛邑僧静泰敕對道士李榮叙道事第五》，《大正新修大藏經》第五十二册，一九三四年，第三九二頁下—三九三頁上。

〔三〕同上注。

〔三〕同上注，第三九三頁下。

〔四〕［唐］釋道世《法苑珠林》卷五十五《破邪篇第六十二·妄傳邪教第三》，北京：中華書局，二〇〇三年，第一六六〇頁。

八—六七〇），李榮曾咏詩嘲諷興善寺火灾〔一〕。據《太平廣記》，李榮嘗與釋法軌論義並互謔〔二〕。據盧照鄰詩《贈李榮道士》和《舊唐書》相關記載，李榮或曾於總章二年（六六九）冬前後奉敕入蜀齋醮投龍，祈禱名山大川。據盧照鄰《贈李榮道士》、駱賓王《代女道士王靈妃贈道士李榮》，李榮向與盧照鄰、駱賓王相往來，女冠王靈妃與其情如膠漆。據《舊唐書》，高宗末，李榮嘗與太學博士羅道琮講論〔三〕。據韋述《兩京新記》，垂拱中（六八五—六八八），成玄英住長安龍興觀，如此時李榮仍在世，或與成玄英有交集；長安東明觀内有李榮碑，李榮或歿於長安並葬東明觀〔四〕。

李榮深研《老子》，精於重玄，富於著述，王維謂其「有文知名」〔五〕。見諸史料的李榮著作有《洗浴經》《道德經注》《老子道德經集解》《西升經注》，蒙文通先生考證李榮尚著有《莊子注》〔六〕。《洗

〔一〕［唐］劉肅《大唐新語》卷十三，北京：中華書局，一九八四年，第一九〇頁。

〔二〕［宋］李昉等《太平廣記》卷二四八《詼諧四》引《啓顔録》，北京：中華書局，一九六一年，第一九二五頁。

〔三〕［後晉］劉昫等《舊唐書》卷一八九，北京：中華書局，一九七五年，第四九五七頁。

〔四〕［唐］韋述、杜寶撰，辛德勇輯校《兩京新記輯校·大業雜記輯校》，《兩京新記輯校》卷三；《唐兩京城坊考圖》卷四，北京：中華書局，二〇二〇年，第一一九頁、第一二二—一二三頁。

〔五〕［清］趙殿成：《王右丞集箋注》卷二十五《大薦福寺大德道光禪師塔銘》，《景印文淵閣四庫全書》第一〇七一册，臺北：臺灣商務印書館，一九八六年，第三二二頁上。

〔六〕參見蒙文通：《蒙文通全集》第五册，蒙默編，成都：巴蜀書社，二〇一五年，第二三七頁。

浴經》是否即是敦煌遺書中的《太上靈寶洗浴身心經》有待考證〔二〕，《老子道德經集解》是否爲李榮所著亦暫無定論〔三〕，《西升經注》僅有部分文字散存於陳景元《西升經集注》，李榮是否曾撰《莊子

〔二〕 敦煌遺書中有《太上靈寶洗浴身心經》一卷(S. 三三八〇)，《正統道藏》未收。王卡先生在其點校的《太上靈寶洗浴身心經》説明框中稱：「唐釋玄嶷《甄正論》稱唐道士李榮造《洗浴經》，當即此書。」(張繼禹主編：《中華道藏》第六册，北京：華夏出版社，二〇〇四年，第八六頁)但在稍後出版的《敦煌道教文獻研究——綜述・目録・索引》一書「太上靈寶洗浴身心經」條按語中，王卡先生又稱「敦煌本是否李榮所造，尚待研究」(王卡：《敦煌道教文獻研究——綜述・目録・索引》，北京：中國社會科學出版社，二〇〇四年，第一三二—一三三頁)。

〔三〕 李榮是否撰有《老子道德經集解》，尚無定論。主要觀點有三種。其一，《老子道德經集解》與《道德經注》是二書，且均爲李榮所著，如蒙文通先生認爲，《正統道藏》中題爲顧歡所撰之《道德經注疏》「爲李榮之作，乃李之《集解》」(蒙文通：《蒙文通全集》第五册，第二三八頁)。其二，《老子道德經集解》與《道德經注》實爲一書，如王重民先生認爲，杜光庭《道德真經廣聖義》著録的「任真子李榮《注》(上下二卷)」、《舊唐書》著録的「《老子道德經集解》四卷(任真子注)」、《新唐書》著録的「任真子《集解》四卷」同爲《宋史》著録的「李榮《老子道德經注》」(王重民：《老子考》上册，北京：中華圖書館協會，一九二七年，第一三六—一三七頁)；呂慧鈴也認爲二書很可能是一書(參見呂慧鈴：《李榮〈道德真經注〉思想研究》，臺灣師範大學二〇〇七年碩士論文，第四二—四三頁)。其三，《老子道德經集解》與《道德經注》爲二書，但《老子道德經集解》著者非李榮，如黄海德教授認爲，《道德經注》與《老子道德經集解》是二書，但《老子道德經集解》「既非顧歡所注，亦非張君相集解，亦不爲李榮所撰」，而是後人無名氏所集，「因見其中有李榮注，故屬之於任真子」(黄海德：《李榮及其〈老子注〉考辨》，《世界宗教研究》一九八七年第四期，第五四頁)；董恩林認爲，《道德經注》與《老子道德經集解》「不可能是一書，二書作者也不可能是一人，作《老子道德經集解》的『任真子』很可能不是李榮，而是另一佚名者，誠所謂此任真子非彼任真子也」(董恩林：《唐代〈老子〉詮釋文獻研究》，濟南：齊魯書社，二〇〇三年，第一〇五—一〇六頁)。筆者認爲，「注」與「集解」的撰寫方式及内容大不相同，因此僅從書名看，二書不是一書的可能性更大。

注》仍存争議〔二〕，唯有《道德經注》留存較爲完整且公認爲李榮所著。

李榮《道德經注》在唐末五代仍有流傳，强思齊《道德真經玄德纂疏》較完整地纂集了李榮《道德經注》注文。原題顧歡所撰《道德真經注疏》、南宋李霖《道德真經取善集》中也引存有李榮《道德經注》注文若干。黄海德教授推斷，「大概李榮注全書應亡缺於元明之際」〔三〕。

李榮《道德經注》現存兩種殘本。一爲《正統道藏》洞神部玉訣類所收殘本，題名《道德真經注》，存該注「序」及《道經》一至三十六章經注，分四卷，第四卷末題「後文元闕」〔三〕。二爲敦煌寫本殘卷，殘卷共六件，分别爲法藏P. 二五九四、P. 二八六四、P. 三二三七、P. 二五七七、P. 三二七七殘

〔二〕　蒙文通先生認爲李榮著有《莊子注》。作爲治學嚴謹的大家學者，蒙先生所論應有所本，但未知所本何處。盧國龍研究員則明確認爲「李榮不曾注疏《莊子》」（盧國龍：《中國重玄學》，北京：人民中國出版社，一九九三年，第二六〇頁），强昱教授所列李榮著作也不包括《莊子注》（參見强昱：《成玄英李榮著述行年考》，《道家文化研究——「玄學與重玄學專號」》第十九輯，陳鼓應主編，北京：生活·讀書·新知三聯書店，二〇〇二年，第三二五頁）。因無史料支持蒙先生觀點，李榮是否著有《莊子注》，暫存疑。

〔三〕　黄海德教授將「元脱脱領修的《宋史·藝文志》，所記書名卷數亦與《廣聖義》相同」作爲李榮《道德經注》亡缺於元明之際的證據（黄海德：《李榮及其〈老子注〉考辨》，第五四頁），似有不足，因「元脱脱領修的《宋史·藝文志》，所記書名卷數亦與《廣聖義》相同」並不必然意味修《宋史》時李榮《道德經注》全書仍有流傳。另，不能排除李榮《道德經注》在《正統道藏》刊行之後纔亡缺的可能性，因編纂《正統道藏》時未徵集到李榮《道德經注》全書並不必然意味該注全書當時已亡缺。

〔三〕　《道藏》第十四册，北京：文物出版社，上海：上海書店，天津：天津古籍出版社，一九八八年，第五六頁下。

卷和英藏S. 二〇六〇殘卷，共存《道經》三十七章、《德經》三十九章至八十一章經注。《正統道藏》殘本和敦煌寫本殘卷合並，仍缺三十八章經注和三十九章經文「昔之得一者：天得一以清，地得一以寧」。另，寧波天一閣博物院藏有李榮《道德經注》明抄本，題名《道德真經注》，存該注「序」及《道經》一至三十六章經注，亦分四卷，第四卷末亦題「後文元闕」。經詳細比對，天一閣所藏李榮《道德真經注》明抄本實則抄録自《正統道藏》，但存在一些抄寫訛誤〔二〕。

二十世紀四十年代以來，蒙文通先生、嚴靈峰先生、黄海德教授、周國林教授、王卡先生先後輯校過李榮《道德經注》。一九四五—一九四七年，蒙文通先生根據《正統道藏》殘本、巴黎所贈敦煌《老》卷影本（《德經》李《注》之後卷）、余君讓之所抄寄北平圖書館藏敦煌本（《德經》李《注》之前

〔二〕 天一閣博物院所藏明抄本李榮《道德經注》訛誤大致可分四類（按通行本章次叙述）。一爲訛文，如「序」中將「陶鈞」之「鈞」和「擿祥」之「擿」抄作「鈎」和「擒」，第十三章中將「虚己忘心」之「心」抄作「也」，第十八章中將「飾智慧以驚愚」之「驚」抄作「警」，第二十一章中將「有無非常」之「非」抄作「有」，第二十二章中將「取其功而反失」之「失」和「不是虚言」之「是」分别抄作「矣」和「足」，第二十四章中將「此非君子之行」之「非」抄作「是」，第二十五章中將「取則於天地也」之「則」抄作「其」，第二十九章中將「若乃興天下之善」之「興」抄作「與」，第三十章中將「是道可以常行」之「道」抄作「也」，等等；二爲異文，如第十四章中將「名之曰希」之「曰」抄作「名」，第十六章中將「故曰芸芸」之「曰」抄作「云」，第十八章中將「父子兄弟夫妻」之「妻」抄作「婦」，第二十章中將「賢者倒愚於不賢故曰相去幾何也」之「曰」抄作「云」，第二十八章中將「大白若辱」之「大」抄作「太」。三爲脱文，如第十一章中「埏和也」脱「也」字，第十二章中「有目而不見真人大聖」脱「而」字。四爲倒文，如第十八章中將「故言道廢」之「道廢」抄作「廢道」。

卷)〔二〕、《道德真經注疏》(題顧歡)、李霖《道德真經取善集》,首次輯校而成完本李榮《道德經注》。一九四七年,該輯校本以《輯校李榮〈老子注〉》爲名由四川省立圖書館石印刊行,分四卷,未分章,並附《校記》十七則和《輯校〈老子〉李榮注跋》〔三〕。二十世紀九十年代後期,蒙文通哲嗣蒙默先生以《輯校李榮〈老子注〉》爲底本,參合《正統道藏》殘本及敦煌寫本殘卷、遂州和易州二龍興觀「道德經碑」、《成玄英〈老子道德經開題序訣義疏〉》敦煌寫本殘卷、蒙文通《輯校成玄英〈道德經義疏〉》經文、《想爾注》經文,重新整理校勘該輯校本,分兩卷八十一章,並以《輯校李榮〈道德經注〉》爲名收入巴蜀書社二〇〇一年八月出版的《蒙文通文集》第六卷《道書輯校十種》,二〇一五年五月

〔二〕　一九四五—一九四七年,蒙文通先生撰作《輯校〈老子〉李榮注》時,當未見到英藏S.二〇六〇殘卷。蒙文通先生哲嗣蒙默於一九九八年十月爲再次整理校勘《輯校李榮〈道德經注〉》所撰《整理後記》中説,敦煌寫本《李注》「自清末淪落海外,割裂爲六,其五存巴黎國民圖書館,而另一則存倫敦大英博物館,先君輯校《李注》時僅見巴黎所存者,而倫敦所存者(第五十三章至六十一章)則未見之」(蒙文通:《蒙文通全集》第五册,第三〇二頁)。王卡先生《敦煌道教文獻研究——綜述·目録·索引》「老子道德經李榮注」條下按語云:「蒙文通跋文云:嘗致函『余君讓之』,探詢北京圖書館藏敦煌本李榮注。旋得余君抄本寄至,即《德經》李注之前卷,取以校補删改數十字云云。今查中國國家圖書館已公布未公布敦煌藏卷,均無李榮注抄本。不知余君所抄現藏何處。」(王卡:《敦煌道教文獻研究——綜述·目録·索引》,北京:中國社會科學出版社,二〇〇四年,第一七五頁)

〔三〕　一九四七年《輯校〈老子〉李榮注跋》附於《輯校李榮〈老子注〉》同時刊行,一九四八年該跋發表於《圖書集刊》第八期。

該輯校本又收入巴蜀書社出版的《蒙文通全集》第五册《道教甄微》。

一九六五年，嚴靈峰出版《輯李榮〈老子〉注（全二册）》。該輯校本「以道藏殘本爲底本，輯强思齊《纂疏》中之李榮注，並校法國巴黎國立圖書館與英國倫敦大英博物院所藏各號敦煌寫本殘卷；略采道藏『信』字號《道德真經注疏》與李霖《道德真經取善集》數條，參竅異同，使成完本。」〔二〕

蒙文通、嚴靈峰二先生輯校本付梓之後，公開出版的李榮《道德經注》輯校本主要有兩種，一爲周國林教授點校、王卡先生復校的李榮《道德真經注》〔三〕，一爲周國林教授點校的李榮《道德真經注》〔三〕。二輯校本均以《正統道藏》所收李榮《道德真經注》和敦煌殘卷P. 二五九四、P. 二八六四、S. 二〇六〇、P. 三二三七、P. 二五七七、P. 三二七七爲底本合校而成，殘缺處則據强思齊《道德真經玄德纂疏》參校補充，並根據通行本分別章次。

二十世紀八十年代末至九十年代初，黄海德教授在蒙文通先生《輯校〈老子〉李榮注》基礎上，

〔二〕嚴靈峰：《輯李榮老子注（一）·輯李榮道德經注序》，《無求備齋老子集成初編》第三函，臺北：藝文印書館，一九六五年，第三頁。

〔三〕該輯校本收入二〇〇四年華夏出版社出版的《中華道藏》第九册。

〔三〕該輯校本收入二〇一一年宗教文化出版社出版的《老子集成》第一卷。

「廣搜敦煌道經，並與《道藏》引書往復校勘，終將李榮《老子注》八十一章全部復原，撰成《李榮〈老子注〉校釋》一書」[一]。遺憾的是，該書迄今仍未出版。該書第一章校釋内容曾以《李榮〈老子注〉校釋（一章）》爲題發表於《道教研究》第一輯。黄海德教授還曾將英藏S.二〇六〇殘卷與强思齊《道德真經玄德纂疏》、李霖《道德真經取善集》、顧歡《道德真經注疏》三書中所引李榮《道德經注》文字相考校，撰成《倫敦不列顛博物院敦煌S.二〇六〇寫卷研究》一文並發表於《四川師範大學學報（社會科學版）》一九九二年第三期。

以上公開出版的輯校本雖爲深入研究李榮《道德經注》奠定了良好文本基礎，但仍存在一些不足。蒙文通先生的輯校本雖最爲精善，但仍存在未詳細説明部分經注文字改、補、删依據的缺憾，給後來研究者帶來了不便。嚴靈峰先生的輯本雖有較爲詳細地注明文字改易、取捨根據的優點，但其改易、取捨確實不如蒙文通先生精審，且文字訛誤較多。前兩種輯校本的不足在周國林教授、王卡先生的二輯校本中亦存在。整體看，後二輯校本對前兩種輯校本的改進有限。總之，李榮《道德經注》的整理還有提高空間。

[一] 黄海德：《李榮〈老子注〉校釋（一章）》，《道教研究》第一輯，黄海德主編，成都：四川人民出版社，一九九四年，第六四頁。

作爲注《老》之作，李榮《道德經注》雖無形式上的系統，但實則有一個實質上的系統。李榮《道德經注》藴涵的哲學思想可以看作是以老莊道家哲學爲本位，揚棄魏晉玄學和佛教中觀學說，吸收儒家思想而形成的，熔道儒釋於一爐，具有較强思辨特徵的哲學體系。這一哲學體系以道論爲根本，以人論爲核心，始於道體論，繼而展開道性論、道用論，進而開出知道論、履道論、樂道論，最後終於同道論中的理想人格理論，構建了一個由道而人、又由人而道的較爲嚴整的思想系統，其中藴含豐富的本體論、宇宙論、認識論、修養論、人性論、治國論等思想。從李榮《道德經注》中可以看到，李榮以理言道，以道與氣論天地萬物生成，以道與氣論人性等思想已經非常接近宋明理學的理本體論，理氣之辨，天命與氣質二性論了。陳寅恪指出："凡新儒家之學説，幾無不有道教，或與道教有關之佛教爲之先導。"[二]後世，張載和其他宋儒雖辟佛老，然而究竟没能逃脱佛老的影響。從這一意義上講，以李榮爲代表的隋唐道教思想家的哲學思想上承老莊道家哲學，中采儒佛思想，下啓宋明理學和道教内丹心性之學，在中國哲學史特别是道教思想史上具有承前啓後的重要地位。

李榮是初唐著名道教思想家和重玄學大師，其《道德經注》作爲初唐重玄學的代表性著作之

〔二〕陳寅恪：《馮友蘭中國哲學史下册審查報告》，《陳寅恪集·金明館叢稿二編》，陳美延編，北京：生活·讀書·新知三聯書店，二〇〇一年，第二八四頁。

一，不僅對理解李榮思想，而且對把握重玄學的思想義涵、認識重玄學的源流影響等具有重要文本價值。鑒於已有輯校本尚存一些不足，本人不揣淺陋，冒昧重新輯校李榮《道德經注》，以期爲研究者提供一個較爲完善、便於利用的文本。由於學力有限，更加經驗不足，舛誤在所難免，敬請學界同仁批評指正！

凡例

一、底本與參校本

（一）底本

底本共三種。

1.「道德真經注序」及一至三十六章經注以《正統道藏》洞神部玉訣類所收李榮《道德真經注》爲底本，簡稱「道本」。

2. 三十七章經注、三十九章經文「神得一以靈」句和該句後該章經文及全章注文、四十至八十一章經注以李榮《老子德經》敦煌寫本殘卷（P. 二五九四、P. 二八六四、S. 二〇六〇、P. 三二三七、P. 二五七七、P. 三二七七）爲底本，簡稱「敦本」。

3. 三十八章經注、三十九章經文「昔之得一者：天得一以清，地得一以寧」以《正統道藏》洞神部玉訣類所收强思齊《道德真經玄德纂疏》中所引李榮《道德經注》經注文字爲底本，簡稱「强本」。

（二）參校本

參校本爲四種古本。

一爲《正統道藏》洞神部玉訣類所收强思齊《道德真經玄德纂疏》中除作爲底本部分的李榮《道德經注》經注文字，簡稱「强本」。二爲《正統道藏》洞神部玉訣類所收顧歡《道德真經注疏》中所引李榮《道德經注》經注文字，簡稱「顧本」。三爲《正統道藏》洞神部玉訣類所收李霖《道德真經取善集》中所引李榮《道德經注》經注文字，簡稱「李本」。四爲《文淵閣四庫全書》所收焦竑《老子翼》中所引李榮《道德經注》經注文字，簡稱「焦本」。

二、參考本

參考本爲五種現代輯校本。其中，四種爲完本，一種爲非完本。四種完本分别爲：二〇一五年成都巴蜀書社出版的《蒙文通全集》第五册《道教甄微》中的《輯校李榮〈道德經注〉》，簡稱「蒙本」；一九六五年臺北臺灣藝文印書館出版的《無求備齋老子集成初編》第三函中的嚴靈峰《輯李榮〈老子注〉》，簡稱「嚴本」；二〇〇四年北京華夏出版社出版的《中華道藏》第九册中由周國林點校、王卡復校的李榮《道德真經注》，簡稱「周王本」；二〇一一年宗教文化出版社出版的《老子集成》第一卷中由周國林點校的李榮《道德真經注》，簡稱「周本」。一種非完本指一九九四年成都四川人民出版社出版的《道教研究》第一輯中的黄海德《李榮〈老子注〉校釋（一章）》及《四川師範大學學報（社會科學版）》一九九二年第三期發表的黄海德《倫敦不列顛博物院敦煌S.二〇六〇寫卷研究》所含校勘内容，簡稱「黄本」。

三、校勘

（一）底本不誤，則保留底本原貌，僅在校勘記中説明異文。

（二）底本確實有誤，且有版本依據者，則改易並在校記中説明。

（三）底本可能有誤，但無版本依據者，除顯誤徑改者，一律不改，在校記中説明。

（四）異體字原則上不出校。

（五）爲使校記簡明，蒙本、嚴本、周王本、周本之間如無差别，則統稱爲「諸輯本」。因非完整輯校本，黄本單獨説明。如諸輯本、黄本與底本有差異，則分别説明。

（六）校記引證

引證包括書證和例證。

1. 引證時主要引用書證，如無必要，一般不引用例證。如同時引用書證和例證，則先引書證，後引例證。如無書證，則僅引例證。

2. 引用古代字書、韻書、注疏的解釋，一般省去與所釋字頭無關的文字，省略時一般不加省略號。

3. 引證古代字書、韻書、注疏時，標明書名、篇名或卷次，一般不標注作者姓名和朝代，也不注明原書頁碼。

四、其他説明

（一）關於强本

强思齊《道德真經玄德纂疏》體例爲： 先書《道德經》經文，次纂各家《注》之經文及注文； 如遇某家《注》之經文及注文不便分割或與其所書經文不同，則先引該家《注》之經文，再纂其注文。輯校原則爲： 以强思齊所引李榮《道德經注》經文爲準； 如强思齊未引李榮《道德經注》經文，則以强思齊所書經文爲準； 如强思齊所書經文與其所引李榮《道德經注》經文不同，則以强思齊所引李榮《道德經注》經文爲主，再輔以强思齊所書經文進行校對。

（二）關於黄本

黄海德《倫敦不列顛博物院敦煌S.二〇六〇寫卷研究》中的校勘内容以簡體字發表，此次引證黄本該部分文字時不區分其對應繁體字的不同字形。

目録

道經

德經

附録

道德真經注序〔一〕

道士臣榮言：　榮聞冥寂先天，絡天無以昭其景；　混成有物，周物不足洞其微。　此則超繫象而玄玄，邈筌蹄而杳杳。運陶鈞之邃迹，理歸虚應；　恢匠導之幽路，義在靈圖。是以瀨鄉仙籙〔二〕，神交帝象之先；　苦縣真宗，慶發皇靈之首。五千垂裕，玄風表於配天；　雙柱流禎，紫氣彰於御極。伏惟陛下玉宸纂聖，金闕應圖，榮光泛皎鏡之波，祥烟霏獻壽之嶽。嬉神汾水，撫洪鈞而獨化；　問道河濱，施上仁而不宰。靈洞真文，躬勞聖敬；　仙都秘牒，親紆睿覽。凝黄庭而體妙，浴玄牝以流

〔一〕「道德真經注序」，蒙本、周王本、周本從道本，嚴本題「上道德經注表」。蒙本校記云：「道德真經注序《正統道藏》《李注》殘本卷首有此序，實爲《上道德經注表》，易表爲序，蓋樸野者所妄改；……今皆仍之。」（蒙文通：《蒙文通全集》第五册，第三〇四頁）嚴本按語云：「此表原題『道德真經注序』，今依文體改正。」（嚴靈峰輯：《無求備齋老子集成初編》第三函《輯李榮老子注（一）·上道德經注表》，第一頁）據「臣」「伏惟陛下」「再奉涣汗之言」「謹奉表以聞謹言」等字語及文意，此「序」實應爲「表」。又，一般認爲，自唐玄宗始，《道德經》方被稱作《道德真經》，而李榮撰此注當在唐玄宗前，故此「道德真經注序」實應爲「上道德經注表」。

〔二〕「籙」，蒙本作「録」，嚴本、周王本、周本從道本。「籙」「録」均有簿籍義，然「籙」又有道教秘文義，《隋書·經籍志四》：「其受道之法，初受《五千文籙》，次受《三洞籙》，次受《洞玄籙》，次受《上清籙》。籙皆素書，紀諸天曹官屬佐吏之名有多少。」《新唐書·宣宗紀贊》：「躬受道家之籙，服藥以求長年。」據文意，「籙」義更勝。

謙。故得〔一〕霓裳息有待之風，鯤海截無爲之化。謹案經文：「是以聖人治，處無爲之事，行不言之教。」又云：「聖人治，虚其心，實其腹。」前後靈證，有若合符；今古師資，不詳幽旨。當由皇靈未睹，聖德凝寂。今天啓之心，昭然顯著。實所謂兆太平之玄化，發揮百代之前；勒無爲之至功，摛祥千載之後。豈止河圖録〔二〕籍，空傳漢後之名；昌户丹書，纔表姬文之字。其言澹而妙，其理幽而遠。亦猶仰之於羲和，六虚均照；濡之於上善，萬物斯洽。是以往之賢俊，争探深隱，魏晉英儒，滯玄通於有無之際；齊梁道士，違懲勸於非迹之域。雷同者望之而霧委，唯事談空；迷方者仰之以雲蒸，確乎執有。或復但爲上機，則略而不備；苟存小識，則繁而未簡，遂使此經一部，注有百家，薰蕕亂警於仙風，涇渭混流於慧海。佐時導俗，時有闕於玄關；徹有洞空，乍未開於虚鑰。臣榮迹齒玄肆，名參丹籙，漱清流而心非止水，抗幽石而鑒殊懸鏡。淹留丹桂，夙徹耳於薰風；舞咏青溪，空曝背於唐日。猥以擁腫之性，再奉涣汗之言，遂得揮玉柄於紫庭，聽金章於丹陛，亟參高論，未展幽誠。以夫巨壑三山，泛麟洲而未測；通泉九井，仰龍德以如存。敢罄庸愚，輒爲注解。自惟夕

〔一〕「得」，蒙本脱，嚴本、周王本、周本從道本。

〔二〕「録」，諸輯本從道本。蒙本校記云：「文中『録籍』之『録』爲『緑』字之誤。今皆仍之。」（蒙文通：《蒙文通全集》第五册，第三〇四頁）「緑」有帝王受命之符籙義，後作「籙」，《墨子·非攻下》：「泰顛來賓，河出緑圖，地出乘黄。」孫詒讓《墨子閒詁》：「緑、籙通。」《淮南子·俶真訓》：「古者至德之世……洛出丹書，河出緑圖。」據文意，「緑」義更勝。

惕，竊喜朝聞。然纖蠡議海，信阻量於黿波；而嶽鎮干雲，庶成功於蟻壤。寧髣髴於衆妙，希罔象於玄珠。塵黷旒扆，懼深水谷。無任惶恐之至，謹奉〔一〕表以聞謹言。

〔一〕「奉」，蒙本脱，嚴本、周王本、周本從道本。

道經〔一〕

〔一〕「道經」，道本「道經」二字上有兩行，分作「道德真經注卷之一」「元天觀道士李榮注」，今不采入正文。按：以下道本卷題「道德真經注卷之二」「道德真經注卷之三」「道德真經注卷之四」及卷題下「元道觀道士李榮注」八字均不采入正文，不再注明。

一章〔一〕

道可道，非常道；

道者，虚極之理也〔二〕。夫論虚極之理〔三〕，不可以有無分其象，不可以上下格〔四〕其真。是則玄玄非前識之所識，至至豈俗知而得知〔五〕，所謂妙矣難思，深不可識也〔六〕。聖人欲〔七〕坦茲玄路，開以教門，借圓通之名，目虚極之理，以理可名，稱之可道，故曰〔八〕吾不知其名，字之曰道〔九〕。非

〔一〕道本原不分章，今據通行本分章。以下二至八十一章同此。

〔二〕「也」：强本作「體」，諸輯本、黄本從道本。

〔三〕「夫論虚極之理」：强本無，諸輯本、黄本從道本。

〔四〕「格」：强本作「極」，諸輯本、黄本從道本。當作「格」。

〔五〕「是則玄玄非前識之所識至至豈俗知而得知」：强本無，諸輯本、黄本從道本。

〔六〕「也」：强本無，諸輯本、黄本從道本。

〔七〕「欲」：强本脱，諸輯本、黄本從道本。

〔八〕「故曰」：强本脱，諸輯本、黄本從道本。

〔九〕「字之曰道」：强本脱，諸輯本、黄本從道本。

常道者，非是人間常俗之道也。人間常俗之道〔二〕，貴之以禮義，尚之以浮華，喪身以成名，忘己而徇〔三〕利，失道後德，此教方行。今既去仁義之華，取道德之實，息〔三〕澆薄之行，歸淳厚之源，反彼恒情，故曰非常道也。

名可名，非常名。〔四〕

名者，大道之稱號也，吾强爲之名曰大哉〔五〕。名〔六〕非孤立，必因體來；字不獨生，皆由

〔二〕「非常道者非是人間常俗之道也人間常俗之道」：强本脱「非常道者」並「間常俗之道也人間常俗之道」十六字，作「非是人」，諸輯本、黄本從道本。

〔三〕「而徇」，强本作「而殉」，蒙本、黄本作「以徇」，嚴本、周王本、周本從道本。

〔三〕「息」，强本作「自」，諸輯本、黄本從道本。當作「息」。

〔四〕經文「名可名非常名」句下，强本未明纂李榮《道德經注》注文，所纂唐玄宗《御注》注文作「名者大道之稱號也吾强爲之名曰大夫名非孤立必因體來字不獨生皆由德立理體運之不壅苞之乃無極遂以大道之名名於大道之體令物曉之故曰名可名」，所纂唐玄宗《御疏》疏文中有「非常名者非常俗榮華之虚名所以斥之於非常者欲令去無常以歸真常也義有因超緣有漸頓開之以方便捨無常以契真常陳之以究竟本無非常之可捨亦無真常之可取何但非常亦非無常亦非亦常非非無常亦非非非常非無常也」諸句。嚴靈峰認爲，上引强本所纂《御注》注文及《御疏》疏文實爲李榮《道德經注》注文。（參見嚴靈峰輯：《無求備齋老子集成初編》第三函《輯李榮老子注（一）·輯李榮〈道德經注〉卷上》，第一頁）嚴靈峰所説是。

〔五〕「哉」，强本無，蒙本、黄本從强本，嚴本、周王本、周本從道本。

〔六〕「名」字上，强本有「夫」字，道本無，蒙本、黄本從强本，嚴本、周王本、周本從道本。

德立。理體運之不壅，包〔一〕之乃〔二〕無極，遂以大道之名，詔〔三〕於大道之體，令物曉之，故曰名可名也〔四〕。非常名者，非常俗榮華之虛名也〔五〕。所以斥之於非常者，欲令去無常以歸真常也。名〔六〕有因起〔七〕，緣有漸頓，開之以方便，捨無常以契真常；陳之於〔八〕究竟，本無非常之可捨，亦無真常之可取。何但非常，亦非無常，既非無常，常亦無常〔九〕，亦非非常非無常也。

無名，天地始〔一〇〕；有名，萬物母〔一一〕。

道玄德妙，理絕有無。有無既絕，名稱斯遺。然則虛通之用，於何不可？是以非無而無，

〔一〕「包」，强本作「苞」，諸輯本、黄本從道本。「苞」通「包」。
〔二〕「乃」，强本同，蒙本、黄本無，嚴本、周王本、周本從道本。
〔三〕「詔」，强本作「名」，諸輯本、黄本從道本。
〔四〕「也」，强本無，諸輯本、黄本從道本。
〔五〕「也」，强本無，諸輯本、黄本從道本。
〔六〕「名」，强本作「義」，諸輯本、黄本從道本。當作「名」。
〔七〕「起」，强本作「超」，諸輯本、黄本從道本。當作「起」。
〔八〕「於」，强本作「以」，諸輯本、黄本從道本。
〔九〕「既非無常常亦無常」，强本作「亦非亦常非非無常」，諸輯本從道本，黄本脱「常亦無常」四字，作「既非無常」。
〔一〇〕「始」字上，强本有「之」字，道本無，諸輯本、黄本從道本。
〔一一〕「母」字上，强本有「之」字，道本無，諸輯本、黄本從道本。

無名爲兩儀之本始也；非有而有，有名爲萬物之父母焉。故〔一〕道生德畜，其斯之謂乎！

常無欲，以觀其妙；常有欲，以觀其徼。

人之受生，咸資始於道德，同禀氣於陰陽，而皎昧異其靈，静躁殊其性。若〔二〕也夷心寂路，濯志玄津，可欲不足亂其神，紛鋭無能滑其意，靈臺皎而静〔三〕，玄鏡湛而明，則可以照希〔四〕微、通要妙，此無欲行也。若〔五〕未能遺識，情在有封，馳鶩於是〔六〕非，躁競於聲色，但歸有爲之事迹，豈識無爲之理本，此有欲行也。徼，迹也，歸也，來也。此謂依道德以爲行，觀妙理以入環中；失虚静以爲非，染麤法而流徼來也〔七〕。

此兩者同出而異名，

〔一〕「故」，强本同，蒙本、黄本脱，嚴本、周王本、周本從道本。

〔二〕「若」字上，强本有「無欲行」三字，諸輯本、黄本從道本。

〔三〕「静」，强本作「浄」，諸輯本從道本，黄本從强本。

〔四〕「希」，强本脱，諸輯本、黄本從道本。

〔五〕「若」字上，强本有「有欲行」三字，諸輯本、黄本從道本。

〔六〕「是」，强本作「身」，諸輯本、黄本從道本。當作「是」。

〔七〕「徼迹也歸也來也此謂依道德以爲行觀妙理以入環中失虚静以爲非染麤法而流徼來也」，强本脱，諸輯本、黄本從道本。

近而言之，有欲、無欲，兩者也。此謂人也共受五常之質，俱懷方寸之心，同也。黜聰明而恬憺〔一〕，洞徹道源，則稱於妙；競〔二〕前識而紛紜，迷淪俗境，則稱於徼，此異名也。遠而言之，聖人欲暢清虚之理，遂以道德爲宗，是以此之一章，盛明斯義。雙標道德，故言〔三〕兩者；混沌理一，則〔四〕所以云同。自静之動〔五〕，從體起用，故言出。通〔六〕生之功著道也，畜養之義彰德也，道德〔七〕殊號，是曰異名也。

同謂之玄。

虚寂之道，深妙之德，恍〔八〕惚非易測，冥默本難言，無能名也，寄曰同玄。玄之妙也，無物

〔一〕「憺」，强本作「澹」，蒙本從强本，嚴本、周王本、周本從道本，黄本作「淡」。
〔二〕「競」，强本作「境」，諸輯本、黄本從道本。當作「競」。
〔三〕「言」，强本同，諸輯本從道本，黄本脱。
〔四〕「則」，强本無，蒙本、黄本從强本，嚴本、周王本、周本從道本。
〔五〕「動」，强本脱，諸輯本、黄本從道本。
〔六〕「通」，道本作「道」，强本作「通」，蒙本、黄本從强本，嚴本、周王本、周本從道本。據强本改。
〔七〕「德」，强本脱，諸輯本、黄本從道本。
〔八〕「恍」，道本作「怳」，强本作「恍」，諸輯本從道本，黄本從强本。「怳」通「恍」。以下經注中凡「怳」字均徑改作通行繁體字「恍」，不再注明。

可逮〔一〕，唯道與德可以〔二〕言玄，故曰玄德深遠，至道玄寂〔三〕。

玄之又玄，衆妙之門。

道德杳〔四〕冥，理超於言象；真宗虛湛，事絶於有無。寄言象之外，托〔五〕有無之表，以通〔六〕幽路，故曰玄之。猶恐迷方者膠柱，失理者守株，即滯此玄，以爲真道，故極言之，非有無之表，定名曰玄。借玄以遣有無，有無既遣，玄亦自喪，故曰又玄。又玄者，三翻不足言其極，四句未可致其源，寥廓無端，虛通不礙，總萬象之樞要，開百靈之户牖，達斯趣者，衆妙之門。

〔一〕「逮」，道本作「建」，强本作「逮」，蒙本、嚴本、黄本從强本，周王本、周本作「建」。《中華字海》：「建，音箭，同『建』。見《敦煌俗字譜》。」據强本改。

〔二〕「以」，强本同，蒙本作「與」，嚴本、周王本、周本、黄本從道本。

〔三〕「寂」字下，强本有「者也」二字，道本無，諸輯本、黄本從道本。

〔四〕「杳」，强本作「窈」，諸輯本、黄本從道本。

〔五〕「托」，道本作「記」，强本作「託」，蒙本、嚴本從强本，周王本、周本從道本，黄本作「托」。據文意，應作「託」或「托」。據强本改。以下道本、强本中的「託」字徑改爲「托」，不再注明。

〔六〕「通」，强本作「道」，諸輯本、黄本從道本。據文意，「通」義更勝。

二章

天下皆知美之爲美，斯惡已；

美，樂也。言人之稟性，咸不能以道爲娛，而以欲〔一〕爲樂。樂不可極，樂極則哀來；欲不可縱，縱欲則傷性〔二〕，故曰人皆以色聲滋味爲上樂，不知色聲滋味禍之大樸。既爲禍樸，復〔三〕爲哀本，滅性傷身，斯惡已也〔四〕。

皆知善之爲善，斯不善已。

天下地上，君子小人，並寡能虛心虛己，而各縱欲縱情。情性之愛，雖復不同，各任性情，

〔一〕「欲」，强本作「榮」，諸輯本從道本。當作「欲」。
〔二〕「性」，强本作「至」，諸輯本從道本。
〔三〕「復」，强本作「傷」，諸輯本從道本。當作「復」。
〔四〕「也」，强本無，諸輯本從道本。

同有所〔一〕愛。愛名則以名爲善，愛利則以利爲善。以利爲善，求利不以其道；以名爲善，徇〔二〕名以致亡身。稱情雖以爲善，亡身是爲不善，故伯夷死名於首陽之上，盜跖死利於東陵之下，此斯〔三〕不善已也。

故有無相生，

天下之物生於有，有生於無。從無出有，自有歸無，故曰相生〔四〕。

難易相成，

天下難事必作於易。難起於易，易成難也；易由於難，難成易也。

長短相形，

夫物離之則無大無小，聚之則有短有長。太山秋毫之相殊，白鶴青鳧之脛異，故知忘〔五〕之則無大無小，存之則有短有長也。

〔一〕「所」，道本脱，强本有。蒙本從强本，嚴本、周王本、周本從道本。據强本補。

〔二〕「徇」，强本作「殉」，諸輯本從道本。

〔三〕「斯」，强本作「爲」，諸輯本從道本。

〔四〕「生」字下，强本有「也」字，道本無，諸輯本從道本。

〔五〕「忘」，强本同，蒙本、嚴本從道本，周王本、周本作「忌」。當作「忘」。

高下相傾，

傾，危也。夫水所以載舟，亦所以覆舟。高〔一〕以下爲基，下亦危於高也。下之賤也，猶乃危高；高之貴焉，誠能滅下。失道則高下相危，得道則君臣俱泰。

音聲相和，

上之化下，猶風之靡草；下之從上，猶響之應聲，譬之宮商，更相唱和。夫調高則絃絶，上躁則下急，是知五聲和則八音克諧，其政和〔二〕則〔三〕其人歡〔四〕悦，故曰王者人之師，而下取則。

先後相隨。

〔一〕「高」字上，强本有「經云」二字，道本無，諸輯本從道本。

〔二〕「和」字上，强本有「相」字，道本無，諸輯本從道本。

〔三〕「則」，强本脱，諸輯本從道本。

〔四〕「歡」，强本作「胥」，諸輯本從道本。「胥」有相互義，《爾雅·釋詁下》：「胥，相也。」「胥」又有皆、都義，《爾雅·釋詁下》：「胥，皆也。」《隋書·帝紀第一·高祖上》：「公樂以移風，雅以變俗，遐邇胥悦，天地咸和，是用錫公軒懸之樂，六佾之舞。」「歡」「胥」均可通。

君先而臣隨，父先而子隨。故爲君父者，不得輕躁而失道，必〔一〕宜重静以契德也。

是以聖人治，處無爲之事，行不言之教〔二〕，萬物作而不辭，

緬〔三〕觀萬古，或澆或淳；遐覽百王，時步時驟。未有紀尊號於金簡，照〔四〕聖録於玉篇。皇上應千年之運，隆七百之基，不用干戈，樂推無厭，是以宗聖遠彰於未兆，先定於無形，故言「是以聖人治，處無爲之事」也。猛士上將，承威以定四方；宰輔阿衡，論道而清百揆，化不以言，故云「行不言之教」也。「作」者，云云〔五〕動作也，四民〔六〕各安其業，萬物不失其真，任化自然，無所辭謝。

〔一〕「必」，道本作「心」，强本作「必」，蒙本從强本，嚴本、周王本、周本從道本。據强本改。

〔二〕「教」字下，强本有「也」字，諸輯本從道本。

〔三〕「緬」，强本作「偏」，諸輯本從道本。「緬」有遥遠義，《廣韻・獮韻》：「緬，遠也。」「偏」同「遍」，《説文・彳部》：「偏，帀也。」《玉篇・彳部》：「偏，周帀也。」《廣韻・線韻》：「偏，周也。」當作「緬」，「緬觀」「遐覽」相對應。

〔四〕「照」，强本作「昭」，蒙本從强本，嚴本、周王本、周本從道本。據文意，「照」「昭」雖均可通，但「昭」義更勝。或謂「照」通「昭」，《管子・内業》：「神明之極，照乎知萬物，中義守不忒。」黎翔鳳《管子校注》引洪頤煊説，云「『照』當爲『昭』」。

〔五〕「云云」，强本作「芸芸」，蒙本從强本，嚴本、周王本、周本從道本。作衆多義解，「云云」即「芸芸」。

〔六〕「民」，强本作「人」，諸輯本從道本。强本當爲避唐太宗李世民諱，以「人」代「民」。按：後經注文字中或爲避李世民諱而以「人」代「民」者，不再注明。

生而不有，

付之於獨化，日用而不知也〔二〕。

爲而不恃，

以萬物爲芻狗，不恃德以爲功。

成功不居。

雖有榮觀宴處，超然遠之，問道軼於襄城，凝神邈於姑射也。

夫唯不居，是以不去。

至道彌綸於宇宙，上德範圍於兩儀，雖忘〔三〕功用，百姓戴之。垂拱而清九野，無爲而朝萬國，凝神常湛，故言不去也。

〔二〕「也」，强本無，諸輯本從道本。

〔三〕「忘」，道本作「㤀」，强本作「忘」，蒙本、嚴本從强本，周王本、周本作「忌」。當作「忘」。疑道本「㤀」爲「㤀」字刻寫之誤，「㤀」同「忘」。據强本改。

三章〔一〕

不尚賢，使民不争；

王道蕩蕩，無偏無黨，貴賤將玉石同塗，賢者與愚人共貫，此大道之化，無争者也。夫賢當於位，賞須以功；愚受於〔二〕役，罰須以過。若賞賢過度，則極以驕奢；役愚越分，則困於貧窶。驕奢者〔三〕必欺侮，獸窮者亦能鬥，則忿争生也。是以日月曜彩，不爲賢不肖易光；天地覆載，不〔四〕爲善不善改度也。

不貴難得之貨，使民不爲〔五〕盗；

〔一〕周王本、周本第三、四章分章不同於通行本，第三章僅有「不尚賢使民不争」經注，第四章始於「不貴難得之貨使民不爲盗」經注，終於「吾不知誰子象帝之先」經注。

〔二〕「於」，强本作「以」，諸輯本從道本。當作「於」。

〔三〕「者」，道本脱，强本有，蒙本從强本，嚴本、周王本、周本從道本。據强本補。

〔四〕「不」字下，道本衍「輕仁」二字，强本無，蒙本從强本，嚴本、周王本、周本從道本。據强本删。

〔五〕「爲」，强本無，諸輯本從道本。

棄十〔一〕城之璧，擲千金之珠，視如瓦礫，豈有盜乎？

不見可欲，使心不亂。

耳不聞鄭衛絲竹之聲，眼不見褒姒妲己之色，洗心潔己，遺情去欲，豈有亂乎？

是以聖人治〔二〕**：**

皇一〔三〕積德積仁，盡善盡美。老君欲重揚聖德，故亦〔四〕言之也。

虛其心，

除嗜欲，絶是非，遺萬慮，存真一。

實其腹，

道實於懷，德充於内。

〔一〕「十」，强本同，蒙本、周王本、周本從道本，嚴本作「干」。據文意，應作「十」，「十城」「千金」相對。

〔二〕「治」字上，强本有「之」字，諸輯本從道本。

〔三〕「一」，强本作「上」，蒙本從强本，嚴本、周王本、周本從道本。據文意，「一」「上」均可通。今仍從道本。

〔四〕「亦」，强本作「再」，蒙本從强本，嚴本、周王本、周本從道本。據文意，「亦」「再」雖均可通，但「再」義更明。

弱其志，

心志柔弱，順道無違〔一〕。

强其骨。

唯道集虚，虚心懷道，道在物無害者，得成仙骨自强〔二〕。

常使民無知無欲，使夫〔三〕知者不敢爲也〔四〕。爲無爲〔五〕，則無不治矣〔六〕。

上扇無爲之風，下行淳樸之化，下從於上，上下皆安，則無不化之化矣〔七〕。

〔一〕「違」，强本作「爲」，諸輯本從道本。據文意，「違」「爲」雖均可通，但「違」義更勝。

〔二〕「唯道集虚……得成仙骨自强」，强本作「唯道集虚心懷至道在物無害者得成仙骨自强」，諸輯本從道本。蒙本校記云：「第三章『强其骨』句下注：『得成仙骨自强。』『得』當爲『德』之誤，唯强引及殘本皆作『得』，姑仍之。」（蒙文通：《蒙文通全集》第五册，第三〇四頁）

〔三〕「夫」，强本無，蒙本從强本，嚴本、周王本、周本從道本。

〔四〕「也」，强本無，蒙本從强本，嚴本、周王本、周本從道本。

〔五〕「爲無爲」，强本無，蒙本從强本，嚴本、周王本、周本從道本。

〔六〕「矣」，强本無，蒙本從强本，嚴本、周王本、周本從道本。

〔七〕「則無不化之化矣」，强本作「則無不化之也」，蒙本從强本，嚴本、周王本、周本從道本。今仍從道本。

四章

道冲，而用之或不盈。〔一〕

冲，中也。盈，滿也〔二〕。道非偏物，用必在中。天道惡盈，滿必招損，故曰不〔三〕盈。盈必有虧，無必有有。中和之道，不〔四〕盈不虧，非有非無。有無既非，盈虧亦非，借彼中道之藥，以破兩邊之病。病除藥遣，偏去中忘，都無所有，此亦不盈之義。

〔一〕經文「道冲而用之或不盈」句下，强本未明纂李榮《道德經注》注文，所纂嚴君平注文中有「夫道非偏物用必在中天道惡盈滿必招損故曰盈盈必有虧無必有有中和之道固不盈不虧非有非無有無既非盈虧亦非借彼中道之藥以破兩邊之病病除藥遣偏去中忘都無所有此亦不盈之義」諸句。上引强本所纂嚴君平注文實爲李榮《道德經注》注文。

〔二〕「冲中也盈滿也」，强本作「夫」，諸輯本從道本。

〔三〕「不」，强本脱，諸輯本從道本。

〔四〕「不」字上，强本有「固」字，諸輯本從道本。

淵兮似萬物之宗〔一〕。

海深，故百谷朝而歸之。道深，故萬物宗而奉之。

挫〔二〕其鋭，

前識傷性，長惡害〔三〕人，鋭也。虛懷忘己，以道折〔四〕之，挫也。

解其紛〔五〕，

可欲亂正，得失滑心，紛也。遺〔六〕彼忘我，遠欲制情，解也。

〔一〕「淵兮似萬物之宗」，强本同，蒙本作「深乎萬物宗」，嚴本作「淵兮似萬物之泉」，周王本、周本從道本。景龍碑本（又稱「景龍本」「易州本」等，以下稱「景龍碑本」）作「深乎萬物宗」，遂州碑本（又稱「遂州本」「龍本」等，以下稱「遂州碑本」）。遂州龍興觀《道德經》碑久亡，幸賴《正統道藏》洞神部玉訣類所收無名氏撰《道德真經次解》保留該碑經文，故「遂州碑本」指《道德真經次解》經文）作「淵似萬物宗」，蒙本當據景龍碑本改「淵兮似萬物之宗」爲「深乎萬物宗」。

〔二〕「挫」字上，强本有「經」字，道本無，諸輯本從道本。

〔三〕「害」，强本作「善」，諸輯本從道本。據文意，應作「害」，「傷性」「害人」相對。

〔四〕「折」，强本作「析」，諸輯本從道本。據文意，應作「折」。

〔五〕「紛」，强本同，蒙本作「忿」，嚴本、周王本、周本從道本。景龍碑本、遂州碑本作「忿」，蒙本當據二碑本改「紛」爲「忿」。

〔六〕「遺」，强本同，蒙本作「遣」，嚴本、周王本、周本從道本。蒙本改「遺」爲「遣」，未知何據。

和其光，同其塵，湛然常存〔二〕。

光而不耀，涅而不緇，和而不昡〔三〕於體，同而不累其真，故知湛然清静〔三〕而常存也〔四〕。

吾不知誰〔五〕子，象帝之先。

道深甚奥，虚無之淵，迎隨之所不能知，終始〔六〕惡乎而可定，故言「不知誰子」。開自然之治，闢之以三才；運造化之功，羅之以萬有〔七〕。考之事用，在天帝之先，象天也。

〔二〕「湛然常存」，道本作「湛兮似或存」，强本作「湛然常存」，蒙本從强本，嚴本、周王本、周本從道本。據注文，應作「湛然常存」。據强本改。

〔三〕「昡」，强本同，蒙本、周王本、周本從道本，嚴本作「眩」。

〔三〕「静」，强本作「净」，諸輯本從道本。

〔四〕「也」，强本作「者也」，諸輯本從道本。

〔五〕「誰」，强本作「誰之」，諸輯本從道本。

〔六〕「始」，道本脱，强本有，蒙本從强本，嚴本、周王本、周本從道本。據文意，應有，「迎隨」「終始」相對。據强本補。

〔七〕「有」，强本作「方」，諸輯本從道本。據文意，應作「有」，「三才」「萬有」相對。

五章

天地不仁，以萬物爲芻狗；

長短相形，是非相對，理自然也。仁，愛也。有愛則有憎。天地無心，絶於憎愛，以無愛故〔一〕，故曰不仁。芻狗者，結草爲狗，古人祝所用，已而棄之。言人〔二〕於芻狗，用之不以爲愛，棄之不以爲憎。喻明天地暖然若春氣之自和，生者不以爲仁；凄然〔三〕若秋霜之自降，殺者不以爲義。

聖人不仁，以百姓爲芻狗。

聖人無心，與天地合德。不仁，芻狗義可知矣。雖恩沾草木，澤被豚〔四〕魚，宣風闡化，必

〔一〕「故」，强本無，諸輯本從道本。
〔二〕「人」，强本脱，諸輯本從道本。
〔三〕「然」，强本脱，諸輯本從道本。
〔四〕「豚」，强本作「肫」，諸輯本從道本。

先於人，故云百姓也。

天地之間，其猶槖籥乎〔一〕**！虛而不屈，動而愈出。**

槖，排槖。籥，樂管。屈，竭也。間，中也。夫槖籥中空，故能出聲氣而不竭；天地中空〔二〕，故能生品物而無盡。言人若能虛心空身，運用智德，無窮極也。

多言數窮，不如守中。

窮，困也。若言當理，滿天下而無過，言而不中，亦出口而禍入〔三〕。禍云入也，是困窮。然禍福在當與不當，得失非多與不多〔四〕。今言多則數窮，欲戒多言之失，勸〔五〕以守中之得，使無滯教，内契忘言也。

〔一〕「乎」，强本無，蒙本從强本，嚴本、周王本、周本從道本。

〔二〕「故能出聲氣而不竭天地中空」，强本脱，諸輯本從道本。

〔三〕「禍入」，强本脱，諸輯本從道本。

〔四〕「與不多」，道本脱，强本有，蒙本從强本，嚴本、周王本、周本從道本。據强本補。

〔五〕「勸」，强本作「動」，諸輯本從道本。

六章

谷神不死，是謂玄牝。

河上〔一〕以爲，養神乃是思存之法。輔嗣言谷中之無，此則譬喻之義。雖真賢之高見，皆指事之説也。今則約理，嘗試言〔二〕：谷，空也；玄，道也；牝，静也。夫有身有神，則有生有死〔三〕。有生有死，不可言道；流動無常〔四〕，豈得言静？若能空其形神，喪於物我，出無根，氣聚不以爲生；入無竅，氣散不以爲死；不死不生，此則谷神之道〔五〕也。生死無常，浮動之物也。幽深雌静，湛然不動，玄牝之義也。

〔一〕「上」字下，强本有「公言」二字，諸輯本從道本。
〔二〕「言」下，强本有「之」字，道本無，蒙本從强本，嚴本、周王本、周本從道本。
〔三〕「有生有死」，道本作「有主」，强本作「有生有死」，蒙本從强本，嚴本、周王本、周本從道本。據强本改。
〔四〕「無常」，强本同，蒙本作「常無」，嚴本、周王本、周本從道本。蒙本改「無常」爲「常無」，未知何據。
〔五〕「道」，强本作「義」，諸輯本從道本。

玄牝門〔一〕，是謂〔二〕天地根。

道之静也，無形無相，及其動也，生地生天。氣象從此而出，名之曰門。天地因之得生，號之曰根也。

綿綿若存，用之不勤。

綿綿，微妙也。玄牝之道，不生不滅；雌静之理，非存非亡。欲言有〔三〕也，不見其形；欲言〔四〕亡也，萬物以生。不盛不衰，不常不斷，故曰綿綿也。勤者，苦也。得玄牝之道，運用無窮，無爲逸樂，故曰不勤也。〔五〕

〔一〕「門」字上，强本有「之」字，道本無，諸輯本從道本。

〔二〕「是謂」，道本作「是爲」，强本作「是謂」，蒙本脱，嚴本、周王本、周本從道本。景龍碑本、遂州碑本無，蒙本當據二碑本删。據强本改。

〔三〕「有」，强本脱，諸輯本從道本。

〔四〕「言」，强本脱，諸輯本從道本。

〔五〕「故曰不勤也」句下，道本空兩行有「道德真經注卷之一」八字，今不采入正文。按：以下道本卷末「道德真經注卷之二」「道德真經注卷之三」「道德真經注卷之四」均不采入正文，不再注明。

七章

天長地久。天地所以〔一〕能長且〔二〕久者，以其不自生，故能長生〔三〕。

日月迴薄，虧昃之運難停；陰陽慘舒，寒暑之期易往。萬物於焉不足，兩儀所以獨長。故標天地之德，問乎長久之由，莫不本〔四〕彼無心、不自營生也。言人若能法天地以無心，不自營以厚養，仙骨冠金石以長存，惠命絡方圓而永固。若不能泯〔五〕是非以契道，遺情欲以凝真，聲色聾盲於耳目，香味困〔六〕爽於鼻口，形勞於外，心疲於內，則百年同於朝露，千金齊於暮槿，故曰人之輕死，以其生生之厚，是以輕死也。

〔一〕「以」，强本脱，諸輯本從道本。

〔二〕「且」，强本無，蒙本從强本，嚴本、周王本、周本從道本。

〔三〕「長生」，强本同，蒙本作「長久」，嚴本、周王本、周本從道本。景龍碑本、遂州碑本作「長久」，蒙本當據二碑本改「長生」爲「長久」。據文意及經注文，「長生」「長久」均可通，但「長久」義更勝。

〔四〕「本」，强本有，道本脱，蒙本、嚴本從强本，周王本、周本從道本。據强本補。

〔五〕「泯」，强本作「捐」，諸輯本從道本。

〔六〕「困」，道本作「因」，强本作「困」，蒙本、嚴本從强本，周王本、周本從道本。據强本改。

是以聖人後其身而身先，外其身而身存。

忘〔一〕情息機者少，逐欲乖真者多。唯聖人能知〔二〕能行此行，謙退以居物後，德尊所以居先，存道於是外身，身存自與道合也。

非〔三〕以其無私邪〔四〕？故能成其私。

凡情幽滯，靈識不〔五〕通，無至公之心，有偏私之行，尊己而加物，厚身而薄人，欲先而不能超物，須存而報體已亡。聖人無心欲居物先，自然在先；無情欲得存固，自然存固〔六〕，故曰成其私也。

〔一〕「忘」，强本同，蒙本、嚴本從道本，周王本、周本訛作「忌」。

〔二〕「能知」，强本無，蒙本從强本，嚴本、周王本、周本從道本。蒙本校記云：「第七章『後其身而身先』句下，殘本注作『唯聖人能知能行此行』。强引無『能知』二字爲是，茲據删。」（蒙文通：《蒙文通全集》第五册，第三〇四頁）

〔三〕「非」，强本同，蒙本脱，嚴本、周王本、周本從道本。景龍碑本、遂州碑本無，蒙本當據二碑本删。

〔四〕「邪」，强本作「耶」，蒙本無，嚴本、周王本、周本從道本。景龍碑本、遂州碑本無，蒙本當據二碑本删。

〔五〕「不」，道本作「踈」，强本作「不」，蒙本從强本，嚴本、周王本、周本作「疏」。「踈」同「疏」，《玉篇·㐬部》：「踈，稀也。」《中華字海》：「踈，同『疏』。字見漢《淮源廟碑》。」據文意，應作「不」。據强本改。按：以下道本、敦本、强本「踈」字徑改爲「疏」，不再注明。

〔六〕「固」，强本有，道本脱，蒙本從强本，嚴本、周王本、周本從道本。據强本補。

八章

上善若水。水善利萬物又不爭，處衆人之所惡，故幾於道。

理本深遠，難可測知，善人修道，行亦微妙，故借於水，以爲喻焉。水能潤物，道能濟人，故言善利。水則決壅[一]任人，道則大順平等，故言不爭。物多惡下，人多愛上，今水流趣下，道行謙退，故言處惡。幾者，近也。水性與道相近，故取以爲譬焉。

居善地，

水不擇地，隨處俱流，行道之人，所居皆善也。

心善淵，

水心静而明，人心虚而鑒也。

與善仁，

〔一〕「決壅」，强本作「壅決」，諸輯本從道本。

水洽於物，仁〔一〕惠於俗。

言善信，

水之鑑〔二〕物，妍醜不失其形；仁者爲言，終始不乖其實。

正〔三〕善治，

太平莫盛於停水，無偏不越於善人。

事善能，

水之無用不成，君子何爲不可？

動善時。

〔一〕「仁」，强本作「人」，諸輯本從道本。

〔二〕「鑑」，强本作「影」，蒙本、嚴本從道本，周王本、周本作「鑒」。「鑑」「影」均可通，但「鑑」義更勝。

〔三〕「正」，强本作「政」，諸輯本從道本。「正」有公正無偏義，又有匡正義。「正」又有政治、政教義，後作「政」，朱駿聲《説文通訓定聲・鼎部》：「正，叚借爲政……《（《書》）微子》：『亂正四方。』《史記》作『政』。《書大傳》『諸侯之有不率正者』注：正，政也。」「政」有政事、政令義。「政」又有匡正義，《釋名・釋言語》：「政，正也，下所取正也。」《説文・攴部》：「政，正也。」或謂「正」「政」互通，《中華字海》即認爲二字互通。據上下經文，「正」「政」均可通；據注文，應作「正」。今仍從道本。朱謙之《老子校釋》按：作「政」是也，《老子》書中「正」「政」二字互見，五十八章「其政悶悶，其政察察」，與此均用「政」，可備一説。

水冬凝夏溢〔一〕，不差其節；君子相時而動，不〔二〕失其宜也。

夫唯不争，故無尤。

水本無心，人能虚己，不與物争，自然無過〔三〕也。

〔一〕「溢」，强本作「液」，諸輯本從道本。
〔二〕「不」，强本作「未」，諸輯本從道本。
〔三〕「無過」，强本作「之道」，諸輯本從道本。

九章

持而盈之，不如〔一〕其已。

歙器滿而必傾，奢侈極〔二〕而必敗。若欲不傾不敗，唯有不驕不盈。

揣而鋭之，不可長保。

尊則議，廉則挫，鋭意出群，爲人所辱，難長保也。

金玉滿堂，莫之能守。

金玉無跐，自爾流行；水火之灾，莫之能却；盜賊之來，難可固〔三〕守，是知貪而聚者失理也，積而散者合道也。

〔一〕「如」，强本同，蒙本作「若」，嚴本、周王本、周本從道本。景龍碑本、遂州碑本作「若」，蒙本當據二碑本改「如」爲「若」。

〔二〕「極」，强本作「滿」，諸輯本從道本。

〔三〕「固」，强本作「防」，蒙本從强本，嚴本、周王本、周本從道本。

富貴而驕，自遺其咎。

積貨不能散，乘貴以陵〔二〕人，咎自内生，非自外得。

功成、名遂、身退，天之道。

陰陽遞代，凉燠推遷，物之〔三〕恒理，天之常道。若貪榮不退，必致危亡。二疏所以見機，四皓於焉長往，達於物理，合於天道也。

〔二〕「陵」，强本作「淩」，諸輯本從道本。

〔三〕「之」，道本作「無」，强本作「之」，蒙本從强本，嚴本、周王本、周本從道本。據强本改。

十章

載營魄抱一，能無離乎〔一〕！

載，運也。營，護也。魄，身神也。一，道也。人者神之車，故言載。身清則魂魄安，心濁則真神遠，絶〔二〕慮以守神，故言營。灰心無有〔三〕二，故言一。智將道合，神與形同，故曰無離。

專氣致柔，能如〔四〕嬰兒乎！

一身心則純和不散，專氣也。得長生之道，致柔也。未識〔五〕陰陽之合，無復是非之情，能〔六〕嬰兒也。

〔一〕「乎」，强本同，蒙本脱，嚴本、周王本、周本從道本。景龍碑本、遂州碑本無「乎」字，蒙本當據二碑本删。下經文「能如嬰兒乎」「能無疵乎」「能無爲乎」「能爲雌乎」「能無知乎」之「乎」同此。

〔二〕「絶」，强本作「染」，諸輯本從道本。

〔三〕「有」，强本同，蒙本脱，嚴本、周王本、周本從道本。未知蒙本據何删「有」字。

〔四〕「如」，强本同，蒙本脱，嚴本、周王本、周本從道本。景龍碑本、遂州碑本無，蒙本當據二碑本删。

〔五〕「識」，强本同，蒙本作「讖」，嚴本、周王本、周本從道本。

〔六〕「能」字下，强本有「如」字，道本無，諸輯本從道本。

滌除玄覽，能無疵乎！

浴玄流以洗心，滌也。蕩靈風以遣累，除也。内外圓静〔一〕，同水鏡之清凝；表裏貞明，絶珠玉之瑕類〔二〕也。

愛人〔三〕治國，能無爲乎！

居〔四〕上不能自化，必藉於人。化物理人，事資安静。但有爲而躁動者，傷物也；無爲而安静者，愛人也。

天門開闔，能爲雌乎！

〔一〕「圓静」，强本作「圓凈」，諸輯本從道本。「圓凈」爲佛家用語，意爲圓滿清凈，如《雜阿含經》卷四云：「譬如明月凈分光明，色澤日夜增明，乃至月滿，一切圓凈。」（《大正新修大藏經》第二册，第二五頁下）又，「静」有清潔義，也作「凈」，《增韻·静韻》：「静，澄也。」《正韻》：「静，澄也。」

〔二〕「類」，强本同，蒙本作「纇」，嚴本、周王本、周本從道本。「纇」本義爲絲節，《説文·糸部》：「纇，絲節也。」引申爲瑕疵。據文意，應作「纇」。又，「類」通「纇」。段玉裁《説文解字注·糸部》：「纇，亦叚類爲之。」《管子·地員》：「大者不類，小者則治。」黎翔鳳《管子校注》引劉績説，認爲「類」當作「纇」，疵節也；又引王念孫説，認爲「纇」「類」古字通。今仍從道本。

〔三〕「人」，强本作「民」，諸輯本從道本。

〔四〕「居」，强本作「君」，諸輯本從道本。

天有四時之門，青門開而暄，赤門開而熱，白門開而凉〔一〕，黑門開而寒。今之小人〔二〕，暑雨祁寒，皆生怨嗟，此不能静也。闔，閉也。一門開三門閉。雌，静也。聖人神凝於太漠，智寂於虚玄，死生否泰不能驚，水火寒熱不能動。

明白四達，能無知乎！

聖人智周萬物，明齊兩曜，四方皆照，爲四達也。照而常寂，光而不曜〔三〕，遺識混心，能無知也。

生之畜之，

道生之，德畜之。聖人同道德之生畜，長黔黎於淳化，養庶類於自然。

生而不有，爲而不恃，長而不宰，是謂玄德。

忘功德也〔四〕。上德不德，是以有德，忘德之德，深而且遠，故言玄也。

〔一〕「凉」，强本作「冷」，諸輯本從道本。

〔二〕「小人」，强本作「細人」，諸輯本從道本。「細人」猶「小人」，即見識淺薄之人，《禮記·檀弓上》：「君子之愛人也以德，細人之愛人也以姑息。」

〔三〕「曜」，强本同，蒙本作「耀」，嚴本、周王本、周本從道本。

〔四〕「也」，强本作「是謂玄德」，蒙本作「也是謂玄德」，嚴本、周王本、周本從道本。强本「是謂玄德」四字當承上誤將經文羼入。

十一章

三十輻共一轂，當其無，有車之用。

輻，外也。轂，内也。内轂空，故外輻湊之。聖人虚心，億兆歸之。無者，空虚也。車形雖有，賴無爲用。若車無空處，其用不成。今用本由空，故曰當其無有車之用。借此爲譬，以況理教。教具〔一〕文字爲有也，理絶名言爲無也。教之行也，因理而明；理之詮焉，由教而顯。理因教顯，無教理無所寄；教藉〔二〕理明，無理教何所説。既知理教之相由，足〔三〕體有無之爲用。

埏埴以爲器，當其無，有器之用。

〔一〕「具」，强本作「其」，諸輯本從道本。當作「具」。
〔二〕「藉」，强本作「籍」，諸輯本從道本。當作「藉」。
〔三〕「足」，强本作「是」，諸輯本從道本。

作器必須和〔一〕泥，泥調則器可用。修身理宜鍊行，行潔則道可成。埏，和也。埴，土也。

鑿户牖以爲室，當其無，有室之用。

爲室内不空虚，外無户牖，其爲用也〔二〕，不亦〔三〕難乎！爲道内既闇昧，外復聾瞽，以此求道，理非〔四〕易乎！室開户牖，有用也；人生慧解，道成之。

故〔五〕有之以爲利，無之以爲用。

單有而無無，有不得爲利；單無而無有，無不得爲用。明有因無以爲利，無因有以爲用。既識有無之相因，自知麤妙之相藉也。

〔一〕「和」，道本作「知」，强本作「和」，蒙本從强本，嚴本、周王本、周本從道本。當作「和」。據强本改。

〔二〕「也」，强本無，諸輯本從道本。

〔三〕「亦」，强本作「以」，諸輯本從道本。「以」有「同樣」義，相當於「亦」「也」，《論衡·書虚》：「禹王如舜，事無所改，巡狩所至，以復如舜。」故「亦」「以」均可通。

〔四〕「非」，强本同，蒙本作「豈」，嚴本、周王本、周本從道本。蒙本改「非」爲「豈」，未知何據。

〔五〕「故」，强本同，蒙本脱，嚴本、周王本、周本從道本。景龍碑本、遂州碑本無，蒙本當據二碑本删。

十二章

五色令人目盲，五音令人耳聾，五味令人口爽；

目雖能見，耽色不已喪其明；耳雖能聞，淫聲無〔一〕倦失其聽；口雖能嘗，察味而後〔二〕乖其養。爽，失也。然盲以不見爲義，聾以不聞爲義。有目而不見真人大聖，盲也；有耳不聞希聲之廣樂、微妙之靈音，聾也。口以知味爲用，若貪俗味，失於道味，故言爽也。

馳騁田獵，令人心發狂；

縱之於畋〔三〕漁，太康失業；獵之於名聲，張毅發病〔四〕，狂之大也。

難得之貨，令人行妨。

〔一〕「無」，强本同，蒙本作「不」，嚴本、周王本、周本從道本。蒙本改「無」爲「不」，未知何據。

〔二〕「而後」，强本作「莫窮」，蒙本從强本，嚴本、周王本、周本從道本。

〔三〕「畋」，强本作「田」，諸輯本從道本。

〔四〕「病」字下，强本有「身亡國失」四字，道本無，蒙本從强本，嚴本、周王本、周本從道本。「身亡國失」爲張毅發病、太康失國的總結語。據文意，有無雖均可通，但有之義更勝。今仍從道本。

美色重寶，難得也。以此亂心，傷行也。

是以聖人爲腹不爲目，故去彼取此。

虚心而内實，爲腹也。反聽而不盲，不爲目也。有累之業遣去也，無爲之道來取也。

十三章

寵辱若驚，

官高而慮危，賤極而多恥，皆懼也。

貴大患若身。

夫外其身者，得失難駭；貴其身者，寵辱易驚。若也貴身，即有大患，故言「貴大患若身也」。

何謂寵辱？

起問。

寵爲下，

釋答〔一〕也。寵爲貴，應言上；辱爲賤，應言下。今〔二〕説寵則知有辱，言下自明於上，不

〔一〕「答」，强本作「出」，諸輯本從道本。當作「答」。

〔二〕「今」，道本作「令」，强本作「今」，蒙本、嚴本從强本，周王本、周本從道本。據强本改。

能具出，略舉也。若依文而解，俗愛榮華，以寵爲上，居上〔一〕近危，榮來辱及，寵乃〔二〕爲下。

得之若驚，失之若驚，

寵則榮來，辱便枯至，得之與失，並悉皆驚，唯虛澹之人，不駭其慮。

是謂寵辱若驚〔三〕。

此〔四〕結上義也。

何謂貴大患若身？

問也。

吾所以有大患〔五〕**，爲吾有身。**

〔一〕「上」，强本作「高」，諸輯本從道本。

〔二〕「乃」，强本無，諸輯本從道本。

〔三〕「驚」字下，强本有「也」字，諸輯本從道本。

〔四〕「此」，强本無，諸輯本從道本。又，「此」字上，嚴本有「是謂寵辱若驚」六字，顯係因經文而誤羼入。

〔五〕「患」字下，强本有「者」字，諸輯本從道本。

解也。有身帶〔一〕榮悴之病，兼生死之灾，故云大患也。

及我〔二〕無身，吾有何患？

虚己忘心，無身也。是夫〔三〕患累，起在於身，身苟忘也，則死生不能累，寵辱不能驚，何患之有？

故貴以身爲天下，若可寄天下；　愛以身爲天下者〔四〕，若可托天下。

太上貴德不貴身，明王愛人不愛己，苟能知此〔五〕，則可以長久也。若貴身而賤物，愛己以憎人，不能同天地之不〔六〕仁、齊日月而均照，則寄托而已。

〔一〕「帶」，强本作「滯」，蒙本、嚴本從强本，周王本、周本從道本。「帶」「滯」均可通，但「滯」義更勝。今仍從道本。

〔二〕「我」，强本作「吾」，諸輯本從道本。

〔三〕「夫」，强本作「非」，蒙本、嚴本從强本，周王本、周本從道本。

〔四〕「者」，强本無，蒙本從强本，嚴本、周王本、周本從道本。

〔五〕「知此」，强本作「如此」，諸輯本從道本。

〔六〕「不」，强本脱，諸輯本從道本。

十四章

視之不見，名曰夷；

道遠乎哉？眼所〔一〕不見，聖人體之，獨見曉焉，名之曰夷。夷，平也。大道甚夷，坦然善謀也。

聽之不聞，名曰希；

大音希聲，耳所不聞，聖人洞之，獨聞和焉，名之〔二〕曰希。玄教難遇，希言自然也。

搏之不得，名曰微。

大象無形，難可搏觸，聖人玄悟，了達虛無，故言微。微〔三〕者，機也，無也〔四〕。動而應物，

〔一〕「所」，强本作「可」，諸輯本從道本。

〔二〕「之」，强本脱，諸輯本從道本。

〔三〕「微」，强本脱，諸輯本從道本。

〔四〕「無也」，强本脱，諸輯本從道本。

機也；妙絶有名〔一〕，無也〔二〕。

此三者不可致詰，故混而爲一。

希、微、夷，三者也〔三〕，俱非聲色，並絶形名，有無〔四〕不足詰，長短莫能議，混沌無分，寄名爲一。一不自一，由三故一；三不自三，由一故三。由一故三，三是一三；由三故一，一是三一。一是三一〔五〕，一不成一；三〔六〕是一三，三〔七〕不成三。三不成三〔八〕則無三，一不成一則

〔一〕「名」，强本脱，諸輯本從道本。

〔二〕「也」，强本脱，諸輯本從道本。

〔三〕「希微夷三者也」，强本作「希夷微三者也」，焦本作「三者希微夷也」，蒙本從强本，嚴本、周王本、周本從道本。

〔四〕「有無」，强本脱，焦本同道本，諸輯本從道本。當作「有無」，與「長短」相對應。

〔五〕「一是三一」，道本、强本無，焦本有，蒙本亦有，嚴本、周王本、周本從道本。蒙本校記云：「第十四章『故混而爲一』句下，注『一是三一』，應重一句，强引亦不重，且删下『三是一三』重句，改作『惟其』二字，兹仍從殘本，並補『一是三一』。蓋舊寫於重文重句皆作點，傳寫脱之耳。《老子翼》引《李注》亦同殘本，皆非。」（蒙文通：《蒙文通全集》第五册，第三〇四頁）蒙文通謂「《老子翼》引《李注》亦同殘本」，即其所見《老子翼》亦無「一是三一」四字，未知其所見《老子翼》是何版本。經查，《萬歷續道藏》所收焦竑《老子翼》未引李榮《道德經注》注文。據文意及道本下注文「三是一三三不成三」句法，應有「一是三一」四字，蒙本增補爲是。今據焦本補。

〔六〕「三」字上，强本脱，焦本有，諸輯本從道本。

〔七〕「三」字上，强本有「故」字，道本無，焦本亦無，諸輯本從道本。

〔八〕「三」字上，强本有「惟其」二字，道本無，焦本亦無，諸輯本從道本。

無一。無一無三，自叶忘言之理；執三執一，翻滯玄通之教也〔一〕。

其上不皦〔二〕，其下不昧，乘乘不可名，復歸於無物。

皦，明也。昧，闇也。乘乘，猶泛泛也，乘物以遊而無繫也。言乎至道不皦不昧，不可以明闇名；非色非聲，不可以視聽得，希夷之理既寂，三一之致亦空，以超群有，故曰歸無。無，無所有，何所歸復？須知無物，無物亦無，此則玄之又玄，遣之又遣也。

是謂無狀之狀，無物之象，是謂惚恍。

超有物而歸無物，無物亦無；色〔三〕視聽而契希夷，希夷還寂。恐迷塗〔四〕之未悟，但執無

〔一〕「也」，強本同，焦本無，諸輯本從道本。

〔二〕「皦」，強本作「皎」，諸輯本從道本。下注文「皦明也」、「不皦不昧」同此。

〔三〕「色」，強本同，蒙本作「絶」，嚴本、周王本、周本從道本。《説文·色部》：「色，顔氣也。從人從卪。」唐蘭《殷虚文字記》將甲骨文「」「」識爲「色」字，認爲甲骨文「色」字「本象一刀形而人跽其側，殆刀之動詞，斷絶之義也」（參見唐蘭：《殷虚文字記》，北京：中華書局，一九八一年，第一〇三—一〇四頁）。徐中舒主編的《甲骨文字典》卷九「色」字欄引唐蘭説，並認爲「其説可從」（參見徐中舒主編《甲骨文字典》，成都：四川辭書出版社，一九八九年，第一〇一二—一〇一三頁）。左民安《細説漢字——一〇〇〇個漢字的起源與演變》也贊同唐蘭觀點，認爲「色」字的本義爲斷絶，「色」字是「絶」字的初文（參見左民安：《細説漢字——一〇〇〇個漢字的起源與演變》，北京：九州出版社，二〇〇五年，第六七—六八頁）。唐蘭、徐中舒、左民安認爲「色」有斷絶義，此説可備參考。今仍從道本。

〔四〕「塗」，強本作「途」，諸輯本從道本。

形；示失路之有歸，更開有象。無狀之狀，此乃從體起用；無物之象，斯爲息〔一〕應還真。息應還真，攝迹歸本也；從體起用，自寂之動也。自寂之動，語其無也，俄然而有；攝迹歸本，言其有也，忽爾而無。忽爾而無，無非定無；怳然而有，有非定有，有無怳惚，無能名焉。

迎〔二〕不見其首，隨〔三〕不見其後。

有也，有前可接；無也，無後可追。迎之〔四〕不見，非有；隨之不見，非無也。

執古之道，以御今之有。

御，正也。古道無爲，正也；今道有爲，邪〔五〕也。聖人持無爲之道，以正有爲；息澆薄之風，反淳和之化也。

〔一〕「息」，强本作「自」，諸輯本從道本。下注文「息應還真」之「息」同此。

〔二〕「迎」字下，强本有「之」字，蒙本從强本，嚴本、周王本、周本從道本。

〔三〕「隨」字下，强本有「之」字，蒙本從强本，嚴本、周王本、周本從道本。

〔四〕「之」，强本無，諸輯本從道本。

〔五〕「邪」，强本作「聖」，諸輯本從道本。當作「邪」，「正」「邪」相對。

能知古始，是謂道紀。

玄古之道難知，無爲之風〔一〕罕悟。上御下以正，下從上以敬〔二〕，則得道之綱要〔三〕。

〔一〕「風」，强本作「道」，諸輯本從道本。

〔二〕「敬」，强本作「除」，諸輯本從道本。當作「敬」。

〔三〕「則得道之綱要」，道本脱，强本作「耶得道之綱要」六字，蒙本從强本並改「耶」爲「則」，作「則得道之綱要」，嚴本、周王本、周本從道本。今據强本補，並據蒙本改「耶」爲「則」。

十五章

古之善爲士者，微妙玄通，深不可識。

昔之道者難行也，古之智〔一〕士能修〔二〕也。道乃機微要妙，玄寂虚通；行亦極細窮微，不滯無壅。行與道合，不測難知。不可以言言，言之者非道；不可以識識，識之者乖真，故云不可識〔三〕。

夫〔四〕唯不可識，故强爲之容：

容，相貌也。夫道既難思，行亦叵〔五〕識，恐來人無因〔六〕體道，學者不知立行，下文略舉容

〔一〕「智」，强本作「知」，諸輯本從道本。
〔二〕「修」，强本作「循」，諸輯本從道本。
〔三〕「識」字下，强本有「也」字，道本無，諸輯本從道本。
〔四〕「夫」，道本作「大」，强本作「夫」，諸輯本從强本。當作「夫」。「大」當爲「夫」字刻寫之誤。據强本改。
〔五〕「叵」，强本作「頗」，諸輯本從道本。「頗」有不可義，也作「叵」，釋慧琳《一切經音義》卷十八：「頗，《字書》云：『頗，或云不可也。』亦作叵也。」
〔六〕「因」字下，强本衍「豫」字，諸輯本從道本。

相，以勸勖也。

豫若冬涉川，

履薄冰者恐陷，在浮生者慮危，兢兢不敢爲非，勤勤唯知進道也。

猶若畏四鄰，

處俗行惡，驚鄰保以覺知；志道從善，懼幽明以彈糾也。

儼若客〔一〕，

爲客唯事安然，修道不宜妄動。

渙若冰將釋〔二〕，

春日麗而冰釋，玄風舉而累銷〔三〕。

〔一〕「客」，道本作「容」，强本作「客」，諸輯本從道本。當作「客」。「客」「容」字形相近而易誤，道本「容」當爲「客」字刻寫之誤。參高明《帛書老子校注·道經校注》，北京：中華書局，一九九六年，第二九二頁。據强本改。注文「爲客」之「客」同此。

〔二〕「釋」，强本作「液」，諸輯本從道本。「液」有溶化、融解義，《文子·上仁》：「渙兮其若冰之液者，不敢積藏也。」《齊民要術·種苜蓿》：「每至正月，燒去枯葉。地液輒耕壠，以鐵齒鍽楱鍽楱之，更以魯斫斸其科土，則滋茂矣，不爾瘦矣。」據文意，「釋」「液」均可通。

〔三〕「銷」，强本作「消」，諸輯本從道本。「銷」同「消」，釋慧琳《一切經音義》卷十一引《考聲》云：「銷，或作消。」《六書故·地理一》：「銷，古單作消。」《龍龕手鑑·金部》：「銷，散也。」

敦兮若樸〔一〕，

厚而不薄，實而不華〔二〕。

曠兮若谷〔三〕，

谷之虛也，容物而應聲；心之虛也，懷道而濟俗。

混兮其若濁〔四〕。

心無分別，混也。與俗和同，濁也。懷玉無染，握珠自明，似濁也。

孰能濁以靜之徐清？孰能安以久〔五〕動之徐生？

安，靜也。徐，漸也。夫息動於心而神自靜，莫撓於水而濁自清，行之者少，故曰誰能。

〔一〕「敦兮若樸」，强本作「敦兮其若樸」，蒙本作「敦若樸」，嚴本、周王本、周本從道本。景龍碑本作「敦若樸」，遂州碑本作「混若樸」，蒙本當從景龍碑本。據文意，均可通；據下經文「混兮其若濁」，應作「敦兮其若樸」。今仍從道本。

〔二〕「華」字下，强本有「也」字，諸輯本從道本。

〔三〕「曠兮若谷」，强本作「曠兮其若谷」，蒙本作「曠若谷」，嚴本、周王本、周本從道本。景龍碑本、遂州碑本作「曠若谷」，蒙本當從二碑本。

〔四〕「混兮其若濁」，强本作「渾兮其若濁」，蒙本作「混若濁」，嚴本、周王本、周本從道本。景龍碑本作「混若濁」，遂州碑本作「沌若濁」，蒙本當從景龍碑本。

〔五〕「久」，强本同，蒙本脱，嚴本、周王本、周本從道本。景龍碑本、遂州碑本無「久」字，蒙本當從二碑本。

保此道者，不欲盈。

上來廣〔一〕陳道行，以勸學人，人能守之，自得清静〔二〕，義存謙退，不事滿〔三〕盈。

夫唯不盈，能弊復成〔四〕。

立身者不志〔五〕滿盈，匡輔務存忠正，雖老而還少，在弊如〔六〕更新。學道者虛心遺於聲色，澡慮蕩於紛累〔七〕，雖於朽身弊俗，復得成於真道也〔八〕。

〔一〕「廣」，强本脱，諸輯本從道本。

〔二〕「静」，强本作「浄」，諸輯本從道本。

〔三〕「滿」，强本無，諸輯本從道本。

〔四〕「能弊復成」，强本作「故能敝不新成」，諸輯本從道本。焦竑《老子翼·考異》：「李榮本作『能敝復成』。」知焦竑所見李榮《道德經注》亦作「能敝復成」，唯「弊」作「敝」。「弊」「敝」均有破舊、衰敗義，「敝」也作「弊」，《玉篇·㡀部》：「敝，壞也。弊，同敝。」下注文「在弊」之「弊」同此。

〔五〕「志」，强本作「至」，蒙本從强本，嚴本、周王本、周本從道本。

〔六〕「如」，强本作「而」，諸輯本從道本。「如」作連詞，相當於「而」，《玉篇·女部》：「如，而也。」

〔七〕「累」，强本作「争」，諸輯本從道本。

〔八〕「雖於朽身弊俗復得成於真道也」，强本脱，諸輯本從道本。

十六章

致虛極，守静篤。

其性静[一]而貞，其行清而遠，守之厚者，可得虛極之道。

萬物並作，

凡物常人，不能守無爲以安静，爲情之[二]動作，去真以從僞，失本而逐末也。

吾以觀其復。

復，本也。凡人失本而逐末，離淳以入澆；聖人抑末而崇本，反[三]澆以還樸也。

夫物芸芸，各[四]歸其根。

〔一〕「静」，强本作「正」，諸輯本從道本。

〔二〕「之」，强本作「而」，蒙本從强本，嚴本、周王本、周本從道本。「之」作連詞，有相當於「而」的用法，吴昌瑩《經詞衍釋》卷九：「之，猶而也。」

〔三〕「反」，强本作「返」，諸輯本從道本。

〔四〕「各」字下，强本有「復」字，諸輯本從道本。

物亦人也，根亦本也。言人以一心攀緣萬境，其事非一，故曰芸芸。聖人皆勸以反本，故言各歸其根也。

歸根曰靜，

在末所以輪迴[一]，反本寂然不動也[二]。

靜曰復命。

近而爲語，强梁不得其死，名之中夭；虛靜保其天年，是謂復命。遠而言之，動則有生有死，失於真[三]性；靜則不死不生，復於慧[四]命也。

復命曰常，

有死有生，故斷；不死不生，故常[五]。

[一]「迴」字下，强本有「也」字，道本無，諸輯本從道本。

[二]「也」，强本無，諸輯本從道本。

[三]「真」，强本作「其」，諸輯本從道本。當作「真」，「真性」「慧命」相對應。

[四]「慧」，强本作「惠」，諸輯本從道本。

[五]「常」，强本脱，諸輯本從道本。

知常曰明。

迷斯理者闇，悟此道者明。

不知常，妄作凶。

知常信道，所行皆善，天祐人助，故云吉。背〔一〕道從邪，縱情任意，觸塗〔二〕妄作，所〔三〕爲失當，人誅鬼責〔四〕，故云凶也。

知常容，

知常達理，量〔五〕等虛空，無所不包，故曰容也。

〔一〕「背」，强本作「皆」，諸輯本從道本。據文意，應作「背」。

〔二〕「觸塗」，强本作「觸徒」，諸輯本從道本。「徒」通「塗」，道路義，朱駿聲《説文通訓定聲·豫部》：「徒，叚借爲塗。」故「觸塗」「觸徒」亦可通。

〔三〕「所」，强本有「所」字，道本脱，蒙本從强本，嚴本、周王本、周本從道本。據强本補。

〔四〕「責」，强本作「害」，諸輯本從道本。

〔五〕「量」，强本有「量」字，道本脱，蒙本從强本，嚴本、周王本、周本從道本。「量等虛空」爲佛教術語，東晉佛馱跋陀羅所譯《大方廣佛華嚴經》、唐代實叉難陀所譯《大方廣佛華嚴經》、唐代尸羅達摩所譯《佛説十地經》，均有「量等虛空」一詞。據强本補。

容能〔一〕公，

正而無私。

公能王，

偏私不堪宰物，公正自可〔二〕君臨也。

王能天，

無心廣覆，運行以時。

天能道，

與天地〔三〕合德，共道齊真，疏通無滯，動皆合理。

道能久，

道則自古以固存，聖則永享無期壽也。

〔一〕「能」，强本作「乃」，諸輯本從道本。「能」「乃」可通。下經文「公能王」「王能天」「天能道」「道能久」之「能」同此。

〔二〕「自可」，强本作「可以」，諸輯本從道本。

〔三〕「地」，强本同，蒙本脱，嚴本、周王本、周本從道本。蒙本當據句法删「地」字。

沒〔二〕身不殆。

沒，終也。與天爲期，與道同久，終於此身，永無危殆也〔三〕。

〔二〕「沒」，强本作「歿（殁）」，諸輯本從道本。

〔三〕「也」，强本無，諸輯本從道本。

十七章

太上，下知有之；

太上，謂上德之君。德既不德，名亦難名，但以大人在上，寄言太上。而〔一〕上懷道德，於下無所須；下皆自足，於上無所奉，君臣上下，知有而已。

其次，親之譽之；

下德之君，有爲迹起，未能忘言，上則親信於臣下，下則稱譽於君上。

其次，畏之侮之。

不能因萬物之化，任自然之性，設刑法以威之，故言畏。令繁而下欺，故言侮。此下古之化也。

信不足，有不信。

〔一〕「而」，强本無，諸輯本從道本。

夫爲上也，化之以道，示之以信，上能信下，下亦信上。上若不能信下，下亦不信於上〔一〕。

猶其貴言。

此中古之時也。未能忘言，借言傳意，更相親譽，是以重言。

功成事遂，百姓謂我自然。

帝皇之道隆〔二〕，功成也；無爲之風著，事遂也。前歷明三古，言失道後德，自淳至澆，後重結之，欲示絶仁棄義，反澆還淳也。道淺易睹，德高難見，今聖化既深，神功莫測，日用不知，故〔三〕言自然〔四〕。

〔一〕「上若不能信下下亦不信於上」，强本作「若能信下下亦信於上」，諸輯本從道本。據文意，道本爲是。

〔二〕「隆」，道本作「隆」，强本作「隆」，諸輯本從强本。疑「隆」爲「隆」字刻寫之誤，「隆」同「隆」。今從道本將「隆」改正爲「隆」的通行繁體字「隆」。

〔三〕「故」，强本脱，諸輯本從道本。

〔四〕「自然」下，强本有「也」字，諸輯本從道本。

十八章

大道廢，有仁義；

夫重玄之境，氣象不能移〔一〕；至虛之理，空有未足議。迎隨不得，何始何終乎；盛衰無變，何廢何興〔二〕乎！純粹之日，彼此不隔〔三〕於親疏；靜泰〔四〕之辰，上下不彰於貴賤。自然符會，未待結繩；蹈乎大方，寧資書契？時冥〔五〕至一，故言道興。行偏愛之仁，用裁非之義，澆薄斯作，不能行道，故言道廢。時有澆淳，道無興廢。

〔一〕「移」，道本作「私」，强本作「移」，蒙本從强本，嚴本、周王本、周本從道本。據强本改。

〔二〕「何廢何興」，强本作「何興何廢」，諸輯本從道本。

〔三〕「隔」，道本作「隔」，强本作「隔」，諸輯本作「隔」。疑「隔」「隔」爲「隔」的訛字。今從道本將「隔」改正爲「隔」。

〔四〕「泰」，道本作「恭」，强本作「泰」，蒙本從强本，嚴本、周王本、周本從道本。據文意，應作「泰」。據强本改。

〔五〕「冥」，强本作「寘」，諸輯本從道本。「寘」同「置」。强本當誤書「冥」作「寘」，「冥」同「冥」。據文意，應作「冥」。

智慧〔一〕出，有大僞；

昏昏默默，道之極也；昧昧晦晦，行之至也。未能光而不耀、去知與故〔二〕，飾智慧以驚愚，競是非以先物，是非迭起，奸巧互生，盜跖履之以爲盜〔三〕，田成乘之而竊國，斯大僞也〔四〕。

六親不和，有孝慈；

父子、兄弟、夫妻，六親也。彼此相混〔五〕，是非不作；長短相形，好惡斯起。和以不和標稱，孝因不孝立名也。

國家昏亂，有忠臣。

〔一〕「慧」，强本作「惠」，諸輯本從道本。

〔二〕「去知與故」，道本作「故知」，强本作「去知與故」，蒙本從强本，嚴本作「去知與故知」，周王本、周本從道本。《管子·心術上》：「恬愉無爲，去智與故」，《莊子·刻意》：「去知與故，循天之理」。據文意，應作「去知與故」。據强本改。

〔三〕「盜」，强本作「道」，蒙本從强本，嚴本、周王本、周本從道本。「爲盜」「竊國」相對應，道本爲是。

〔四〕「也」，强本無，諸輯本從道本。

〔五〕「混」，道本作「須」，强本作「混」，蒙本從强本，嚴本、周王本、周本從道本。蒙本校記云：「第十八章『六親不和有孝慈』句下，殘本注作『彼此相須。』强引『須』作『混』爲是，兹據改。」（蒙文通：《蒙文通全集》第五册，第三〇四頁）蒙文通所言是。據强本改。

羲農之時，未聞股肱之節；桀紂之日，始稱關比之賢。故知〔二〕旭日麗天，星宿無以照其景；時雨降矣，浸灌無以著其功。若君昏於上，臣亂於下，有能內輔其君、外靜於寇，忠名顯矣。

〔二〕「知」字下，强本有「夫」字，諸輯本從道本。

十九章

絶聖棄智，人〔一〕利百倍；

聖者，凡〔二〕情之所仰；智者，愚人之所求。非智無以照機，非聖何能宰物？今言棄絶，所未聞也。夫聖人合道，道本無名，名生而物迷，言聖不及於忘聖；智出而僞起，用智不及於忘智，故須絶棄也。然聖生則盜起，智用乃賊來，今言棄〔三〕絶，盜賊不起，其利實多，略言百倍也。

絶仁棄義，人復孝慈；

仁以愛物，義以讓人，雖曰立人之道，實亦矯人之情，今棄矯情之仁義，歸天性之孝慈也。

〔一〕「人」，强本作「民」，諸輯本從道本。

〔二〕「凡」，道本作「人」，强本作「凡」，蒙本從强本，嚴本、周王本、周本從道本。應作「凡」，「凡情」「愚人」相對應。據强本改。

〔三〕「棄」，强本脱，諸輯本從道本。

絶巧棄利，盜賊無有。

攦工倕之指，息機械之心，絶巧也。擲玉毀珠，棄利也。但盜賊之行，規之以利，棄寶無利，寧有盜乎？

此三者，以〔一〕爲文不足，故令有所屬。

文，教也。屬，繼也。夫大人之設教也，莫不修凡以成聖，從愚以歸智，去害而〔二〕之利。今皆棄之，於教不足。未知學者何所措心，是故繼以後文，示令立行也。

見素抱樸〔三〕，少私〔四〕寡欲。

樸，本也。萬境無染，見素也。守一不移，抱樸也。公而不黨，少私也。以性制情，寡欲也。

〔一〕「以」，强本同，蒙本無，嚴本、周王本、周本從道本。景龍碑本無「以」字，遂州碑本該句作「此三者言爲文不足」，蒙本當據景龍碑本删「以」字。

〔二〕「而」，强本脱，諸輯本從道本。

〔三〕「樸」，强本同，蒙本、周王本、周本從道本，嚴本作「撲」。當作「樸」。

〔四〕「私」，强本作「思」，諸輯本從道本。當作「私」。

二十章

絶學無憂。

夫志無爲之道，則學無所學；混之以愚智，則得失未聞；懷忘之進退〔一〕，則榮悴〔二〕不驚。抱自然合〔三〕道，寧有憂乎？存有爲之業者，學非爲己。懸頭刺〔四〕股，而〔五〕競者名；映〔六〕雪聚螢，所争者利。懼榮名之不立，驚厚利之未來，以此存心，憂患生矣。

〔一〕「懷忘之進退」，强本作「懷忘之於進退」，蒙本作「忘之於進退」，嚴本、周王本、周本從道本。據注文「混之以愚智」句法，蒙本最優。今仍從道本。

〔二〕「榮悴」，强本作「榮椊」，諸輯本從道本。「椊」有木朽義，《集韻·至韻》：「椊，木朽。」據文意，「榮悴」「榮椊」雖均可通，但「榮悴」更優，第十三章「吾所以有大患，爲吾有身」注文亦作「榮悴」。

〔三〕「合」，强本作「之」，蒙本從强本，嚴本、周王本、周本從道本。

〔四〕「刺」，道本作「剌」，强本同，諸輯本作「刺」。形近致訛。今從諸輯本將「剌」改「刺」。

〔五〕「而」，强本作「所」，蒙本從强本，嚴本、周王本、周本從道本。

〔六〕「映」，强本作「暎」，諸輯本從道本。「暎」同「映」，《集韻·映韻》：「映，亦從英。」

唯之與阿，相去幾何？善〔一〕之與惡，相去何若？

禮對爲唯，野應曰阿。稱心爲善，乖意爲惡。幾何，言不遠也。體道則百慮俱遺，任真則萬塗皆適，實亦無逆無順，不美不惡。然有爲强生分别，偏私妄起愛憎〔二〕，不留心於道德之鄉，唯責〔三〕人以華薄之禮。悦〔四〕心謂之爲是，不問賢與不賢；潤己稱之曰能，未論智與不智。此則智〔五〕者翻闇於不智，賢者倒〔六〕愚於不賢，故曰相去幾何也。亦言人性自然已足〔七〕，

〔一〕「善」，强本同，蒙本作「美」，嚴本、周王本、周本從道本。「善」有美好義，「美」有善好義，「善」「美」可互釋，《説文·誩部》：「譱……此與義、美同意。」《説文·羊部》：「美與善同意。」「譱」同「善」，《正字通·言部》：「譱，善本字。」據文意，「善」「美」均可通。又，據注文「稱心爲善乖意爲惡」，似應作「善」；據注文「不美不惡」及「進智以徇美」「飾僞以爲惡」，皆「美」「惡」相對，又似應作「美」。今仍從道本。下注文「稱心爲善」之「善」同此。又，景龍碑本作「善」，遂州碑本作「美」，蒙本當據遂州碑本及注文「不美不惡」及「進智以徇美」「飾僞以爲惡」改「善」爲「美」。

〔二〕「憎」，强本作「**憎**」，諸輯本從道本。疑「**憎**」爲「憎」的訛字，「憎」同「憎」。

〔三〕「責」，强本同，蒙本作「貴」，嚴本、周王本、周本從道本。蓋形近致訛，蒙本誤「責」爲「貴」。

〔四〕「悦」，强本作「愜」，蒙本從强本，嚴本、周王本、周本從道本。

〔五〕「此則智」下，强本衍「此則智」三字，道本無，諸輯本從道本。

〔六〕「倒」，强本作「到」，諸輯本從道本。

〔七〕「足」，强本作「定」，諸輯本從道本。當作「足」。

益之則憂。夫〔一〕進智以徇〔二〕美，與〔三〕飾僞以爲惡，事雖〔四〕不同，失性〔五〕均也，故曰相去〔六〕幾何也。

人之所畏，不可不畏。荒兮其未央哉〔七〕！

水火可畏，不畏必遭〔八〕燒溺；豺〔九〕狼可畏，不畏終遇於損傷。故知人行愛憎〔一〇〕而

〔一〕「夫」，强本作「失」，諸輯本從道本。當作「夫」。

〔二〕「徇」，强本作「殉」，諸輯本從道本。

〔三〕「與」，强本作「譽」，諸輯本從道本。蒙本校記云：「第二十章『美之與惡相去何若』句下，殘本注作『夫進智以徇美，與飾僞以爲惡，事雖不同』。强引『與』作『譽』爲勝，疑『事』下或復『事』字，姑仍依殘本。」（蒙文通：《蒙文通全集》第五册，第三〇四頁）

〔四〕「雖」，强本作「唯」，諸輯本從道本。

〔五〕「性」，强本脱，諸輯本從道本。

〔六〕「去」，强本作「生」，諸輯本從道本。當作「去」。

〔七〕「荒兮其未央哉」，强本同，蒙本作「莽其未央」，嚴本、周王本、周本從道本。據道本注文「悠悠莽莽」，應作「莽其未央」。今仍從道本。景龍碑本作「忙□未央」，遂州碑本作「莽其未央」，蒙本當據遂州碑本及注文「悠悠莽莽」而改「荒兮其未央哉」作「莽其未央」，並據二碑本删「哉」字。

〔八〕「遭」字下，蒙本有「於」字，道本無，强本亦無，嚴本、周王本、周本從道本。

〔九〕「豺」，强本作「犲」，諸輯本從道本。「犲」同「豺」，《玉篇·犬部》：「犲，犲狼。」《字彙·犬部》：「犲，俗豺字。」

〔一〇〕「憎」，强本作「**憎**」，諸輯本從道本。疑「**憎**」爲「憎」的訛字，「憎」同「憎」。

不已，歸茲損敗；貪名利而無息，致此危亡。今流俗滯之有年〔一〕，溺之忘反，悠悠〔二〕莽莽，欲出無期。

衆人熙熙，如享太牢，如春登臺〔三〕。

熙熙，悦樂也。太牢，味也。春臺，色也。言流俗衆人，務學以規名聲，縱情以昏色味。悦之以目〔四〕，不知盲之有時；適之以口，不知爽之有日。逐欲老而愈溢，勞形困而不休，仍自欣欣，以爲悦樂〔五〕。

〔一〕「年」，强本脱，諸輯本從道本。

〔二〕「悠悠」，强本脱，諸輯本從道本。

〔三〕「如春登臺」，强本同，蒙本作「如登春臺」，嚴本、周王本、周本從道本。景龍碑本作「若春登臺」，遂州碑本作「如春登臺」。據注文「春臺色也」、章末經文「我獨異於人，而貴求食於母」注文「自春臺已下」，似應作「如登春臺」；據「如享太牢」句法，亦似應作「如登春臺」。蒙本當據注文及句法改「如春登臺」爲「如登春臺」。今仍從道本。

〔四〕「目」，道本作「色」，强本作「目」，蒙本、嚴本從强本，周王本、周本從道本。據下注文「適之以口」句法，應作「目」，「目」「口」相對。據强本改。

〔五〕「悦樂」下，强本有「也」字，諸輯本從道本。

我獨怕兮其未兆〔一〕**，若**〔二〕**嬰兒之**〔三〕**未孩，乘乘兮若**〔四〕**無所歸。**

聖人言衆人馳騖於有爲之境，爲聲色之所動，我澹泊於無爲之端，香味不能惑。猶如赤子，未識牝牡之合，不知淫泆〔五〕之情，心無所在，豈定有歸也。

衆人皆有餘，我獨若遺。

俗人於清虚而不足，在昏濁而有餘，積財貨以爲外累，肆情欲以增内垢。聖人塵埃無染，

〔一〕「我獨怕兮其未兆」，强本作「我獨泊兮其未兆」，蒙本作「我怕未兆」，嚴本、周王本、周本從道本。景龍碑本、遂州碑本作「我魄未兆」，蒙本取道本「怕」字，並據二碑本删「獨」字及「兮其」二字。「怕」通「泊」，音「泊」，無爲、恬淡義，《説文解字·心部》：「怕，無爲也。从心，白聲。」《廣雅·釋詁四》：「怕，静也。」王念孫《廣雅疏證》：「怕者，《説文》：『怕，無爲也。』《老子》云：『我獨泊兮其未兆。』司馬相如《子虚賦》云：『怕乎無爲，憺乎自持。』泊，與怕通。」《集韻》：「『怕，《説文》：『無爲也。』古書作怕，通作泊。」蒙本校記云：「第二十章『我獨怕未兆』句，『怕』下有『兮』字，據省字本删。《李注》『我澹泊於無爲之端』，是李經『怕』應作『泊』，唯《道藏》『淡泊』多作『惔怕』，仍依殘本。」（蒙文通：《蒙文通全集》第五册，第三〇四頁）

〔二〕「若」，强本作「如」，諸輯本從道本。

〔三〕「之」，强本同，蒙本脱，嚴本、周王本、周本從道本。遂州碑本有「之」字，景龍碑本無，蒙本當據景龍碑本删「之」字。

〔四〕「兮若」，强本同，蒙本脱，嚴本、周王本、周本從道本。景龍碑本無「兮若」二字，遂州碑本無「乘乘兮若」四字，蒙本當據景龍碑本删「兮若」二字。

〔五〕「泆」，强本作「佚」，蒙本、嚴本從强本，周王本、周本從道本。「泆」「佚」均有放蕩義，「淫泆」亦作「淫佚」。

俗事都捐，故曰若遺也。

我愚人之心也哉，純純兮〔一〕。

俗人愚也，自以爲智，惑〔二〕於情欲，穢亂日〔三〕以至。聖人大智若愚，形神虛靜，純白日以生也〔四〕。

俗人昭昭，

不知强言知，内明於心，外曜於物，自言了了，故曰昭昭。

我獨若昏。

知如不知，如將闇也。

俗人察察，

〔一〕「我愚人之心也哉純純兮」，强本同，蒙本作「我愚人之心純純」，嚴本、周王本、周本從道本。景龍碑本、遂州碑本作「我愚人之心純純」，蒙本當據二碑本删「也哉」二字及「兮」字。

〔二〕「惑」，强本作「或」，諸輯本從道本。「或」通「惑」，《玉篇·戈部》：「或，有疑也。」《廣韻·德韻》：「或，疑也。」

〔三〕「日」字下，强本衍「深」字，諸輯本從道本。

〔四〕「也」，强本同，蒙本脱，嚴本、周王本、周本從道本。

銳情於是非之境，專心於得失之路也。

我獨悶悶。

遺心識自無分別，忘善〔一〕惡故曰悶悶〔二〕。

淡若海，漂無所止〔三〕。

德宇恢恢，心臺淡淡〔四〕，猶如大海，風動波隨，漂泊東西，終無定止。

衆人皆有以，

用有爲也。

我獨頑似鄙。

若愚人之無〔五〕知，同賤者之不飾。

〔一〕「善」，强本作「好」，諸輯本從道本。

〔二〕「悶悶」下，强本有「也」字，諸輯本從道本。

〔三〕「淡若海漂無所止」，强本作「忽若晦寂兮似無所止」，諸輯本從道本。據注文，道本爲是。

〔四〕「淡淡」，强本作「澹澹」，諸輯本從道本。

〔五〕「無」，强本同，蒙本作「所」，嚴本、周王本、周本從道本。據文意及句法，應作「無」。蒙本改「無」爲「所」，未知何據。

我獨〔一〕異於人，而貴食母〔二〕。

食，用也。母，道也。人皆得意，未假以言，物既失理，聖人設教。自春臺已〔三〕下，並是衆生有爲之病，聖人隨病救之，皆用無爲之藥，救有爲之病，有無不同〔四〕，故言異也。凡夫滯俗，聖人用道，故言食母也〔五〕。

〔一〕「獨」，强本作「欲」，蒙本從强本，嚴本、周王本、周本從道本。

〔二〕「而貴食母」，道本作「而貴求食於母」，强本作「而貴食母」，蒙本從强本，嚴本、周王本、周本從道本。唐玄宗注「而貴求食於母」云：「先無『求』『於』兩字，今所加也。且聖人説經，本無避諱，今代爲教，則有嫌疑。暢理故義不可移，臨文則句須穩便。便今存古，是所庶幾。又司馬遷云：『老子説五千餘言。』則明理詣而息言，不必以五千爲定格。」（《唐玄宗御注道德真經》卷二，《道藏》第一一册，第七二四頁下）若「求」「於」二字果爲唐玄宗首次增加，則李榮《道德經注》原本應無此二字，因李榮撰此《注》在唐玄宗御注《道德經》之前。道本此二字，當是唐玄宗御注《道德經》刊布之後爲傳抄者所擅加，甚或乃編纂《正統道藏》時爲刻寫者所加。今據强本删改。

〔三〕「已」，强本同，蒙本作「以」，嚴本、周王本、周本從道本。「已」同「以」，《正字通・已部》：「已，與㠯古共一字。隸作㠯、以。」今仍從道本。

〔四〕「救有爲之病，有無不同」，道本作「有病有爲有無不同」，强本作「救有爲之病藥無所不同」，蒙本作「救有爲之病有無不同」，嚴本、周王本、周本從道本。據文意，蒙本爲是。蒙本當取强本「救有爲之病」五字，並取道本「有無不同」四字而成。今據道本、强本删改。

〔五〕「故言食母也」，强本作「故言求食於母也」，諸輯本從道本。據經文「而貴食母」，道本爲是。按：道本經文作「而貴求食於母」，注文作「故言食母也」，「求」「於」二字經文有而注文無；强本經文作「而貴食母」，注文作「故言求食於母也」，「求」「於」二字注文有而經文無；道本與强本增加「求」「於」二字處正好相反。爲保持經注一致，經文從强本，注文從道本。

二十一章

孔德之容，唯道是從。

孔，甚也，大也。道，理也，德也〔一〕。物無不包，故言容也。動皆順理，故〔二〕言從也。亦言大德不由他至，唯從道來也。

道之爲物，唯恍唯惚。

未知道是何物，而令德從，明夫〔三〕大道幽玄，深不可識，語其無也，則有物〔四〕混成；言其有焉，則復歸無物。歸無物而不有，言有物而不無，有無非常，存亡不定，故言恍惚。

恍惚中有象，惚恍中有物。

〔一〕「也」，道本脱，强本有，蒙本從强本，嚴本、周王本、周本從道本。據强本補。
〔二〕「故」，强本脱，諸輯本從道本。
〔三〕「夫」，道本作「矣」，强本作「夫」，蒙本、嚴本從强本，周王本、周本從道本。據强本改。
〔四〕「物」，强本脱，諸輯本從道本。

非有非無之真，極玄極奧之道，剖一元而開三象，和二氣而生萬物也。

杳冥中〔一〕有精，其精甚真〔二〕，

至理唯一，故言精。妙體無〔三〕變，故言真〔四〕。

其中有信。

寂乎無象，感而遂通，福善禍淫，影響斯在。

自古及今，其名不去，以閱終〔五〕甫。

閱，簡也。甫，始也。愚者無知，凡情有滯，謂杳〔六〕冥之理，本絶因緣，恍惚之中，元無果報，遂令行善者有怠，長惡者不悛，未識精而有靈，豈知真而有實？言其中有信，欲照理非虛，

〔一〕「杳冥中」，强本作「窈兮冥兮其中」，諸輯本從道本。

〔二〕「其精甚真」句，道本在下句經文「其中有信」上，强本同，蒙本在此處，嚴本、周王本、周本從道本。據注文「妙體無變故言真」，蒙本移置此處爲是，據改。

〔三〕「無」字下，强本有「有」字，諸輯本從道本。

〔四〕「真」字下，强本有「也」字，諸輯本從道本。

〔五〕「終」，道本作「衆」，强本同，諸輯本從道本。遂州碑本作「終」。據注文「甫始也」及「從終至始」，應作「終」。今據注文及遂州碑本改。

〔六〕「杳」，强本作「窈」，諸輯本從道本。

爲救衆生，開方設教，從終至始，簡其善惡之因；　自古及今，閲其邪正之行。忠孝者賞之以爵，過忒〔一〕者罰之以刑，含貫空有，彌羅宇宙，體既獨立而常存，名亦湛然而不去。

吾何以知終〔二〕甫之然，以此哉〔三〕。

我何以得知大道自古及今，從終至始〔四〕，簡閲於物，分别於人，度脱四生，三代不失，但以觀之於見在，足知過去未來也。

〔一〕「過忒」，强本作「篡弑」，諸輯本從道本。「篡弑」「簒弑」通。

〔二〕「終」，道本作「衆」，强本同，蒙本作「終」，嚴本、周王本、周本從道本。景龍碑本作「衆」，遂州碑本作「終」，蒙本當據注文「從終至始」及遂州碑本改。今據注文及遂州碑本改。

〔三〕「之然以此哉」，强本作「之然哉以此」，蒙本作「之然以此」，嚴本、周王本、周本從道本。景龍碑本作「之然以此」，遂州碑本作「之然哉以此」，蒙本當據景龍碑本改。

〔四〕「從終至始」，强本作「從始至終」，諸輯本從道本。

二十二章

曲則全，枉則直〔一〕，窪〔二〕則盈，弊則新，少則得，多則惑。

外順於物〔三〕，内養於神，物我無傷，全也。屈己從人，身不失道，直也。謙退處下，窪〔四〕也。混而不濁，新也。理本是一，故言少；忘言契理，故言得。有爲萬〔五〕境，群典百端，故言〔六〕

〔一〕「直」，强本作「正」，蒙本從强本，嚴本、周王本、周本從道本。「枉」有彎曲、不正直義，《説文·木部》：「枉，衺曲也。」常與「直」對文合用，《管子·宙合》：「鉤，入枉而出直」，《論語·爲政》：「舉直錯諸枉，則民服；舉枉錯諸直，則民不服。」《荀子·王霸》：「辟之是猶立直木而求其景之枉也。」下注文「直也」之「直」同此。

〔二〕「窪」，强本同，蒙本、周王本、周本從道本，嚴本作「窐」。

〔三〕「物」，道本作「内」，强本作「物」，蒙本從强本，嚴本、周王本、周本從道本。據文意及注文，應作「物」。據强本改。

〔四〕「窪」，道本作「窐」，强本「窪」，蒙本、嚴本從强本，周王本從道本，周本訛作「鋪」。「窐」「窪」通，據强本改。

〔五〕「萬」，道本字形似「爲」，强本作「萬」，蒙本、嚴本從强本，周王本、周本作「爲」。據文意及下注文「群典百端」，應作「萬」。據强本改。

〔六〕「故言」，道本脱，强本有，蒙本從强本，嚴本、周王本、周本從道本。據强本補。

多也〔一〕；逐欲情亂，滯教生迷，故言惑也。

是以聖人抱一爲天下式。

一，道也。聖人懷道，故言抱一。動皆合理，可以軌物，故言式也。

不自見故明，不自是故彰，不自伐故有功，不自矜故長。

去分別而遺識，智慧自明；捐〔二〕物我以全真，道德自彰。取其功而反失，誇其德〔三〕不長也。

夫唯不爭，故〔四〕莫能與〔五〕爭。

以我爲是，指他爲非，不能順人，唯知逆物，而〔六〕起於爭。聖人屈曲從物，豁蕩是非，不爭功名，與物無競，故天下雖大，誰能爭乎？

〔一〕「也」，道本作「士」，强本作「也」，蒙本從强本，嚴本、周王本、周本從道本。據强本改。
〔二〕「捐」，强本作「損」，諸輯本從道本。據文意，「捐」義更勝。
〔三〕「誇其德」下，强本有「而」字，蒙本從强本，嚴本、周王本、周本從道本。
〔四〕「故」字下，强本有「天下」二字，蒙本從强本，嚴本、周王本、周本從道本。
〔五〕「與」字下，强本有「之」字，諸輯本從道本。
〔六〕「而」，强本有「而」字，道本脱，蒙本從强本，嚴本、周王本、周本從道本。據强本補。

古之所謂曲則全者，豈虚言哉？誠全而歸之。

聖不自專，寄言古昔，枉正少得〔二〕，不是虚言，誠全歸身，皆爲實録也。

〔二〕「枉正少得」下，强本有「等行」二字，諸輯本從道本。

二十三章

希言自然。

希，少也。多言數窮，少言合道，故曰自然。道則非無〔一〕非有，理亦非少非多，欲明多言之〔二〕失真，故借〔三〕少言而合道。

飄風不終朝，驟雨不終日。

迅風暴雨，尚不竟日終朝；輕躁多言，豈得全身遠害。少言合理，則十日雨五日風也；多言有損，則狂風暴雨也。

孰爲此〔四〕？

起問〔五〕。

〔一〕「無」，强本作「空」，諸輯本從道本。
〔二〕「之」，强本作「而」，諸輯本從道本。
〔三〕「借」，强本脱，諸輯本從道本。
〔四〕「此」字下，强本有「者」字，諸輯本從道本。
〔五〕「起問」，强本無，諸輯本從道本。

天地。

解也〔一〕。

天地尚不能久，而况於人〔二〕？

此舉大以明小也。〔三〕

故從事於道者，道者同於道，德者同於德，失者同於失。同〔四〕於道者，道亦得之；

道者，清虛無爲，救人濟物，若舉事皆從於道，道亦得之。

同於德者，德亦得之；

德者，畜養於物，潤益於人，人能行同於德，德亦得人也。〔五〕

〔一〕「解也」，强本無，諸輯本從道本。

〔二〕「人」字下，强本有「乎」字，道本無，諸輯本從道本。

〔三〕「此舉大以明小也」，强本脱，諸輯本從道本。

〔四〕「事於道者道者同於道德者同於德失者同於失同」二十字，强本同，蒙本無，嚴本、周王本、周本從道本。該句經文景龍碑本作「故從事而道者道德之」，遂州碑本作「故從事而道者道得之」，「德」通「得」，蒙本當據二碑本删改道本、强本而作「故從於道者，道亦得之」。

〔五〕「德者畜養於物潤益於人人能行同於德德亦得人也」，强本在經文「德者同於德」下，諸輯本從道本。據文意，道本爲是。

同於失者，道失之〔一〕。

不能行同〔二〕道德，體存仁義，共惡者之爲非，同罪人之受罰也。〔三〕

信不足，有不信。

同於道者，道得之；　信於德者，德得之〔四〕；　同於失者，道失之；　信不足，有不信也。

〔一〕「道失之」，强本作「失亦得之」，諸輯本從道本。

〔二〕「同」字下，强本有「於」字，諸輯本從道本。

〔三〕「不能行同道德體存仁義共惡者之爲非同罪人之受罰也」，强本在經文「失者同於失」下，諸輯本從道本。據文意，道本爲是。

〔四〕「信於德者德得之」，强本作「信於道道信人」，蒙本作「信於道者道信之」，嚴本、周王本、周本從道本。蒙本校記云：「第二十三章『信不足有不信』句下，殘本《李注》原作『同於道者道德之，信於德者德得之』。强引作『同於道得之，信於道道信人』。兩本義皆不可解，顯有奪誤。按李榮此注全襲用鍾會，鍾注此句作『同於道者道得之，信於道者道信之』。則强引上句奪『者道』二字，下句奪『者』字，復誤『之』爲『人』字。殘本上句妄改『得』爲『德』，下句妄改兩『道』字作『德』。又改下『信』字作『得』，故三復校讎皆未得定。以《成疏》、《李注》及凡唐人之説，多襲用六朝舊解，旋檢得李霖《取善集》引鍾注，校正如此。敦煌本《老子無名氏注》李木齋尚有一殘本，徐當更求校之。」（蒙文通：《蒙文通全集》第五册，第三〇四—三〇五頁）蒙文通謂「殘本《李注》原作『同於道者道德之，信於德者德得之』……殘本上句妄改『得』爲『德』」，蒙文通此處引用有誤，道本上句原本即作「同於道者道得之」。蒙文通謂「强引作『同於道得之，信於道道信人』……强引上句奪『者道』二字」，引用亦有誤，强本上句原本即作「同於道者道得之」。據文意，「信於德者德得之」「信於道道信人」「信於道者道信之」均可通；據句法，應作「信於德者德得之」或「信於道者道信之」。又，據注文及上經文，此處注文顯然是在總結上文，故應作「同於德者德得之」。「信於德」即「同於德」。

二十四章

企〔一〕者不立〔二〕，跨者不行。

跨，越也。徐行緩步，其行久也；企踵越分，行不久也。喻明謙卑退讓者可久長也，跨企矜伐者自危自〔三〕亡也。

自見不明，自是不彰，自伐無功，自矜不長。

此非君子之行，豈是忘懷之士〔四〕。

〔一〕「企」，强本作「跂」，諸輯本從道本。「跂」爲「跛」的訛字。疑强本「跂」爲「跂」字書寫之誤。「跂」通「企」，《集韻·紙韻》：「企，舉踵也。或作跂。」朱駿聲《説文通訓定聲·解部》：「跂，叚借爲企。」注文「企踵越分」「跨企矜伐」及該章末句經文之注文「跨企之行」之「企」同此。

〔二〕「立」，强本同，蒙本作「久」，嚴本、周王本、周本從道本。該句經文，景龍碑本作「企者不久」，遂州碑本作「喘者不久」，蒙本當據注文及景龍碑本改「立」爲「久」。

〔三〕「自」，强本無，蒙本從强本，嚴本、周王本、周本從道本。

〔四〕「士」字下，强本有「哉」字，諸輯本從道本。

其在〔一〕道也〔二〕，曰餘食贅行。物或惡之，故有道者不處。

殘餘之食〔三〕，不可以薦饗；跨〔四〕企之行，不可以進道。昬亂者愛斯行之爲是，乃安之；達理者惡此道之爲非，故不處〔五〕也。

〔一〕「在」，强本作「於」，諸輯本從道本。

〔二〕「也」，强本同，蒙本脱，嚴本、周王本、周本從道本。景龍碑本、遂州碑本無「也」字，蒙本當據二碑本删「也」字。

〔三〕「殘餘之食」，强本同，蒙本作「殘食之餘」，嚴本、周王本、周本從道本。道本是。

〔四〕「跨」，强本作「誇」，諸輯本從道本。當作「跨」。

〔五〕「處」，强本作「愛」，諸輯本從道本。當作「處」。

二十五章

有物混成，先天地生。

有物者，道也，名之曰道，故言有物。然道之爲物，唯恍唯惚，不可以有無議，不可以陰陽辯〔一〕，混沌無形，自然而得〔二〕，故曰混成。自然之理，運之以變化；無形之內，開〔三〕之以氣象，原其本〔四〕，則〔五〕先天地生也。

寂兮寥兮〔六〕，獨立〔七〕不改，周行〔八〕不殆，可以爲天下母。

〔一〕「辯」，强本作「辨」，諸輯本從道本。

〔二〕「得」，强本作「成」，蒙本從强本，嚴本、周王本、周本從道本。

〔三〕「開」，强本作「闡」，諸輯本從道本。當作「開」。

〔四〕「本」字下，强本有「者」字，諸輯本從道本。

〔五〕「則」，强本無，諸輯本從道本。

〔六〕「寂兮寥兮」，强本同，蒙本作「寂漠」，嚴本、周王本、周本從道本。景龍碑本、遂州碑本作「寂漠」，蒙本當據二碑本改。

〔七〕「獨立」下，强本有「而」字，諸輯本從道本。

〔八〕「周行」下，强本有「而」字，諸輯本從道本。

混成之道，先天地生。聽之不聞，則寂寥無響；摶之不得，則澹漠無形。喪偶而無對，故言獨立；湛然而常存，故言不改。無處不在，周行也；用之不勤，不殆也；覆載生畜，母之義也。

吾不知其名，字之曰道，吾〔一〕强爲之名曰大。

夫〔二〕有形者立〔三〕稱，無象〔四〕者絶名，約通生而爲用，字之曰道；無一法而不包，名之曰大。理本〔五〕無名，無名而名，謂之强也。

大曰逝，逝曰遠，遠曰返。

逝，往也。即大求之而不得，往也；就往追之而〔六〕不及，遠也。體之近在於身，故謂之返也。

〔一〕「吾」，强本無，蒙本從强本，嚴本、周王本、周本從道本。

〔二〕「夫」，道本作「天」，强本作「夫」，蒙本、嚴本從强本，周王本、周本從道本。據强本改。

〔三〕「立」，强本脱，諸輯本從道本。當有。

〔四〕「象」，强本作「像」，諸輯本從道本。

〔五〕「本」，道本脱，强本有，蒙本從强本，嚴本、周王本、周本從道本。據强本補。

〔六〕「而」，强本脱，諸輯本從道本。

故道大，天大，地大，王亦大。

道尊德貴，彌羅無外。天能廣覆，無隔於貴賤；地能厚載，不擇於姸媸〔一〕；帝王控制通貫於遠近，字育普均於貧富。用各有主，歷言大也。

域中有四大，而王居其一焉〔二〕。

寰寓〔三〕之表，自可絕言；形象之中，理生〔四〕稱謂。羅之〔五〕雖具萬品，究之唯有四大。大名既一，用義難殊。欲勸帝王抱式於〔六〕道德，取則於天地也。

人法地，地法天，天法道，道法自然。

〔一〕「媸」，强本作「蚩」，諸輯本從道本。

〔二〕「焉」，强本同，蒙本脱，嚴本、周王本、周本從道本。景龍碑本、遂州碑本無「焉」字，蒙本當據二碑本删「焉」字。

〔三〕「寓」，强本作「宇」，蒙本、嚴本從道本，周王本、周本從强本。

〔四〕「生」，强本作「當」，蒙本從强本，嚴本、周王本、周本從道本。「當」義更勝。今仍從道本。

〔五〕「羅之」，强本有，道本脱，蒙本從强本，嚴本、周王本、周本從道本。據强本補。

〔六〕「於」，强本同，蒙本、周王本、周本從道本，嚴本作「以」。嚴本改「於」作「以」，未知何據。

夫爲人主者，静與陰同德，其載〔三〕無私，法地也；動與陽同波，其覆公正，法天也；清虚無爲，運行不滯，動皆合理，法道也；聖人無欲，非存於有事，虚己理絶於經營，任物義歸於獨化，法自然也。此是法於天地，非天地以相法也。

〔三〕「載」，道本作「義」，强本作「載」，蒙本從强本，嚴本、周王本、周本從道本。據强本改。

二十六章

重爲輕根，静爲躁君。

大小俱輕，不能爲於根本；上下皆躁，未〔一〕可爲於君主。是以一輕一重，輕者以重爲根；一躁一静，躁者以静爲主。故無爲重静者，君之德也；有爲輕躁者，臣之事也。上下各司其業，爲君必須重静也〔二〕。

是以君子終日行不離輜〔三〕重。

有道之主，君人子物，務於重静，不爲輕躁，舉不失道，動不離静，是以行必輜重，居必攝衛，不至危亡，由重静也。

雖有榮觀，燕處超然。

〔一〕「未」，强本作「豈」，蒙本從强本，嚴本、周王本、周本從道本。

〔二〕「也」，强本無，諸輯本從道本。

〔三〕「輜」，强本同，蒙本、周王本、周本從道本，嚴本作「輕」。注文「行必輜重」之「輜」同此。

聖人所貴者大道，所寶者重静。雖有瑶臺瓊室之麗館，身之所托者虚寂；孋姬飛燕之美御，心之所遊者無爲。情欲不足以累身〔二〕，華屋未能以惑己，物無累者，故曰超然。

奈何萬乘之主，而〔三〕以身輕天下？

千金之子，坐不垂堂；萬乘之君，豈宜妄動。

輕則失臣，躁則失君。

前明重静則超然無累，今明輕躁則必致有損。無累則上下俱安，有損則君臣皆失也。

〔二〕「身」，强本訛作「真」，諸輯本從道本。

〔三〕「而」，强本同，蒙本脱，嚴本、周王本、周本從道本。景龍碑本、遂州碑本無「而」字，蒙本當據二碑本删「而」字。

二十七章

善行無轍迹，

七香流水之車，動之者有轍；千里浮雲之馬，躍之者有迹。不疾而速，雲輧不蹍〔一〕地；不行而至，鳳鳥本無迹。言聖人垂拱廟堂，不遍〔二〕周王〔三〕之轍；賢士銷聲丘壑，不削孔丘之迹也。

善言無瑕謫，

〔一〕「蹍」，强本作「輾」，諸輯本從道本。「蹍」有踩、踏義，《廣雅·釋詁一》：「蹍，履也。」《類篇·足部》：「蹍，踐也。」「輾」同「碾」，亦作「𨋹」，有輪狀物碾軋義，《說文·車部》：「𨋹，轢也。」《廣韻·獮韻》：「𨋹，車轢物。」《集韻·獮韻》：「𨋹，《說文》：『轢也。』或從展。」朱駿聲《說文通訓定聲·乾部》：「𨋹，字亦作碾、作輾。」據文意，「蹍」「輾」雖均可通，但「輾」義更勝。今仍從道本。

〔二〕「遍」，强本作「徧」，諸輯本從道本。「徧」通「偏」「遍」，有遍義，《墨子·非儒》：「遠施周偏，近以修身」，《吕氏春秋·察微》：「故凡戰，必悉熟偏備，知己知彼，然後可也。」

〔三〕「周王」，道本作「周至」，强本作「周王」，蒙本從强本，嚴本、周王本、周本從道本。應作「周王」，與「孔丘」相對。據强本改。

言必有中，千里應之〔一〕。非法不言，有何過也？

善計不用〔二〕籌策〔三〕，

籌策者，以算物數。以道觀之，物無不盡，道非於數，寧用籌策也。

善閉無關楗而〔四〕不可開，

門以關楗〔五〕，有閉有開。若能以道制之，無開無閉。是以理國者以道，百姓〔六〕無以窺窬；修身者以道，聲色無由開鑿。

善結無繩約而〔七〕不可解。

〔一〕「之」，强本有「之」，道本脱，蒙本、嚴本從强本，周王本、周本從道本。據强本補。

〔二〕「不用」，强本作「無」，諸輯本從道本。

〔三〕「籌策」，强本作「籌算」，諸輯本從道本。

〔四〕「而」，强本同，蒙本脱，嚴本、周王本、周本從道本。景龍碑本、遂州碑本無「而」字，蒙本當據二碑本删「而」字。

〔五〕「關楗」，道本作「關亦」，强本作「關楗」，蒙本、嚴本從强本，周王本、周本從道本。據强本改。

〔六〕「百姓」，强本作「纂弑」，諸輯本從道本。當作「百姓」。

〔七〕「而」，强本同，蒙本無，嚴本、周王本、周本從道本。景龍碑本、遂州碑本無「而」字，蒙本當據二碑本删「而」字。

用〔一〕繩之者，有縛有解。以道控制於四方，善結也；萬國共戴於一人，不解也。修身者必〔二〕契於道，故言善結；抱一無離，不可解也〔三〕。

是以聖人常善救人，故〔四〕無棄人；

一物失所，慮軫納隍，視人〔五〕如子，寧有棄乎？真聖演〔六〕經以開化，赴感以導〔七〕凡，以道濟之，曾無遺棄。

常善救物，故無棄物。

始終用道故言常，慶〔八〕及萬方故言善，德能廣濟故言救，通言一切故言物。

是謂襲明。

〔一〕「用」，强本同，蒙本作「有」，嚴本、周王本、周本從道本。蒙本改「用」爲「有」，未知何據。

〔二〕「必」，强本作「心」，蒙本、周王本、周本從道本，嚴本從强本。

〔三〕「也」，强本無，諸輯本從道本。

〔四〕「故」，强本作「而」，蒙本從强本，嚴本、周王本、周本從道本。

〔五〕「人」，强本同，蒙本作「之」，嚴本、周王本、周本從道本。蒙本改「人」爲「之」，未知何據。

〔六〕「演」，强本作「闡」，諸輯本從道本。

〔七〕「導」，强本作「遵」，諸輯本從道本。

〔八〕「慶」，强本作「惠」，諸輯本從道本。

善行五者，人物兼濟，承道而用，是謂襲明。

善人〔一〕，不善人之師；不善人，善人之資。

行與道合，德能利物，善人也。人之儀表，物之楷模，師也。闇者求明，明者不求於闇，受〔二〕之以作役，具之以束脩，資也。

不貴其師，不愛其資，雖知大迷，此〔三〕謂要妙。

尊師重道，貴也。仁惠善誘，愛也。師〔四〕資之義，當貴愛也。若師不愛於資，壅玄流而不潤；資不貴於師，失〔五〕惠〔六〕路而難反，悟之者要妙，昏之者大迷也。

〔一〕「善人」上，强本有「故」字，諸輯本從道本。
〔二〕「受」，强本作「愛」，諸輯本從道本。當作「受」。
〔三〕「此」，强本作「是」，諸輯本從道本。
〔四〕「師」，道本脱，蒙本從强本，嚴本、周王本、周本從道本。據强本補。
〔五〕「失」，道本作「矣」，强本作「失」，蒙本、嚴本從强本，周王本、周本從道本。道本作「矣」蓋形近致訛。據强本改。
〔六〕「惠」，强本作「慧」，諸輯本從道本。

二十八章

知其雄，守其雌，爲天下谿。

不諂〔一〕不驕，在於中平，君子之行也；不静不躁，處於中和，入道之基也。故知懷雄猛之心者，未可全真；抱雌柔之性者，不能志〔二〕道。今知性雄而守雌，則不躁不速；亦知性雌而守雄，則不静不遲。不滯兩邊，自合中道。然行雄猛者衆，守雌柔者少，故喻明溪〔三〕壑處下，衆流歸之；人士謙退，道德歸之。

常德不離〔四〕，復歸於嬰兒。

内無分别，絶是非，赤子之行也。若常能守静，恒與德合，是不離也。小則無情，大則有

〔一〕「諂」，强本作「謟」，蒙本、周王本、周本從道本，嚴本從强本。當作「諂」，與「驕」相對。蓋以形近，訛作「謟」。

〔二〕「志」，强本作「忘」，蒙本、周王本、周本從道本，嚴本從强本。

〔三〕「溪」，强本作「谿」，蒙本、嚴本從强本，周王本、周本從道本。

〔四〕「常德不離」上，强本重「爲天下谿」四字，諸輯本從道本。

欲，去大時之有識，反小日之無知，故曰復歸也。〔一〕

知其白，守其黑，爲天下式。

大白若辱，大智若愚，晦以〔二〕安身，斯爲法式。

常德不忒，復歸於無極。

忒，差也。不〔三〕以智耀人，不爲名害己，内雖潔白〔四〕，外實同塵，立身者受禄無窮，修道者成眞無極。

知其榮，守其辱，爲天下谷。

有官〔五〕有爵，榮也；無位〔六〕無名，辱也。能知居顯不驕而守卑辱，可謂包含〔七〕一切，爲

〔一〕「内無分别絶是非赤子之行也若常能守静恒與德合是不離也小則無情大則有欲去大時之有識反小日之無知故曰復歸也」，强本脱，諸輯本從道本。

〔二〕「以」，强本作「爾」，諸輯本從道本。當作「以」。

〔三〕「不」字上，强本有「人」字，道本無，諸輯本從道本。

〔四〕「白」，强本作「曰」或「日」，諸輯本從道本。當作「白」。

〔五〕「官」字下，强本有「即」字，諸輯本從道本。

〔六〕「位」字下，强本有「即」字，諸輯本從道本。

〔七〕「含」，强本作「舍」，諸輯本從道本。當作「含」。

天下谷。

爲天下谷〔一〕，常德乃足，復歸於樸。

在貴如賤，處榮若辱，真常之德，自然滿足〔二〕。常德反歸，故言復樸也〔三〕。

樸〔四〕散爲器，聖人以爲官長，是以大制無割。

一氣未分，樸也。三才〔五〕有位，器也。自無形以開〔六〕有象，故言散樸以爲器。天尊地卑之體既著，君貴臣賤之體亦明，樹之以君，故云官長；統御萬國，故言大制；上能子〔七〕育，下獲不傷，故言無割。亦明聖人開不言之教，此即散樸爲器也；作〔八〕真仙之主，爲官長也；

〔一〕「爲天下谷」，强本同，蒙本無，嚴本、周王本、周本從道本。景龍碑本有，遂州碑本無，蒙本當從遂州碑本删此四字。據道本上經文「知其雄守其雌爲天下谿常德不離復歸於嬰兒」及「知其白守其黑爲天下式常德不忒復歸於無極」句法，當無。今仍從道本。

〔二〕「足」，道本脱，蒙本、嚴本從强本，周王本、周本從道本。據强本補。

〔三〕「也」字上，强本有「者」字，諸輯本從道本。

〔四〕「樸」，强本作「種」，諸輯本從道本。當作「樸」。注文「一氣未分樸也」之「樸」同此。

〔五〕「才」，强本作「種」，諸輯本從道本。當作「才」。

〔六〕「開」，道本作「關」，强本作「開」，蒙本從强本，嚴本、周王本、周本從道本。據强本改。

〔七〕「子」，强本作「字」，諸輯本從道本。

〔八〕「作」，强本字殘缺，諸輯本從道本。

以道攝物，物無不歸，大制也；慈能被〔二〕物，物得以全，無割〔三〕。

〔二〕「被」，强本作「救」，諸輯本從道本。
〔三〕「無割」下，蒙本有「也」字，强本無，嚴本、周王本、周本從道本。

二十九章

將欲取天下而爲之，吾見其不得已。

夫無爲無事，可以攝天下也。若以有事有爲，吾見其不得已也。

天下神器不可爲〔一〕，爲者敗之，執者失之。

若乃興〔二〕天下之善，不私其利；除天下之害，不處其功，四海沐德以飲和，萬物從化以樂俗，可以安大寶、守神器。若不知有爲之非，而執之以爲是，則敗失也。

故〔三〕物或行或隨，或嘘或吹，或强或羸，或接〔四〕或隳。

夫有爲之法，有前可行，有後可隨。一温一寒，一盛一衰，聚之則接，散之則隳。若行有

〔一〕「不可爲」下，强本有「也」字，諸輯本從道本。

〔二〕「興」，道本作「與」，强本作「興」，蒙本從强本，嚴本、周王本、周本從道本。據强本改。

〔三〕「故」，强本同，蒙本作「夫」，嚴本、周王本、周本從道本。景龍碑本、遂州碑本作「夫」，蒙本當據二碑本改「故」爲「夫」。

〔四〕「接」，强本作「載」，諸輯本從道本。當作「接」。

爲，雖成必敗；若用無爲，能弊復成也。

是以聖人去甚、去奢、去泰。

奢泰者，即有爲之事也。逐欲爲甚，心存侈靡爲奢，極樂無厭曰泰。聖人虛心知足，去甚也；見素抱樸，去奢也；忘歡而復〔二〕樂足，去泰也。

〔二〕「復」，强本作「後」，蒙本從强本，嚴本、周王本、周本從道本。

三十章

以道佐人主者，不以兵强天下，其事好還。

忠臣輔於君上，賢相理於陰陽，以道勝於海内，不以兵强天下。下〔一〕之事上，猶以道佐，上自有道，寧專用兵？以道則彼此各安，用兵則互相侵伐。一來一往，故曰好還也。

師之所處，荆棘〔二〕生焉〔三〕。大軍之後，必有凶年。〔四〕

嘉禾不得植，荆棘所以生，此亦〔五〕用兵之過也。

〔一〕「下」字，强本脱，諸輯本從道本。

〔二〕「棘」，道本作「𣗥」，强本同，諸輯本作「棘」。「𣗥」爲「棘」之訛。今從諸輯本將「𣗥」改正爲「棘」。注文「荆棘所以生」之「棘」同此。

〔三〕「焉」，强本同，蒙本脱，嚴本、周王本、周本從道本。景龍碑本、遂州碑本無「焉」字，蒙本當據二碑本删「焉」字。

〔四〕「大軍之後必有凶年」，强本同，蒙本無，嚴本、周王本、周本從道本。景龍碑本、遂州碑本無，蒙本當據二碑本删。按：《道德經》有無「大軍之後必有凶年」八字，迄無定論。嚴可均、勞健、馬叙倫認爲，此八字實爲注語羼入經文，而非《道德經》本文。馬王堆帛書《老子》甲乙本均無此八字。

〔五〕「亦」，强本同，蒙本無，嚴本、周王本、周本從道本。蒙本删「亦」字，未知何據。

故善者果而已，不敢〔一〕以取强。

能用爲善，殺〔二〕敵爲果。賊來侵我，所以除之，不以國大〔三〕兵强、專用爲是也。

果而勿矜，果而勿伐，果而勿驕，果而不得已，

自大爲矜，取功爲伐。好勝不已，示賢於敵，謂之驕。故曰義兵王，應兵勝，忿兵死，驕兵滅。善用兵者，決定果敢，不矜不忿，不貪不驕〔四〕，迫不得已，從後應之，義在除敵救人，亦非恃力好戰矣〔五〕。

是果而勿强。

必〔六〕定能不驕不矜，行不得已者，是果而勿强也。

〔一〕「敢」，强本無，蒙本從强本，嚴本、周王本、周本從道本。

〔二〕「殺」，强本作「止」，諸輯本從道本。

〔三〕「大」，强本脱，諸輯本從道本。

〔四〕「驕」，强本作「憍」，諸輯本從道本。「憍」同「驕」，《廣韻·宵韻》：「憍，本亦作驕。」《集韻·宵韻》：「憍，矜也。通作驕。」下經文「是果而勿强」注文「不驕不矜」之「驕」同此。

〔五〕「矣」，强本作「也」，諸輯本從道本。

〔六〕「必」，道本作「心」，强本作「必」，蒙本從强本，嚴本、周王本、周本從道本。據强本改。

物壯則老，謂之〔二〕非〔三〕道，非道早已。

少而必長，盛而必衰，此物壯則老也。明以兵爲强者，兵敗而必弱，故言非道也。是道可以常行，非道理宜先止也。

〔二〕「謂之」，强本作「是謂」，諸輯本從道本。

〔三〕「非」，强本作「不」，諸輯本從道本。當作「非」。下經文「非道早已」之「非」同此。

三十一章

夫佳兵者，不祥之器，物或惡之，故有道者不處。

精飾爲佳。祥，善也。兵者，動有亡國失人之患，故言不善。存者人之所愛，亡者物之所惡〔一〕，有道之主，不處好兵也。

君子居則貴左，用兵則貴右。

經天曰文，止戈爲武，其爲用也，彼此實齊，禮樂所以並行，水火故宜難廢，用須得理，動必以時。是以平居好生，以左爲重；行兵主殺，以右爲貴也。

兵者不祥之器，非君子之器。

兵雖可用，多有損傷，是爪牙之所司，非元首之器用。

〔一〕「亡者物之所惡」下，强本有「亡爲物之所惡故」七字，蒙本、周王本、周本從道本，嚴本從强本。

不得已而用之，恬淡〔一〕爲上，勝而不美〔二〕。

恬淡，静也。王者用師，有征無戰，動不失静，故言恬淡。不好用兵，不以爲美也。

若〔三〕美之者，是樂殺人。夫樂殺人者，不可得志於天下。

君者，人之〔四〕父母。美兵好殺，非謂養人。

故〔五〕吉事尚左，凶事尚右。

陽道貴生，所以吉；陰道貴殺，故云凶也。

是以偏將軍居左，上將軍居右。

偏將副軍不當殺，故居左；上將閫外以行誅，故居右。

殺人衆多，以悲哀泣之；戰勝，以喪禮處之。

〔一〕「淡」，强本作「澹」，諸輯本從道本。

〔二〕「勝而不美」，强本同，蒙本作「故不美」，嚴本、周王本、周本從道本。景龍碑本、遂州碑本作「故不美」，蒙本當據二碑本改「勝而不美」爲「故不美」。

〔三〕「若」，强本作「而」，諸輯本從道本。

〔四〕「之」，道本脱，蒙本從强本，嚴本、周王本、周本從道本。據强本補。

〔五〕「故」，强本無，蒙本從强本，嚴本、周王本、周本從道本。

兵之所用，義在救人，哀其〔一〕失道，悲其過殺〔二〕。古者以慈用兵，貴之以德，賤之以器，克敵之後，將軍素服主喪，行禮受吊也。〔三〕

〔一〕「其」，强本有「其」字，道本脱，蒙本從强本，嚴本、周王本、周本從道本。據强本補。

〔二〕「殺」，强本作「害」，諸輯本從道本。當作「殺」。

〔三〕「也」，强本無，諸輯本從道本。

三十二章

道常無名。樸雖小，天下不敢臣。

有名之物，並〔一〕悉無常。今謂無名〔二〕，理〔三〕歸常道。樸，本也。臣，賤也。常道妙本，非大非小。非大而〔四〕能大，雖大不可貴；非小而能小，雖小不可賤也〔五〕。

王侯若能守，萬物將自賓〔六〕。

天王諸侯若能抱道，遐邇人物自然賓服也。〔七〕

〔一〕「並」，强本作「普」，諸輯本從道本。
〔二〕「無名」，强本脱，諸輯本從道本。
〔三〕「理」，强本脱，諸輯本從道本。
〔四〕「而」，强本無，諸輯本從道本。
〔五〕「也」，强本同，蒙本脱，嚴本、周王本、周本從道本。
〔六〕「自賓」下，强本有「也」字，諸輯本從道本。
〔七〕「天王諸侯若能抱道遐邇人物自然賓服也」，强本無，諸輯本從道本。

天地相合，以降甘露，

守道則功格四表，無爲則乾坤交泰。非唯天地相合，抑亦德合天地。德合天地，既知甘露降，亦知醴泉出，此有道之化也。〔一〕

人莫之令而自均。

上如摽枝，人〔二〕如野鹿，不須教令，自然太平也。〔三〕

始制有名，名亦既有，夫〔四〕亦〔五〕將知止。

自本自根，生天生地，始制有名也。既得其子，以知其母，子之依母，天之理也，故言知止也。〔六〕

〔一〕「守道則功格四表無爲則乾坤交泰非唯天地相合抑亦德合天地德合天地既知甘露降亦知醴泉出此有道之化也」，强本無，諸輯本從道本。

〔二〕「人」，蒙本作「下」，嚴本、周王本、周本從道本。「下」當爲勝。

〔三〕「上如摽枝人如野鹿不須教令自然太平也」，强本無，諸輯本從道本。

〔四〕「夫」，强本同，蒙本作「天」，嚴本、周王本、周本從道本。景龍碑本作「天」，遂州碑本作「夫」，蒙本當據景龍碑本改「夫」作「天」。當作「夫」。

〔五〕「亦」，强本無，諸輯本從道本。

〔六〕「自本自根生天生地始制有名也既得其子以知其母子之依母天之理也故言知止也」，强本無，諸輯本從道本。

知止所以〔一〕不殆。

子依母，物〔二〕無傷害；人依道，理〔三〕無危殆〔四〕。

譬道在天下，猶川谷與〔五〕江海。

川谷上源而不竭，必以江海爲本。以江海爲本，復本而歸江海。明人從道而生，還須歸道，今不知〔六〕歸，失於本也。亦言人有道，物歸之，如川谷歸江海也。〔七〕

〔一〕「所以」，强本無，蒙本從强本，嚴本、周王本、周本從道本。
〔二〕「物」，强本作「必」，諸輯本從道本。
〔三〕「理」，强本作「故」，諸輯本從道本。
〔四〕「殆」字下，强本有「也」字，諸輯本從道本。
〔五〕「與」字上，强本有「之」字，諸輯本從道本。
〔六〕「知」，蒙本、周王本、周本從道本，嚴本作「如」。當作「知」。
〔七〕「川谷上源而不竭必以江海爲本以江海爲本復本而歸江海明人從道而生還須歸道今不知歸失於本也亦言人有道物歸之如川谷歸江海也」，强本無，諸輯本從道本。

三十三章

知人者智，自知者明。

聞而知之謂之聖，見而知之謂之智。然則外難知者，人也；內難知者，己也。今[一]鑒人而知善惡[二]，智也；照己而知得失[三]，明也。知善就君子，如染芳蘭；知惡遠小人，如去鮑肆。知[四]得，盡之以忠貞；知失，除之以悔恡[五]，此乃明智也。若乃清重玄之路，照虛寂之門，知人者識萬境之皆空，自知者體一身之非有。一身非有，內豈貪於名利？萬境皆空，外何

[一]「今」，強本無，諸輯本從道本。

[二]「善惡」下，強本有「者」字，諸輯本從道本。

[三]「得失」下，強本有「者」字，諸輯本從道本。

[四]「知」，強本作「智」，諸輯本從道本。

[五]「恡」，強本同，蒙本作「吝」，嚴本、周王本、周本從道本。《正字通·心部》：「恡，本作吝。」

染於聲色？内外清静〔一〕故曰明〔二〕，物我皆通故言〔三〕智〔四〕。

勝人者有力，自勝者强。

夫用力者，力大則勝人；用德者，德高則伏物。進德〔五〕修業，自强不息，不溺於非，斯自勝也。修道者忘懷則外物無害，故曰勝人；虚心而仙〔六〕骨日强，故言自勝也〔七〕。

知足者富，强行者有志。

知分之人，樂〔八〕一瓢而爲富；貪利之者，積百萬而爲貧。飾躬勵己爲〔九〕强行，信道彌篤爲有志也〔一〇〕。

〔一〕「静」，强本作「浄」，諸輯本從道本。
〔二〕「明」字下，强本有「哉」字，諸輯本從道本。
〔三〕「言」，强本作「曰」，諸輯本從道本。
〔四〕「智」字下，强本有「也」字，諸輯本從道本。
〔五〕「德」，强本作「道」，諸輯本從道本。
〔六〕「仙」，强本作「弱」，諸輯本從道本。
〔七〕「也」，强本無，諸輯本從道本。
〔八〕「樂」，强本作「雖」，諸輯本從道本。據下注文「積百萬而爲貧」，「樂」「積」相對應，作「樂」義更勝。
〔九〕「爲」，强本有「爲」字，道本脱，蒙本從强本，嚴本、周王本、周本從道本。據强本補。
〔一〇〕「也」字，强本無，諸輯本從道本。

不失其所者久，

上乘所説，本以教人，依教修行，不乖其理也。欲言不失其所，理國者用之則國祚長久，修身者用之則性命長久。〔一〕

死而不亡者壽。

國王有道，天清地静，人安神泰，無復傾危。設令時遇災衰，運逢屯否，居危而得安，處否而常泰，以保於萬壽，故言死而不亡者壽。修道者以百年將盡之身，獲萬劫無期之壽，此亦死而不亡也。然物則有〔二〕生有死，人則有存有亡者，皆爲天也。道則不生而能示生，雖生而不存；不死而能示死，雖死而不亡。不存不亡，故云壽也。但存亡既泯，壽夭亦遺。〔三〕

〔一〕「上乘所説本以教人依教修行不乖其理也欲言不失其所理國者用之則國祚長久修身者用之則性命長久」，强本無，諸輯本從道本。

〔二〕「有」，道本作「百」，蒙本、嚴本作「有」，周王本、周本從道本。據注文曰「人則有存有亡」句法，應作「有」。今據蒙本、嚴本及注文改。

〔三〕「國王有道天清地静人安神泰無復傾危設令時遇災衰運逢屯否居危而得安處否而常泰以保於萬壽故言死而不亡者壽修道者以百年將盡之身獲萬劫無期之壽此亦死而不亡也然物則有生有死人則有存有亡者皆爲天也道則不生而能示生雖生而不存不死而能示死雖死而不亡不存不亡故云壽也但存亡既泯壽夭亦遺」，强本無，諸輯本從道本。

三十四章

大道汎兮〔一〕，其可左右。

夫虛舟汎而不繫，大道汎而玄通。不繫者，無〔二〕滯於〔三〕西東；玄通者，寧封於左右？是以入毫芒而遺小，彌宇宙而忘大，影〔四〕見〔五〕非一，靈化難常，物無不應，何爲不可也。〔六〕

萬物恃之以生而不辭，

〔一〕「兮」，强本同，蒙本脱，嚴本、周王本、周本從道本。景龍碑本、遂州碑本無「兮」字，蒙本當據二碑本删「兮」字。

〔二〕「無」，蒙本作「不」，嚴本、周王本、周本從道本。蒙本改「無」爲「不」，未知何據。

〔三〕「於」，蒙本作「而」，嚴本、周王本、周本從道本。蒙本改「於」爲「而」，未知何據。

〔四〕「影」，蒙本作「隱」，嚴本、周王本、周本從道本。蒙本校記云：「第三十四章『大道泛』句下，《李注》『隱見非一』，殘本『隱』原作『影』，實誤字。强引適缺此注，以訛誤顯然，故徑改之。」（蒙文通：《蒙文通全集》第五册，第三〇五頁）

〔五〕「見」，蒙本、周王本、周本從道本，嚴本訛作「是」。

〔六〕「夫虛舟汎而不繫大道汎而玄通不繫者無滯於西東玄通者寧封於左右是以入毫芒而遺小彌宇宙而忘大影見非一靈化難常物無不應何爲不可也」，强本無，諸輯本從道本。

物之得生，皆賴大道。道則信之以獨化，物則稱之於自然。能生者不以爲功，所生者不以爲德，真之至理，不相辭謝也。〔一〕

成功〔二〕不名有。

道之生，物得以生，成功也。能所皆忘，故不名有也。〔三〕

衣被〔四〕萬物〔五〕不爲主〔六〕，可〔七〕名於小；

生育普均，覆載無二，衣被也。長而不宰，不爲主也。可言〔八〕於小，言不小也。〔九〕

〔一〕「物之得生皆賴大道道則信之以獨化物則稱之於自然能生者不以爲功所生者不以爲德真之至理不相辭謝也」，强本無，諸輯本從道本。

〔二〕「成功」，强本作「功成而」，諸輯本從道本。當作「成功」。

〔三〕「道之生物得以生成功也能所皆忘故不名有也」，强本無，諸輯本從道本。

〔四〕「衣被」，强本作「愛養」，諸輯本從道本。當作「衣被」。

〔五〕「萬物」，强本同，蒙本、嚴本從道本，周王本、周本作「萬象」。

〔六〕「不爲主」上，强本有「而」字，諸輯本從道本。

〔七〕「可」，强本作「常無欲可」，諸輯本從道本。

〔八〕「言」，蒙本作「名」，嚴本、周王本、周本從道本。當作「名」。蒙本當據經文改「言」爲「名」。今仍從道本。

〔九〕「生育普均覆載無二衣被也長而不宰不爲主也可言於小言不小也」，强本無，諸輯本從道本。

萬物歸之而〔一〕不爲主，可名於大。

萬象輪迴，不出無形之表；品彙終始，會依虛寂之中，故曰歸之。可名於大，言不大也。〔二〕

是以聖人終不爲大，故能成其大。

聖人同大道之停育，齊至理以忘功，不滯空有之端，寧拘小大之域，必定忘於小大，故言終不爲大。執則成小，忘則爲大，不大而大，故言成其大也。〔三〕

〔一〕「而」，强本同，蒙本無，嚴本、周王本、周本從道本。遂州碑本無「而」字，蒙本當據遂州碑本及上經文「衣被萬物不爲主」句法删「而」字。

〔二〕「萬象輪迴不出無形之表品彙終始會依虛寂之中故曰歸之可名於大言不大也」，强本無，諸輯本從道本。

〔三〕「聖人同大道之停育齊至理以忘功不滯空有之端寧拘小大之域必定忘於小大故言終不爲大執則成小忘則爲大不大而大故言成其大也」，强本無，諸輯本從道本。

三十五章

執大象，天下往。

大象無形。無形者，虛無之大道〔一〕。執，專也，持也。能持身庇〔二〕玄德之影〔三〕，專心駐〔四〕幽寂之門，有道則物歸，故言天下往也。

往而不害，安平泰。

油雲布而萬物潤，膏雨降而百草滋，但以被微物而有益，是知歸大道而無害。無害之理，其致云何？身神不動曰安，死生泯然曰平，彼此玄通曰泰也。

樂與餌，過客止。

〔一〕「大道」下，道本衍「大」字，强本無，蒙本從强本，嚴本、周王本、周本從道本。據强本删。

〔二〕「庇」，强本作「於」，蒙本從强本，嚴本、周王本、周本從道本。

〔三〕「影」，强本作「境」，蒙本從强本，嚴本、周王本、周本從道本。

〔四〕「駐」，强本作「於」，蒙本從强本，嚴本、周王本、周本從道本。

五音之聲，樂也。八珍之味，餌也。百年寄身，過客也。止，留也，依也。歸往於道，可以平泰〔一〕； 物情不悟，少能依止。乃留心於絲竹，以此暢情； 依身於蘭桂，用玆適口〔二〕，不能執象，欲泰難乎！

道之〔三〕出口〔四〕，淡〔五〕乎其〔六〕無味，

繁華者，物情之所悦； 虚寂者，人性不能安。情悦謂之爲美，不安呼〔七〕之爲淡也。

視不足見，聽不足聞，用不可既〔八〕。

〔一〕「泰」，强本有「泰」字，道本脱，蒙本從强本，嚴本、周王本、周本從道本。據强本補。

〔二〕「適口」，强本作「適己」，諸輯本從道本。「適口」義更勝。

〔三〕「之」，强本同，蒙本脱，嚴本、周王本、周本從道本。景龍碑本、遂州碑本無「之」字，蒙本當據二碑本刪「之」字。

〔四〕「口」，强本同，蒙本作「言」，嚴本、周王本、周本從道本。景龍碑本、遂州碑本作「言」，蒙本當據二碑本改「口」爲「言」。

〔五〕「淡」，强本作「澹」，諸輯本從道本。

〔六〕「乎其」，强本同，蒙本脱，嚴本、周王本、周本從道本。景龍碑本無「乎其」二字，蒙本當據此刪。

〔七〕「呼」，强本作「謂」，諸輯本從道本。

〔八〕「視」「聽」「用」三字下，强本有「之」字，諸輯本從道本。

既，盡也。目所〔一〕見者色，炫之於青黄；耳所聞者聲，惑之於宫徵；心所貪者利，昏之於珍寶。寶雖爲利，用有盡也；聲雖可悦，聾不遠也；色雖可愛，盲在近也。故知止樂餌者，有斯患也。然恬澹〔二〕無爲之道，視雖不能見，致之者洞視無不明；聽雖不能聞，契之者洞聽而更聰；心雖不能計，會之者運用而不盡。道俗之好如彼，利害之塗〔三〕如此。

〔一〕「目所」，强本作「自可」，諸輯本從道本。據下注文「耳所聞者聲」「心所貪者利」，應作「目所」。
〔二〕「澹」，强本同，蒙本作「淡」，嚴本、周王本、周本從道本。
〔三〕「塗」，强本作「徒」，諸輯本從道本。「徒」通「塗」，有道路義，朱駿聲《説文通訓定聲·豫部》：「徒，叚借爲塗。」

三十六章

將欲噏〔一〕之，必固張之；

將欲塞兑〔二〕而閉門，愚夫不服，縱其開兑而濟事，困而後已。

將欲弱之，必固强之；

將欲息其雄猛之心，縱其剛强之志，柔弱生徒，剛强死行〔三〕，苦至當止也。

將欲廢之，必固興之；

〔一〕「噏」，强本作「歙」，蒙本從强本，嚴本、周王本、周本從道本。《集韻・緝韻》：「㒆，噏，歙也。《老子》『將欲㒆之』，或作噏，通作歙。」

〔二〕「兑」，道本作「兊」，强本同，諸輯本從强本。《字彙・儿部》：「兊，俗兑字。」按：道本、强本、敦本「兑」字多寫作「兊」「兊」，「兊」同「兊」，以下經注中出現「兊」「兊」，均徑改爲「兑」，不再注明。

〔三〕「柔弱生徒剛强死行」，强本作「柔弱生之徒剛强死之徒」，蒙本從强本，嚴本、周王本、周本從道本。蒙本校記云：「第三十六章『將欲弱之，必固强之』句下，殘本《李注》原作『柔弱生徒，剛强死行』。文義不清，强引作『柔强生之徒，剛强死之徒』。詞義明白，兹改從强引。」（蒙文通：《蒙文通全集》第五册，第三〇五頁）蒙本校記誤引强本作「柔强生之徒」，强本原作「柔弱生之徒」。

欲衰而更盛，物極而自反。

將欲奪之，必固與之。

欲奪其惡，惡行不除，惡積滅身，臨時自悟。

是謂微明。

上之權道，觀之則未似，施教究理，則極有潛資、甚自微妙，分明歷然有益，故謂微明。八十一章，廣陳化道〔一〕，而凡情有繫，所執不同，以實示之而不從，將權化之令知返。玄教深遠，左右宜之，權釋辯於前，實解彰於後。欲噏〔二〕歛〔三〕之，開經化之；欲弱俗情，强其仙骨；欲廢邪志，與之正道；欲奪惡行，與之善業。

柔弱勝剛强。

權道順之而不違，故言柔弱。必竟能制於剛强，故言勝也。

魚不可脱於淵，國之利器不可以示人。

〔一〕「道」，强本作「導」，諸輯本從道本。

〔二〕「噏」，强本作「歙」，蒙本從强本，嚴本、周王本、周本從道本。參上頁注〔一〕。

〔三〕「歛」，强本作「斂」，諸輯本從道本。

脱，失也。魚之游泳，事藉於江湖；聖人大寶，理資於利器。魚不可以失水，失水則魚亡；利器不可以示人，示人則危殆。故曰人可使由之，不可使知之。是知執權之道不易其人。〔一〕

〔一〕「是知執權之道不易其人」下，另起一行有「後文元缺」四字。

三十七章〔一〕

道常無爲而無不爲。

至道玄寂〔二〕，真際不動，道常無爲也。應物斯動，化被萬方，隨類見形，於何不有，種種方便而無不爲也。無爲而爲，則寂不常寂；爲而不爲，則動不常動。動不常動，息動以歸寂；寂不常寂，從寂而起動。寂既動也，不成於寂；動復寂焉，不成於動。至理爲語，不動〔三〕不

〔一〕第三十七章經注，在敦煌殘卷P.三二七七末，今據通行本移至第三十六章後。又，强本缺第三十七章注文。

〔二〕「寂」，敦本作「〓」，諸輯本作「寂」。「〓」即「𡧯」，「𡧯」同「寂」。《龍龕手鑑·宀部》：「𡧯」，同「寂」。《宋元以來俗字譜》：「寂」，《通俗小説》、《太平樂府》作「𡧯」。今從敦本將「〓」改爲「𡧯」的通行繁體字「寂」。按：敦本「寂」字常寫作「〓」或「𡧯」的别種書寫方式，以下經注中的「〓」或「𡧯」的别種書寫方式，據《敦煌俗字典（第二版）》及其他各種書法字典，確定其爲「寂」字的，均徑改爲「寂」，不再一一注明。

〔三〕「不動」，敦本無，蒙本有，嚴本、周王本、周本從敦本。蒙本校記云：「第三十七章『道常無爲而無不爲』句下，《李注》『至理爲語不寂』句，蓋奪『不動』二字，唯此章之注，殘本、强引皆缺，僅有敦煌寫本，無所據正，故以意改之。」（蒙文通：《蒙文通全集》第五册，第三〇五頁）。據蒙本補。

寂；爲化衆生，能動能寂。須知動與不動，非動非不動；宜〔一〕識此爲非爲，非爲〔二〕非不爲也。

王侯〔三〕若能守，萬物將自化〔四〕。

德能伏物，道在則尊。皇王守道，不令自〔五〕均；公侯懷德，不嚴自化。

化而欲作，吾將鎮之以無名之樸。

作，起也。言有不能從化，欲起有爲之心，當以無名之樸鎮之，有爲之心自息，保道畜常，見素抱樸也。

無名之樸，亦將不欲。

〔一〕「宜」，敦本作「宣」，蒙本作「宜」，嚴本、周王本、周本從敦本。「宣」「宜」形近致訛。據蒙本改。

〔二〕「非爲」，蒙本、周王本、周本從敦本，嚴本脱。

〔三〕「王侯」，强本作「侯王」，諸輯本從敦本。

〔四〕「自化」，强本同，蒙本、嚴本從敦本，周王本、周本作「自均」。

〔五〕「自」，敦本字形似「白」，諸輯本作「自」。據文意及下注文「不嚴自化」句法，應作「自」。敦本字形似「白」，當爲殘卷保留過程中墨迹淡化缺失所致，或爲書寫之誤。據蒙本改。

理本空〔一〕虚〔二〕，體非無有。無真無俗，何捨何取。〔三〕但以起有〔四〕之心者是病，以聖人將無名之樸爲藥，藥本除病，病去藥忘〔五〕，故云無名之樸亦將不欲也。亦言無〔六〕名之樸者何哉〔七〕？不欲是也。

無〔八〕欲以静，天下〔九〕自正。

用智理國，國之賊；有爲撓物，物恒動。在上若能無欲守静，百姓不須整理而自齊，萬國無煩教令而自正也。内明若捨兹有累，歸彼無名，有歸還成有欲，若其有欲，則非安静，則

〔一〕「空」，蒙本作「定」，嚴本、周王本、周本從敦本。「定」爲「空」形近致訛。

〔二〕「虚」，蒙本、嚴本從敦本，周王本、周本作「靈」。按：敦本「虚」字多寫作「虗」，據《敦煌俗字典（第二版）》及各種書法字典，以下敦本經注中出現「虗」字，確定其爲「虚」字的，徑改爲「虚」，不再一一注明。

〔三〕「無真無俗何捨何取」，敦本作「無真無真無俗何捨」，蒙本作「無真無俗何捨何取」，嚴本、周王本、周本從敦本。敦本文意不通，蒙本文意可通。據蒙本改。

〔四〕「有」字下，蒙本有「欲」字，敦本無，嚴本、周王本、周本從敦本。

〔五〕「忘」，蒙本作「亡」，嚴本、周王本、周本從敦本。

〔六〕「無」，蒙本、嚴本從敦本，周王本、周本作「與」。

〔七〕「哉」，敦本作「裁」，蒙本作「哉」，嚴本、周王本、周本作「裁」。據蒙本改。

〔八〕「無」，强本作「不」，諸輯本從敦本。

〔九〕「天下」，强本作「天下將」，諸輯本從敦本。

失正道。今不見有累之可捨，不見無名之可取，取捨既忘，則情欲不起；情欲不起〔二〕，自然安靜。無心欲合於道，云將正道相合，故云天下自正也〔三〕。

〔二〕「情欲不起」，蒙本、周王本、周本從敦本，嚴本脫。
〔三〕「故云天下自正也」下，敦本P.三二七七殘卷末有「老子德經卷下」六字。

德經〔一〕

〔一〕「德經」二字，據道本卷題「道經」二字及敦本P.三二七七殘卷末「老子德經卷下」六字擬補。

三十八章〔一〕

上德不德，是以有德。

明古之皇道，宅太虛以爲心，凝至一而爲體，不言均天地之化，無事成萬物之功，未規揖讓之名，豈有干戈之爭？雖復處宗處極，而乃非爭非名，無爲自然，故云上德；爲而不恃，成功不居，故云不德；畜養萬物，物得以成，故云有德。內明德與道合，厥義可尊，故云上德；道既無象，德亦虛玄，韜光藏用，故云不得〔二〕；雖藏於用，無用之用用矣；乃韜於光，不耀之光光矣，有用有光，濟人濟物，故云是以有德。

下德不失德，是以無德。

道德之風幾乎將失，仁義之化殆欲斯興，文字既彰，澆灕漸矣，故云下德；以德爲德，以功爲功，恃德伐功，故云不失德；執言有德，不及無爲，故云是以無德。內明體同虛寂者德

〔一〕敦本缺第三十八章經注，本章以强本爲底本，以蒙本、嚴本、周王本、周本爲參校本。
〔二〕「得」，蒙本作「德」，嚴本、周王本、周本從强本。

之上，事有紛累者德之下，封執在心，故云不失德〔一〕； 執者失之，是以無德也。

上德無爲而無以爲，

以，用也。上用無爲以化下，下用無爲以事上也。

下德爲之而有以爲。

上用有爲以導下，下亦以有爲以事上，何者？草則逐風以西東，影則隨形而曲直，故知君海內者不可以多事，理歸虛静； 訓弟子者不可以非禮，義存忠孝也。

上仁爲之而無以爲，上義爲之而有以爲。

兼愛博施，仁也； 賞善罰惡，義也。恒其道德，其宜上也。上德下德，亦澆淳之化有殊； 無爲有爲，明得失之政斯别。下德之稱有爲者，是上德之劣也； 上仁之稱無爲者，是上義之優也。

上禮爲之而莫之應，則攘臂而仍之。

〔一〕「德」，蒙本、周王本、周本從强本，嚴本作「得」。

上〔一〕禮經三百，威儀三千，以此教人，故曰爲之。禮煩則亂，下不能行，故云而莫之應，可謂信不足有不信。相信自可忘言，不信則生忿争，是以揮拳攘臂，更相牽引。

故失道而後德，失德而後仁，失仁而後義，失義而後禮也〔二〕。

玄古淳和，物情誠實，人皆自足，不假仁義以煦濡，家悉無爲，各懷道德以游泳。爻象不作，教迹未興，混親疏、忘貴賤，此則太上下知，大道之化也。此風既散，謚號乃興，畜養之義行焉，成濟之功見矣，聖人潛被，黎首自安，此上德之化也。親惠情生，泛愛功起，親則有所不普，愛則有所不同〔三〕，澆風以漸也。親愛不足以化俗，賞罰於是以理人。又喪賞罰之義，廢仁義之禮，教之以折旋，行之以玉帛，而君欺於上，臣誑於下，淳源已遠，澆浮孔熾也。

夫禮者，忠信之薄而亂之首。

人皆敦厚，各懷忠信，亦無煩曲禮。但忠信已薄，澆浮更厚，惑亂滋甚。以禮理之，賤質

〔一〕「上」，蒙本無，嚴本、周王本、周本從强本。

〔二〕「也」，蒙本無，嚴本、周王本、周本從强本。

〔三〕「同」，諸輯本從强本。蒙本校記云：「第三十八章『故失道而後德』句，《李注》：『愛則有所不同。』『同』疑『周』字之誤。此條僅有强引，無從校正，姑仍之。」（蒙文通：《蒙文通全集》第五册，第三〇五頁）

貴文，轉增邪亂，故言亂始也。

前識者，道之華而愚之〔二〕始。

道德者，道之實也；　仁義者，道之華也。先知仁義者，識華不識實也。夫明者自然合理，暗者方俟師教，知禮非上智之基，乃是下愚之始。

是以大丈夫處其厚不處其薄，居其實不居其華，故〔三〕去彼取此。

散樸以爲器，原其始也至淳；　失道而後德，要其終也澆薄。是以仁非本性，義異自然，信不由衷，禮飾於外，是非戰争，奸巧紛紜，父子失慈孝之心，君臣乖忠義之道。於是大聖老君，痛時命之大謬，愍至道之崩淪，欲抑末而崇本，息澆以歸淳，故舉大丈夫經國理家、修身立行，必須取此道德之厚實，去彼仁義之華薄，則捐俗禮、歸真道。

〔二〕「之」，蒙本、嚴本從强本，周王本、周本脱。

〔三〕「故」字下，强本所纂《道德經注》經文有「云」字，但所書經文無「云」字，蒙本、嚴本無，周王本、周本從强本。景龍碑本、遂州碑本無「云」字，蒙本當據二碑本删「云」字。據二碑本删。

三十九章

昔之得一者：天得一以清，地得一以寧[一]，神得一以靈[二]，谷得一以盈，萬物得一以生，侯王[三]得一以爲天下正。

一，元氣也，未分無二，故言一也。天地雖大，所禀者元一；萬物雖富，所資者冲和；王侯雖貴，所賴者真道。是以清澄以廣覆，寧静以厚載，變化以精靈，空[四]豁以盈滿，安樂以

[一]「昔之得一者天得一以清地得一以寧」，敦本缺，據强本補。「寧」，蒙本、嚴本從强本，周王本、周本作「靈」。據注文「寧静以厚載」，應作「寧」。又，周王本、周本誤以爲敦本始於「地」字下，敦本實始於「神」字。

[二]「神得一以靈」，强本同，蒙本、嚴本從敦本，周王本、周本脱。據注文「變化以精靈」，應有。又，「靈」字，敦本原作「[illegible]」，據《敦煌俗字典(第二版)》及各種書法字典，即「靈」字，以下徑改，不再出注。

[三]「侯王」，强本同，蒙本作「王侯」，嚴本、周王本、周本從敦本。景龍碑本作「侯王」，遂州碑本作「王侯」，蒙本當據遂州碑本改「侯王」爲「王侯」。

[四]「空」，强本作「虚」，諸輯本從强本。

全生，無爲而正定。何以致其〔一〕然？皆得於一道也〔二〕。

道無興廢，物有得失，得之者益如前，失之者損如後〔三〕。

其致之。

天無以清將恐裂，地無以寧將恐發，神無以靈將恐歇，谷無以盈將恐竭，萬物無以生將恐滅，侯王〔四〕無以貴〔五〕將恐蹶。

真一之道不可失也。失之：成象恐之於破裂，成形恐之於動發，不測將恐以絶歇〔六〕，虚間將恐以枯竭，生靈將恐以死滅，尊貴將恐於顛蹶〔七〕。

故貴以賤爲本，

〔一〕「其」，强本脫，蒙本、周王本、周本從敦本，嚴本從强本。

〔二〕「得於一道也」，强本作「得一於道」，蒙本從敦本，嚴本、周王本、周本從强本。

〔三〕「如後」下，强本有「也」字，蒙本、嚴本從强本，周王本、周本從敦本。

〔四〕「侯王」，强本同，蒙本作「王侯」，嚴本、周王本、周本從敦本。景龍碑本作「侯王」，遂州碑本作「王侯」，蒙本當據遂州碑本改「侯王」爲「王侯」。

〔五〕「貴」，强本作「高貴」，蒙本、周王本、周本從敦本，嚴本從强本。

〔六〕「絶歇」，强本作「歇絶」，蒙本、嚴本從强本，周王本、周本從敦本。

〔七〕「顛蹶」下，强本有「也」字，蒙本、嚴本從强本，周王本、周本從敦本。

此則國以人爲本，亦言從賤以至貴也。

高以下爲基。

九重之臺，起於累土。

是以侯王〔一〕自謂孤、寡〔二〕、不穀。

孤、寡、不穀，王侯之謙稱，此亦不忘於本也〔三〕。

此其以賤爲本耶？非？

言貴〔四〕實以賤爲本也〔五〕。

〔一〕「侯王」，强本同，蒙本作「王侯」，嚴本、周王本、周本從敦本。景龍碑本、遂州碑本作「侯王」，未知蒙本據何而改「侯王」爲「王侯」，或爲與上經文改「侯王」爲「王侯」處保持一致。

〔二〕「寡」，敦本作「[寘]」，强本作「寡」，諸輯本從强本。疑「[寘]」爲「寘」字書寫之誤，「寘」同「寡」。注文「寡」字同此。按：敦本「寘」字多誤寫作「[寘]」，以下敦本經注中出現「[寘]」字，確定其爲「寘」字之誤的，徑改爲「寡」，不再出注。

〔三〕「也」，强本無，蒙本、嚴本從强本，周王本、周本從敦本。

〔四〕「貴」，强本作「其」，蒙本、周王本、周本從敦本，嚴本從强本。據文意，「貴」「其」雖均可通，但「其」義更勝，「其」意指「侯王」。

〔五〕「也」，强本無，蒙本、嚴本從强本，周王本、周本從敦本。

故致數譽〔一〕無譽。

王侯實貴，而以賤爲名者，此有道之君也。歌謡頌德，不以爲譽，此則數譽無譽〔二〕；懸謗從諫，不以爲毁〔三〕，此則數毁無毁〔四〕也。明體道君子外寵辱，得失不驚心；忘毁譽，喜愠不形色也。

不欲琭琭如玉、硌硌〔五〕如石。

〔一〕「譽」，强本作「輿」，諸輯本從敦本。據文意及注文，應作「譽」。經文「無譽」之「譽」同此。

〔二〕「無譽」，敦本脱，强本有，蒙本、嚴本從强本，周王本、周本從敦本。據强本補。

〔三〕「毁」，敦本作「數」，强本作「毁」，蒙本、嚴本從强本，周王本、周本從敦本。據强本改。

〔四〕「無毁」，敦本脱，强本有，蒙本、嚴本從强本，周王本、周本從敦本。據强本補。

〔五〕「硌硌」，敦本作「啔啔」，强本作「落落」，諸輯本從强本。「啔」同「啓」，《龍龕手鑑・口部》：「啔」，古「啓」字。疑「啔」爲「硌」字書寫之誤。馬王堆漢墓帛書甲乙本《老子・德經》即均作「硌硌」。「硌」爲山上大石，《玉篇・石部》：「硌，山上大石。」「硌」又有似玉之美石義，《玉篇・石部》：「硌，石次玉。」「硌」又同「礫」，《集韻・錫韻》：「礫，《説文》：『小石也。』一曰石皃。或作硌。」《篇海類編・地理類・石部》：「硌，與礫同。」無論是山上大石，還是似玉之美石，抑或小石，既爲石，「硌」便較玉爲多，亦有石堅硬貌之義，《康熙字典》：「又硌硌，石堅不相入貌。」「落落」形容物堆積貌，也有堅硬義，《康熙字典》：「又落落，不相入貌。《老子道德經》：『落落如石』。」據文意，「硌硌」「落落」雖均可，但「硌硌」義更勝。今從馬王堆漢墓帛書本《老子》將「啔啔」改正爲「硌硌」。注文「石硌硌」之「硌硌」同此。高明《帛書老子校注》引蔣錫昌説，認爲「硌硌」「落落」「珞珞」均可，「蓋重言形容詞只取其聲，不取其形，皆隨主詞及上下文以見意」（參見高明：《帛書老子校注・德經校注》，第一八頁），可備一説。

玉琭琭，少故貴；石〔一〕硌硌，多故賤。賤〔二〕者人所惡，貴者物可攻〔三〕，俱不安也。處貴而謙退，不欲如玉之被攻；在賤而思齊〔四〕，不欲如石之被棄。得之以一，處之以中，唯上與下無不安〔五〕。

〔一〕「石」，敦本作「而」，强本作「石」，蒙本、嚴本從强本，周王本、周本「石」上有「而」字，作「而石」。據强本改。

〔二〕「賤」，强本脱，蒙本、周王本、周本從敦本，嚴本從强本。

〔三〕「可攻」，敦本作「可玫」，强本作「所攻」，蒙本、嚴本從强本，周王本、周本作「可致」。疑「玫」爲「攻」字形近之誤。注文「不欲如玉之被攻」之「攻」同此。

〔四〕「思齊」，敦本作「悪斉」，强本作「思齊」，蒙本、嚴本從强本，周王本、周本作「悪齊」。「斉」爲「斉」的訛字，《正字通·文部》：「斉，舊注音齊。按：齊省作斉，即斉之僞。」「斉」同「齊」。今從强本改。

〔五〕「安」字下，强本有「也」字，蒙本、嚴本從强本，周王本、周本從敦本。

四十章

反者道之動，弱者道之用。

道以柔弱爲用，動皆反俗；俗〔一〕以剛强在心，舉皆失道也〔二〕。

天下之物生於有，有生於無。

有者，天地也〔三〕，天地有形故稱有。天覆地載，物得以生，故言生於有。無〔四〕，道也，道非形相，理本清虛，故曰無。天地從道生，有生於無也，故曰虛者天地之根，無者萬物之源。迷者失道，不識本元；聖人垂教，明於祖始。若能歸〔五〕道，超生死而出有無；必其昏俗，淪有無而繫〔六〕生死。形神合而見相，故言生於有；形神散而無體，故言有〔七〕生於無。

〔一〕「俗」，敦本脱，强本有，蒙本、嚴本從强本，周王本、周本從敦本。據强本補。
〔二〕「也」，强本作「者也」，蒙本、周王本、周本從敦本，嚴本從强本。
〔三〕「天地也」，敦本脱，强本有，蒙本、嚴本從强本，周王本、周本從敦本。據强本補。
〔四〕「無」，强本作「無者」，蒙本、嚴本從强本，周王本、周本從敦本。
〔五〕「歸」，敦本脱，强本有，蒙本、嚴本從强本，周王本、周本從敦本。據强本補。
〔六〕「繫」，敦本作「繋」，强本作「繫」，諸輯本從强本。「繋」爲「繫」的訛字。據强本改。
〔七〕「有」，强本無，蒙本、嚴本從强本，周王本、周本從敦本。

四十一章

上士聞道，勤能行〔一〕；

信道彌篤〔二〕，强行有志，寒暑變而不革其心，金石銷而不移其操，始終常一〔三〕，確乎不拔，勤行也〔四〕。

中士聞道，若存若亡；

素絲無〔五〕恒，逐〔六〕玄黄而改〔七〕色；中士不定，隨〔八〕好惡而異心。聞真道存身以安國，則

〔一〕「能行」，强本、李本作「而行之」，蒙本從强本，嚴本、周王本、周本從敦本。

〔二〕「篤」，敦本作「萬」，强本、李本作「篤」，諸輯本從强本。《中華字海》謂：「『萬』，同『篤』。」據强本改。

〔三〕「一」，强本同，李本作「堅」，諸輯本從敦本。

〔四〕「勤行也」，敦本作「勤行」，强本作「勤行也」，李本作「上士勤行也」，諸輯本從强本。據强本改。

〔五〕「無」，强本同，李本作「不」，諸輯本從敦本。

〔六〕「逐」，敦本作「遂」，强本、李本作「逐」，諸輯本從强本。據强本改。

〔七〕「改」，敦本作「攺」，强本、李本作「改」，諸輯本從强本。「攺」當爲「改」字書寫之誤。據强本改。

〔八〕「隨」，敦本作「[illegible]」，强本、李本作「隨」，諸輯本從强本。「[illegible]」當爲「隨」字書寫之誤。據强本改。

存道而忘俗；見財色悦性以娱情，則存俗而忘道〔一〕。

下士聞道，大笑之。

心迷得失，知近不知遠；情昏真僞，識淺不識深，但悦塵垢之小行，反笑清虚之大道〔二〕。

不笑不足以爲道。

道深甚奧，上〔三〕士之所難知；微妙玄通〔四〕，下愚故非易識，今笑之不能令真使混濁，適足彰〔五〕道之清遠也。

是以〔六〕建言有之：

〔一〕「忘道」，强本、李本作「忘道也」，蒙本、周王本、周本從敦本，嚴本從强本。

〔二〕「大道」，强本作「大道也」，蒙本、嚴本從强本，周王本、周本從敦本。

〔三〕「上」，强本作「下」，蒙本從敦本，嚴本、周王本、周本從强本。當作「上」。

〔四〕「通」，敦本作「道」，强本作「通」，諸輯本從强本。據强本改。

〔五〕「彰」，敦本作「𢒠」，强本作「彰」，諸輯本從强本。「𢒠」當爲「彰」字之訛，「彰」同「彰」。據强本改。

〔六〕「是以」，强本無，諸輯本從敦本。

物情不一〔一〕，取捨異心。聖人設法，無教無不教；凡情向背，有信有不信也〔二〕。

明道若昧，進道若退〔三〕，

智無不周，明也〔四〕；光而不〔五〕耀，昧也。聞道〔六〕勤行，進也〔七〕；大成若缺〔八〕，退也〔九〕。

〔一〕「一」，敦本脱，强本有，諸輯本從强本。據强本補。

〔二〕「有信有不信也」，强本作「有不信之也」，蒙本合敦本、强本而從之作「有信有不信之也」，嚴本從强本，周王本、周本從敦本。

〔三〕「進道若退」，敦本脱，强本有，蒙本、嚴本從强本，周王本、周本從敦本。據强本補。

〔四〕「也」，敦本無，强本有，蒙本、嚴本從强本，周王本、周本從敦本。據强本補。注文「昧也」「進也」之「也」同此。

〔五〕「不」，敦本脱，强本有，諸輯本從强本。據强本補。

〔六〕「聞道」，敦本脱，强本、李本有，蒙本、嚴本從强本，周王本、周本從敦本。據强本補。

〔七〕「進也」，敦本作「進」，强本作「進也」，李本作「是進」，蒙本、嚴本從强本，周王本、周本從敦本。據强本改。

〔八〕「缺」，敦本作「[illegible]」，强本、李本作「缺」，諸輯本作「缺」。「[illegible]」當爲「[illegible]」字書寫之誤，「缺」當爲「缺」的訛字。

〔九〕「退也」，强本同，李本作「是退」，諸輯本從敦本。

夷道若類〔一〕，

纇平一等，夷道也；和光同塵，若類也〔二〕。

上德若〔三〕谷，

無不容也。

大白若辱，

廉〔四〕而不穢，大白也；混若於〔五〕濁，若辱也。

廣德若不足，

〔一〕「類」，强本、李本作「纇」，諸輯本從敦本。「類」通「纇」，段玉裁《説文解字注·糸部》：「纇，亦叚類爲之。」《管子·地員》：「大者不類，小者則治。」黎翔鳳《管子校注》引劉績説，認爲「類」當作「纇」，疵節也；又引王念孫説，認爲「纇」「類」古字通。

〔二〕「類也」，敦本作「類」，强本作「類也」，李本作「纇也」，蒙本、嚴本同强本，周王本、周本同敦本。據强本改。

〔三〕「若」，敦本作「若若」，强本作「若」，諸輯本從强本。據强本改。

〔四〕「廉」，强本作「麤」，李本同敦本，諸輯本從敦本。當作「廉」。

〔五〕「若於」，强本作「而似」，李本作「同於」，蒙本、嚴本從强本，周王本、周本從敦本。

大滿若沖〔一〕。

建德若偷，

潛行密被。

質真若渝〔二〕，

渝，變也。性無染〔三〕濁，體實常存，質真也。忘死生，合變化，若渝也。

大方無隅，

寰寓〔四〕有象，有〔五〕方也；至道無形，無隅也。

〔一〕「沖」，强本作「冲也」，蒙本、嚴本從强本，周王本、周本從敦本。

〔二〕「渝」，敦本作「偷」，强本作「渝」，蒙本、嚴本從强本，周王本、周本從敦本。據强本改。注文「渝變也」「若渝也」之「渝」同此。

〔三〕「染」，敦本字形似「深」，强本作「染」，蒙本、嚴本從强本，周王本、周本作「潔」。據强本改。

〔四〕「寓」，敦本作「寓」，强本作「寓」，李本作「宇」，蒙本、周王本、周本從敦本，嚴本從强本。「寓」同「宇」，《説文解字·宀部》：「寓，籀文宇。」《廣韻·麌韻》：「宇，宇宙也……寓，同上。」又，或謂「寓」通「宇」，三國魏《大饗碑》：「曜天威於遐裔，復九圻之疆寓。」李白《古風五十九首》之四十八：「徵卒空九寓，作橋傷萬人。」據强本改。

〔五〕「有」，强本同，李本作「故有」，諸輯本從敦本。注文「無隅也」之「無」字上同此。

大〔一〕器晚成，

積習生常，美成在久〔二〕，故知修心〔三〕修行，非一朝一日可以致〔四〕。

大音希聲，

鴻〔五〕鐘應節而鳴，玄教隨機而作〔六〕。

大象無形，道隱無名。

虛無羅於有象，故言大象。大象無象，故曰無形。形〔七〕不可睹，故言道隱。絶於稱謂，故曰無名也。

〔一〕「大」，强本同，蒙本作「太」，嚴本、周王本、周本從敦本。景龍碑本、遂州碑本作「大」，蒙本改「大」爲「太」。
〔二〕「久」，敦本作「文」，强本作「久」，諸輯本從强本。據强本改。
〔三〕「修心」，强本無，蒙本、周王本、周本從敦本，嚴本從强本。
〔四〕「致」，强本作「致也」，蒙本、嚴本從强本，周王本、周本從敦本。
〔五〕「鴻」，强本同，蒙本、嚴本從敦本，周王本、周本作「鳴」。當作「鴻」。
〔六〕「作」，强本作「作也」，蒙本、嚴本從强本，周王本、周本從敦本。
〔七〕「形」，敦本無，强本有，蒙本、嚴本從强本，周王本、周本從敦本。據强本補。

夫唯道，善貸生〔一〕。

夫進而若退，進無進也；若退而進，退無退〔二〕也。明若昧，非明也；昧若明，非昧也。至真之道，非進非退，非明非昧，無色無聲，無形無名。雖復無名，亦何名而不立？雖復無象，亦何象而不見？是故布氣施化，貸生於萬有；爲而不恃〔三〕，付之於自然〔四〕。

〔一〕「生」，强本作「且成」，諸輯本從敦本。蒙本校記云：「第四十一章『夫唯道善貸生』句，敦煌本如此，他本多作『善貸且成』或『善貸且善成』。唯《李注》亦作『貸生』，是李經本來如此。」（蒙文通：《蒙文通全集》第五册，第三〇五頁）蒙文通所言是。

〔二〕「無退」，敦本無，强本有，蒙本、嚴本從强本，周王本、周本從敦本。據强本補。

〔三〕「恃」，敦本作「將」，强本作「恃」，諸輯本從强本。據强本改。

〔四〕「自然」，强本作「自然也」。蒙本、嚴本從强本，周王本、周本從敦本。

四十二章

道生一，虛中動氣，故曰道生。元氣未分，故言一也。

一生二，清濁分，陰陽著[一]。

二生三，運[二]二氣，構三才[三]。

三生萬物。

[一]「著」，李本同，强本、顧本作「著也」，蒙本、嚴本從强本，周王本、周本從敦本。

[二]「運」，敦本作「軍」，强本、顧本、李本作「運」，諸輯本從强本。「軍」有統率、指揮義，《左傳・桓公五年》：「祝聃射中王肩，王亦能軍。」與「運」通。據强本改。

[三]「構三材」，敦本作「稱三材」，周王本、周本從敦本；李本作「構三才」，蒙本從李本；强本作「三材」，顧本、嚴本從强本。據李本改。

圓天覆於上，方地載於下，人主統於中，何物不生也。

萬物負陰而抱陽，冲氣以爲和。

陽氣熱〔一〕，孤亦不能生物；陰氣冷〔二〕，單亦不足成形。故〔三〕因大道以通之，借冲氣以和之，所以得生也。

人之所惡，唯孤、寡、不穀，而王公以自名〔四〕。

抱冲和之氣，無好無惡；失一元之道，有愛有憎。但敦富貴之名，不悦孤、寡之稱，唯有道王公，卑以自牧〔五〕，義存謙退，以此〔六〕爲名也。

故物或損之而益，或〔七〕益之而損。

〔一〕「熱」，敦本作「𤍠」，强本、顧本作「熱」，諸輯本從强本。敦本「𤍠」爲「熱」字之訛，以下敦本經注中「𤍠」，徑改爲「熱」。

〔二〕「冷」，强本、顧本作「寒」，蒙本、嚴本從强本，周王本、周本從敦本。

〔三〕「故」，强本同，顧本無，諸輯本從敦本。

〔四〕「自名」，强本作「爲稱」，諸輯本從敦本。

〔五〕「牧」，敦本作「牧」，强本作「牧」，諸輯本從敦本。據强本改。

〔六〕「此」，敦本脱，强本有，蒙本、嚴本從强本，周王本、周本從敦本。據强本補。

〔七〕「或」，强本脱，諸輯本從敦本。

有道以富貴而稱孤、寡，損也。謙光日新，益也。無德處〔一〕貴，自以爲益〔二〕，材〔三〕下位高，必至傾覆，損也。

人之所教，亦我義教之〔四〕。

人間所行之教，理歸仁義，事在〔五〕剛强。然剛强者死之類，仁義者道之華。亦我義教之者，欲使去剛强而存柔弱，遠仁義而安道德也。亦言聖人是於能教，衆生是於所教〔六〕，以能教所〔七〕，緣教得宜。義者，宜也。

强梁者不得其死，吾將以爲教〔八〕父。

〔一〕「處」，强本作「虚」，李本同敦本，諸輯本從敦本。

〔二〕「自以爲益」，强本同，李本作「爲自益也」，諸輯本從敦本。敦本爲是。

〔三〕「材」，强本同，李本作「才」，諸輯本從敦本。

〔四〕「之」，敦本無，强本有，蒙本從强本，嚴本、周王本、周本從敦本。據强本補。

〔五〕「在」，敦本無，强本有，蒙本、嚴本從强本，周王本、周本從敦本。據强本補。

〔六〕「教」，敦本無，强本有，蒙本、嚴本從强本，周王本、周本從敦本。據强本補。

〔七〕「以能教所」，敦本無，强本有，蒙本、嚴本從强本，周王本、周本從敦本。據强本補。

〔八〕「教」，敦本作「學」，强本作「教」，蒙本、嚴本從强本，周王本、周本從敦本。據强本改。

不從君父之命，不順聖人之教，貪榮而〔一〕守勝，尊己以陵〔二〕人，强梁也。違科犯法，不盡天年，中道而天，不得其死也。物皆合道，聖人元不〔三〕設教；凡情失理，化主所以興〔四〕言。由仁義之華，彰道德之實；因强梁之性，演柔弱之法〔五〕。父，本也，以强梁爲教本〔六〕也。

〔一〕「而」，强本同，李本作「以」，諸輯本從敦本。

〔二〕「陵」，强本、李本作「凌」，蒙本、嚴本從强本，周王本、周本從敦本。

〔三〕「元不」，敦本「元」下缺一字，强本、李本作「無不」，蒙本作「元不」，嚴本、周王本、周本從强本。據蒙本改。

〔四〕「興」，李本同，强本作「與」，諸輯本從敦本。當作「興」。

〔五〕「法」，强本同，李本作「法也」，諸輯本從敦本。

〔六〕「本」，强本作「之本」，蒙本、嚴本從强本，周王本、周本從敦本。

四十三章

天下之至柔，馳騁天下之至堅。

有象之至柔者，水也；無形之至柔者，道也。水至柔而能消〔一〕金穿石，破彼堅强；道至柔而能遺〔二〕彼忘我，破兹固執。言人若能〔三〕鑒之於水，體之於道，足然洞之〔四〕於人我，經之〔五〕於丘山，微妙玄通，都無滯礙，此謂馳騁之至堅〔六〕。

無有入無間，

水無有礙，道無有形，有間無間〔七〕，無處不入。

〔一〕「消」，强本同，李本作「銷」，蒙本從李本，嚴本、周王本、周本從敦本。

〔二〕「遺」，敦本作「貴」，强本、李本作「遺」，蒙本作「遺」，嚴本從强本，周王本、周本從敦本。據强本改。

〔三〕「能」，强本同，李本無，諸輯本從敦本。

〔四〕「足然洞之」，强本作「足能洞之」，李本作「足能洞」，蒙本、嚴本從强本，周王本、周本從敦本。

〔五〕「之」，强本同，李本無，諸輯本從敦本。

〔六〕「之至堅」，强本作「之至堅也」，李本作「至堅」，蒙本、嚴本從强本，周王本、周本從敦本。

〔七〕「無間」，强本脱，蒙本、周王本、周本從敦本，嚴本從强本。

是以知無爲〔一〕有益。

道無形，物得成〔二〕；聖無爲，人得化，此乃〔三〕無爲之益也〔四〕。

不言之教，無爲之益，

前稱無爲之益，未知何曰無爲。行不言之教，教即忘言；任因循之事，事即無事。君〔五〕安於上，臣悦於下，此無〔六〕爲之益也。

天下希及之。

行〔七〕有爲者多，及無爲者少〔八〕。

〔一〕「是以知無爲」，强本、李本作「吾是以知無爲之」，蒙本作「是以知無爲之」，嚴本、周王本、周本從敦本。

〔二〕「成」，强本同，李本作「生」，諸輯本從敦本。

〔三〕「乃」，李本同，强本作「乃是」，嚴本從强本，蒙本、周王本、周本從敦本。

〔四〕「也」，李本同，强本無，蒙本、周王本、周本從敦本，嚴本從强本。

〔五〕「君」，强本同，蒙本、嚴本從敦本，周王本、周本作「吾」。當作「君」。

〔六〕「無」，敦本脱，强本有，蒙本、嚴本從强本，周王本、周本從敦本。據强本補。

〔七〕「行」，强本作「得」，蒙本、周王本、周本從敦本，嚴本從强本。「行」「得」均可通，「行」義更勝。

〔八〕「少」，强本作「少也」，蒙本、嚴本從强本，周王本、周本從敦本。

四十四章

名與身孰親？身與貨孰多？得與亡孰病？

名者〔一〕，外之稱譽。貨〔二〕，俗之財帛。身爲忠孝之本，抑道德之基，理須外名利、存身神、反無爲〔三〕、修至道，而弱喪者不反〔四〕，遂欲者失真，遂爲名以殺〔五〕身，因財而割〔六〕己。迷淪者

〔一〕「名者」，强本同，李本作「身形是成道之本故爲親名聞是虚假之法故爲疎世人不能爲身以損名只爲名以損身名者」。諸輯本從敦本。蒙本校記云：「第四十四章『名與身孰親』句，李霖《取善集》引李榮注云：『身形是成道之本，故爲親；名聞是虚假之法，故爲疏。世人不能爲身以損名，只爲名以損身。』與强引及敦煌本不同，倘異家之注，李霖誤以爲任真之注耶，謹附記於此。」（蒙文通：《蒙文通全集》第五册，第三〇五頁）

〔二〕「貨」，敦本作「[illegible]」，字形似「貸」，强本、李本作「貨」，諸輯本從强本。據經文及强本改。敦本「[illegible]」當爲「貨」字書寫之誤。又，「貨」字下，强本、李本有「者」字。蒙本、嚴本從强本，周王本、周本從敦本。

〔三〕「忠孝之本抑道德之基理須外名利存身神反無爲」，敦本作「之本抑德之基理須外名利存身神及無爲」，强本作「之本抑亦道德之基理須外名利存身神反無爲」，李本作「及爲」。蒙本、嚴本從强本，周王本、周本從敦本並改「及」爲「反」。據强本改「德」爲「道德」、「及」爲「反」。

〔四〕「反」，强本同，李本作「返」，諸輯本從敦本。

〔五〕「遂爲名以殺」，敦本作「遂爲名以教」，强本作「遂爲名以殺」，李本作「爲名以煞」。諸輯本作「爲名以殺」。據强本改。

〔六〕「割」，强本、李本作「害」，諸輯本從强本。

衆，聖人懷之〔一〕，故詳問云〔二〕：爲得名〔三〕得利爲病？爲失名失利爲病？俗以〔四〕得名利爲善，而得之則身亡；失之爲惡，亡之則己立。得失病利，誰能〔五〕定乎？亡，失也。

是故甚愛必大費，

爲名以殺〔六〕身，斯大費。

多藏必厚亡。

爲財〔七〕以傷己，斯厚亡。

知足不辱，

〔一〕「懷之」，强本作「憫之」，李本脱，蒙本、嚴本從强本，周王本、周本從敦本。

〔二〕「故詳問云」，强本同，李本作「詳問」，諸輯本從敦本。

〔三〕「得名」，敦本脱，强本、李本有，蒙本、嚴本從强本，周王本、周本從敦本。據强本補。又，「得名」下，李本僅有「貨與亡身者誰爲病矣」九字，文意未足。

〔四〕「以」，强本脱，蒙本、周王本、周本從敦本，嚴本從强本。

〔五〕「能」，敦本作「然」，强本作「能」，蒙本、嚴本從强本，周王本、周本從敦本。據强本改。

〔六〕「殺」，敦本作「教」，强本作「殺」，諸輯本從强本。據强本改。

〔七〕「財」，敦本作「則」，强本作「財」，諸輯本從强本。據强本改。

不分外以求名，遠恥辱〔一〕。

知止不殆，

不非理以規〔二〕財，無危殆〔三〕。

可以長久。

外之於〔四〕名利，遠之於危殆，理〔五〕國可以長存，修身可以久視〔六〕。

〔一〕「恥辱」下，强本、李本有「也」字，蒙本、嚴本從强本，周王本、周本從敦本。

〔二〕「規」，强本作「窺」，李本同敦本，蒙本、周王本、周本從敦本，嚴本從强本。「規」「窺」可通。

〔三〕「危殆」下，强本、李本有「也」字，蒙本、嚴本從强本，周王本、周本從敦本。

〔四〕「於」，强本作「以」，李本同敦本，蒙本、周王本、周本從敦本，嚴本從强本。

〔五〕「理」，强本同，李本作「治」，諸輯本從敦本。當爲避唐高宗李治諱，以「理」代「治」。後經注文字中或爲避李治諱而以「理」代「治」者，不再出注。

〔六〕「久視」，强本同，李本作「長久」，諸輯本從敦本。「久視」「長久」可通，「久視」於義更勝。

四十五章

大成若缺，其用不弊。

道圓德備，名曰大成。猶〔一〕如不足，故云若缺。然大罊〔二〕酌之而不竭，明鏡應之而忘疲〔三〕，不弊也〔四〕。

大滿〔五〕若冲，其用不窮。

四達有是〔六〕而俱照，六通無幽而不燭，斯大滿〔七〕。不以照爲照，不以盈爲盈，若冲也。用

〔一〕「猶」，强本同，蒙本、嚴本從敦本，周王本、周本作「備」。當作「猶」。

〔二〕「罊」，敦本作「[illegible]」，强本作「罊」，諸輯本從强本。「[illegible]」當爲「鋻」字之訛，「鋻」同「罊」。

〔三〕「疲」，敦本作「庋」，强本作「疲」，諸輯本從强本。據强本改。又，《敦煌俗字典（第二版）》「疲」字頭下收録「庋」字。

〔四〕「也」，敦本無，强本有，蒙本、嚴本從强本，周王本、周本從敦本。

〔五〕「滿」，强本作「盈」，蒙本、周王本、周本從敦本，嚴本從强本。

〔六〕「四達有是」，敦本作「四達是方」，强本作「四達有是」，蒙本、嚴本從强本，周王本、周本作「四達是方」。據强本改。按：敦本「達」訛作「達」。

〔七〕「滿」字下，强本有「也」字，蒙本、嚴本從强本，周王本、周本從敦本。

不以心，故無極〔一〕。

大直若屈，

直〔二〕同正道，大直〔三〕；以欲從人，若屈也。

大巧若拙，

匠成萬物，大巧〔四〕；似不能爲，若拙〔五〕。

大辯若訥〔六〕。

談天暢理，大辯〔七〕；言即無言，若訥也〔八〕。

躁勝寒，静勝熱，

〔一〕「極」字下，强本有「也」字，蒙本、嚴本從强本，周王本、周本從敦本。
〔二〕「直」，强本作「冥」，蒙本從强本，嚴本、周王本、周本從敦本。
〔三〕「直」字下，强本有「也」字，蒙本、嚴本從强本，周王本、周本從敦本。
〔四〕「巧」字下，强本有「也」字，蒙本、嚴本從强本，周王本、周本從敦本。
〔五〕「拙」字下，强本有「也」字，蒙本、嚴本從强本，周王本、周本從敦本。
〔六〕「訥」，敦本作「納」，强本作「訥」，諸輯本從强本。據强本改。
〔七〕「辯」字下，强本有「也」字，蒙本、嚴本從强本，周王本、周本從敦本。
〔八〕「若訥也」，强本作「如訥之也」，蒙本、周王本、周本從敦本，嚴本從强本。

陰陽二氣，遞〔一〕相爲用。陽氣躁而熱，陰氣靜而寒。陽氣盛則熱勝而寒劣，陰氣盛則〔二〕靜勝而躁劣，此則氣序遷移，互〔三〕爲勝劣。夫大成若缺、大滿若冲，則盛無盛也；其用不弊、其用不窮，則衰無衰也。不盛不衰，不寒不熱，遺成而不敗〔四〕，忘勝而無劣〔五〕。

清靜爲天下正。

爲陰陽之所寒熱者〔六〕，未清也；爲生死之所流動者，不靜也。明聖人生死無變於己，寒熱不〔七〕累於身，清靜也。有輪轉、處生死，皆爲耶〔八〕也；無輪轉、絶生死，爲天下正也〔九〕。

〔一〕「遞」，敦本作「逓」，强本作「遞」，諸輯本從强本。「逓」當爲「迺」或「逓」字書寫之誤，「迺」「逓」同「遞」。據强本改。

〔二〕「熱勝而寒劣陰氣盛則」，敦本脱，强本有，蒙本、嚴本從强本，周王本、周本從敦本。據强本補。

〔三〕「互」，敦本作「平」，强本作「互」，蒙本、嚴本從强本，周王本、周本從敦本。據强本改。

〔四〕「敗」，敦本字形似「販」，强本作「敗」，諸輯本從强本。據强本改。

〔五〕「劣」，强本作「劣也」，蒙本、嚴本從强本，周王本、周本從敦本。

〔六〕「者」，敦本脱，强本有，蒙本、嚴本從强本，周王本、周本從敦本。據强本補。

〔七〕「不」，敦本作「下」，强本作「不」，諸輯本從强本。據强本改。

〔八〕「耶」，强本作「耻」，蒙本作「邪」，嚴本從强本，周王本、周本從敦本。當作「邪」，與「正」相對。按，「耶」同「邪」，《玉篇·耳部》：「耶，俗邪字。」《字彙·耳部》：「耶，與邪同。」今仍從敦本。

〔九〕「也」，强本無，蒙本、周王本、周本從敦本，嚴本從强本。

四十六章

天下有道，却走馬以糞〔一〕；

君上有道，除奔命之馬；臣下無爲，糞乘〔二〕田之業。修真者去馳騁之浮情，糞身神以道德；務學者絶飄蕩之懈惰〔三〕，糞心靈以藝文也〔四〕。

天下無道，戎馬生於郊。

生，起也。不用道而修文，專飾兵而好〔五〕武，四郊多壘，五兵斯起，戎馬生於郊也。內

〔一〕「糞」，强本作「糞也」。蒙本、周王本、周本從敦本，嚴本從强本。

〔二〕「乘」，敦本作「[illegible]」，强本作「乘」，蒙本、嚴本從强本，周王本、周本作「桑」。「[illegible]」當爲「枽」或「桒」字書寫之誤，「枽」「桒」同「桑」，《廣韻·唐韻》：「枽」，同「桑」。《中華字海》：「桒，同『桑』。字見北周《張滿澤妻郝氏墓志》。」據强本改。「乘田」爲春秋時魯國掌管畜牧之官名。

〔三〕「惰」，敦本作「[illegible]」，强本作「惰」，諸輯本從强本。據强本改。又，或謂「[illegible]」同「惰」，《中華字海》：「[illegible]，同『惰』。字見《玉篇》。」

〔四〕「靈以藝文也」，强本作「靈以藝文」，蒙本、嚴本從强本，周王本、周本作「虛以藝文也」。

〔五〕「好」，强本作「用」，蒙本、周王本、周本從敦本，嚴本從强本。

明〔一〕心王無道，馳六識之馬，遍萬境之中，得失紛紜，是非交争〔二〕。

罪莫大於可欲，禍莫大於不知〔三〕足，咎莫甚〔四〕於欲得。

有道之人，遺情去欲，罪〔五〕禍自除；無識之徒〔六〕，縱性任心，殃咎斯至。善積成慶〔七〕，幽顯咸亨〔八〕；惡積成殃，存亡俱累。罰〔九〕止一身，罪也；下及子孫，禍也；上誤先祖〔一〇〕，咎〔一一〕。

〔一〕「内明」上，强本有「理不」二字，蒙本、周王本、周本從敦本，嚴本從强本。

〔二〕「是非交争」，敦本作「是交争也」，强本作「是非交争」。蒙本、嚴本從强本，周王本、周王作「是非交争也」。據强本改。

〔三〕「知」，强本同，蒙本、周王本、周本從敦本，嚴本作「和」。

〔四〕「甚」，敦本脱，强本有，諸輯本從强本。據强本補。

〔五〕「罪」，敦本脱，强本有，蒙本、嚴本從强本，周王本、周本從敦本。據强本補。

〔六〕「無識之徒」，敦本作「無之識徒」，强本作「無識之徒」，諸輯本從强本。據强本改。

〔七〕「慶」，强本作「禍」，諸輯本從敦本。當作「慶」。

〔八〕「亨」，敦本作「享」，强本作「亨」，蒙本、周王本、周本從敦本，嚴本從强本。

〔九〕「罰」，敦本作「⿱罒寸」，强本作「罰」，諸輯本作「罰」。「⿱罒寸」爲「罰」的類推簡化字，「罸」同「罰」，《篇海類編·器用類·网部》：「罰，音伐。小罪也。罪於人曰罸，本作罰。」

〔一〇〕「誤先祖」，敦本作「悮先祖」，强本作「誤祖先」。蒙本作「誤祖先」，周王本、周本作「誤先祖」，嚴本作「悮祖先」。據周王本、周本改。

〔一一〕「咎」，强本作「咎」也，蒙本、嚴本從强本，周王本、周本從敦本。

知足[一]之足，常足[二]。

除可欲則外無所求，清本性則内無所乏[三]，故言知足。動皆合道，事無不圓[四]，之足也。無不足之時，常足也。

[一]「知足」上，强本有「故」字，蒙本從强本，嚴本、周王本、周本從敦本。

[二]「足」字下，强本有「矣」字，諸輯本從敦本。

[三]「乏」，强本作「之」，蒙本從强本，嚴本、周王本、周本從敦本。

[四]「圓」，强本作「足」，蒙本、嚴本從强本，周王本、周本從敦本。

四十七章

不出户，知天下；

觀之以道則理無不達，照之以智則事無不知，所謂不行而知者也〔一〕。

不窺〔二〕牖，見天道。

二景麗天，五星〔三〕耿漢，寧須窺牖，方始見乎？内明窺牖者穿鑿求解也。天道者，自然之

〔一〕「也」，敦本脱，强本有，蒙本、嚴本從强本，周王本、周本從敦本。據强本補。

〔二〕「窺」，敦本作「闚」，强本作「窺」，蒙本、周王本、周本從强本，嚴本作「闚」。「闚」，或謂同「窺」，《中華字海》：「闚，同『窺』。字見魏文帝《吊比干文》。」《敦煌俗字典(第二版)》「窺」字頭下亦收録「闚」字。或謂爲「闚」的訛字，《康熙字典》：「闚，《篇海》：『口圭切。小視也。』按即闚字之譌。」或謂同「闞」，《龍龕手鑑·門部》：「闚」，「闞」的俗字。「闚」有從門中偷看義，《説文·門部》：「闚，閃也。」釋慧琳《一切經音義》卷一百：「闚，《集訓》云：『門中竊見也。』」或謂「闚」與「窺」義不同，段玉裁《説文解字注》：「闚，閃也。此與窺義别。窺，小視也。」據文意，應作「窺」。據强本改。按：敦本「窺」字多寫作「闚」，以下敦本經注「闚」字徑改爲「窺」，不再出注。

〔三〕「星」，敦本作「皇」，强本作「星」，諸輯本從强本。「皇」當爲「星」字書寫之誤，《敦煌俗字典(第二版)》「星」字頭下收録「皇」字。

理〔一〕。不假荃〔二〕蹄得魚兔，無勞言教悟至理，此不窺牖見天道〔三〕。

其出彌遠，其知彌少。

迹周於宇宙，未〔四〕識山川；覽遍於經籍〔五〕，寧知至理？此謂無知〔六〕。

是以聖人不行而知〔七〕，

獨悟也〔八〕。

〔一〕「理」，敦本作「珵」，强本作「理」，諸輯本從强本。「珵」當爲「理」字書寫之誤。注文「至理」之「理」同此。又，「理」字下，强本、蒙本、嚴本有「也」字。

〔二〕「荃」，强本作「筌」，諸輯本從强本。《莊子·外物》：「荃者所以在魚，得魚而忘荃。」成玄英《莊子疏》：「筌，魚笱也。以竹爲之，故字從竹，亦有從草者。」雷浚《説文外編·俗字·玉篇中》：「筌，《莊子》從艸作荃，故陸《釋文》曰：『荃，七全反，崔音孫，香草也，可以餌魚。』……後世因有魚笱一義，分荃、筌爲二字，不知古衹一字也。」王叔岷《莊子校詮》：「《釋文》『荃，香草也。一云：魚笱也。』既訓香草，又訓魚笱，則荃、筌古或爲一字，作荃是故書。」

〔三〕「道」字下，强本有「也」字，蒙本、嚴本從强本，周王本、周本從敦本。

〔四〕「未」，敦本作「來」，强本作「未」，諸輯本從强本。據强本改。

〔五〕「經籍」，敦本作「經藉」，强本作「經籍」，蒙本、周王本、周本從强本，嚴本作「編籍」。「藉」同「藉」。據强本改。

〔六〕「知」字下，强本有「也」字，蒙本、嚴本從强本，周王本、周本從敦本。

〔七〕「知」，强本同，蒙本、嚴本從敦本，周王本、周本作「行」。當作「知」。

〔八〕「也」，强本無，蒙本、周王本、周本從敦本，嚴本從强本。

不見而名，

玄覽也。

不爲而成。

自然〔二〕就也。

〔二〕「然」，强本同，蒙本、嚴本從敦本，周王本、周本作「内」。當作「然」。

四十八章

爲學日益，

增之以卷軸，長之以見聞，利之以名聲，加之以嗜欲〔一〕。

爲道日損。

行不言之教，文理雙忘；體虛玄之道，物我同遺。爲無爲〔二〕，百〔三〕爲兼喪；事無事，萬〔四〕事都損，豈惟嬌〔五〕盈奢侈也。

損之又損之，以至於無爲。

〔一〕「嗜欲」，强本作「嗜欲也」，蒙本、嚴本從强本，周王本、周本從敦本。
〔二〕「爲」，敦本脱，强本有，諸輯本從强本。據强本補。
〔三〕「百」字上，强本有「則」字，蒙本、嚴本從强本，周王本、周本從敦本。
〔四〕「萬」字上，强本有「則」字，蒙本、嚴本從强本，周王本、周本從敦本。
〔五〕「嬌」，强本作「憍」，諸輯本從强本。「嬌」「憍」同「驕」。

捨〔一〕有歸無，損之〔二〕者也。有去無忘，又〔三〕損之者〔四〕也。理〔五〕冥〔六〕真寂，至無爲也。

無爲而〔七〕無不爲。

夫欲去有累，所以歸無爲，而惑者聞無爲，兀然常拱手，以死灰爲大〔八〕道，土塊爲至心，恐〔九〕其封執無爲，不能懸解，故云無爲而無不爲也。無爲而無〔一〇〕不爲，非無爲也；有爲而歸無爲，非有爲也。此則爲學爲道，道學皆忘；唯動與寂，寂動俱息者〔一一〕也。

〔一〕「捨」，敦本作「掄」，强本作「捨」，諸輯本從强本。「掄」當爲「捨」的訛字。據强本改。

〔二〕「之」，强本脱，蒙本、周王本、周本從敦本，嚴本從强本。

〔三〕「又」，强本同，蒙本、周王本、周本從敦本，嚴本作「入」。當作「又」。

〔四〕「者」，强本無，蒙本、嚴本從强本，周王本、周本從敦本。

〔五〕「理」字上，敦本有「有去無也」四字，强本無，蒙本、嚴本從强本，周王本、周本從敦本。據强本刪。

〔六〕「冥」，敦本作「𡧤」，强本作「冥」，蒙本、嚴本、周王本、周本從强本。據字形，「𡧤」更像是「宜」，「宜」同「寡」；「𡧤」又似「寘」字書寫之誤，「寘」同「置」。又，《敦煌俗字典（第二版）》「冥」字頭下收録「寘」字。據文意，應作「冥」。據强本改。

〔七〕「而」，敦本脱，强本有，蒙本從强本，嚴本、周王本、周本從敦本。據注文及强本補。

〔八〕「大」，敦本作「火」，字形似「火」，强本作「大」，諸輯本從强本。據强本改。

〔九〕「恐」字上，敦本衍「理」字，强本無，蒙本、嚴本從强本，周王本、周本從敦本。據强本刪。

〔一〇〕「無爲而無」，敦本脱，强本有，蒙本、嚴本從强本，周王本、周本從敦本。據强本補。

〔一一〕「者」，强本無，蒙本、嚴本從强本，周王本、周本從敦本。

取天下常以無事，及其有事，不足以〔一〕取天下。

取，攝也。忘則無捨無不捨，用則有可有不可。若以無爲攝天下，無有而不可，皆可也；若以有事取天下，無有而得〔二〕可，皆不可也〔三〕。

〔一〕「以」，强本無，蒙本、周王本、周本從敦本，嚴本從强本。

〔二〕「得」，敦本作「不」，强本作「得」，蒙本、嚴本從强本，周王本、周本從敦本。據强本改。

〔三〕强本所書經文「及其有事不足以取天下」下所纂經文又有「榮疏取攝也忘則……皆不可也」五十字，「榮疏」外四十八字，與上李榮注文全同。蓋重複也。

四十九章

聖人無心〔一〕，以百姓心爲心。

君上無心於有爲，任百姓之自化；聖人無情以分別，逐萬有而感通也〔二〕。

善者吾善之，不善者吾亦善之，得善。

若有心分別，有善有不善。有善有不善〔三〕，不得以爲善。今既無心分別，非唯善於善，亦善於不善，善與不善皆善〔四〕，是以謂之得善〔五〕。

〔一〕「心」字上，强本有「常」字，諸輯本從敦本。

〔二〕「也」，强本無，蒙本、嚴本從强本，周王本、周本從敦本。

〔三〕「有善有不善有善有不善」，敦本作「有善善有有不不善善」，强本作「有善有不善有善有不善」，蒙本、嚴本從强本，周王本、周本作「有善善有不善」。據强本改。

〔四〕「善與不善皆善」，敦本作「善與不善皆善」，强本作「亦善則與不善皆善」，蒙本、嚴本從强本，周王本、周本從敦本。

〔五〕「善」字下，强本有「也」字，蒙本、嚴本從强本，周王本、周本從敦本。

信者吾信之，不信者吾亦信之，得信。

信，順也。物情既有可有不可，從事則有〔一〕順有不順。有順有不順〔二〕，不得以爲〔三〕俱順。今聖人無可無不可，皆可；無順無不順，皆順，是以名爲大順〔四〕。

聖人在天下，惵惵，爲天下混〔五〕其心。

惵惵，不住〔六〕也。凡情分別，見善見〔七〕不善，有信有不信〔八〕。聖人惵惵不住，泛泛隨機，

〔一〕「則有」，敦本作「則」，强本作「有」，嚴本從强本。蒙本、周王本、周本作「則有」，據改。

〔二〕「有順有不順」，强本脱，蒙本、周王本、周本從敦本，嚴本從强本。

〔三〕「爲」，强本脱，蒙本、嚴本從强本，周王本、周本從敦本。

〔四〕「順」，强本作「順也」，蒙本、嚴本從强本，周王本、周本從敦本。

〔五〕「混」，强本作「渾」，諸輯本從敦本。「混」「渾」通；據注文，應作「混」。

〔六〕「住」，敦本作「任」，强本作「住」，諸輯本從强本。「任」同「徃」。據文意及注文「聖人惵惵不住」，應作「住」。敦本「任」字當爲「住」字之訛。據强本改。

〔七〕「見」，强本同，蒙本、周王本、周本從敦本，嚴本脱。

〔八〕「有信有不信」，敦本作「信有信不信」，强本作「有信有不信」，蒙本、嚴本從强本，周王本、周本從敦本。據强本改。

混其分別之心，齊〔二〕其是非之意也。

百姓〔三〕注其耳目，聖人皆孩〔三〕之。

百姓不能以性制情，而乃縱心逐欲，注耳目於聲色，專鼻口於香味，因茲涽或〔四〕，以此聾盲。聖人〔五〕逐病行醫，隨機演〔六〕教，因心救物，説己化他，乃云我止如嬰孩赤子，不知聲色悦於耳目也〔七〕。

〔二〕「齊」，敦本作「斉」，强本作「齊」，諸輯本從强本。敦本「齊」字多寫作「斉」，以下敦本經注中的「斉」字徑改作「齊」，不再一一注明。

〔三〕「百姓」下，强本有「皆」字，敦本無，蒙本、嚴本從强本，周王本、周本從敦本。

〔三〕「孩」，敦本作「㱾」，强本作「孩」，諸輯本從强本。據强本改。「㱾」當爲「孩」之訛。注文「嬰孩」之「孩」同此。

〔四〕「涽或」，敦本作「湣或」，强本作「惛惑」，諸輯本從强本。《敦煌俗字典（第二版）》「涽」字頭下收録「湣」，識「湣」爲「涽」。「涽」「惛」可通。「或」「惑」亦通。

〔五〕「人」，敦本脱，强本有，諸輯本從强本。據强本補。

〔六〕「演」，强本作「闡」，蒙本、嚴本從强本，周王本、周本從敦本。

〔七〕「耳目」，敦本作「可日」，强本作「耳目也」，諸輯本從强本。「可」即「耳」字，非「可」字，王獻之《嫂等帖》《授衣帖》「耳」即寫作「可」「可」。蒙本、嚴本從强本，周王本、周本從敦本。據强本改。

五十章

出生入死。

從幽至顯名〔一〕出生，自有歸無稱之入死也〔二〕。

生之徒，十有三；死之徒，十有三；

九竅四關爲〔三〕十三也。若能絕欲，則爲生之類；必其放蕩，則爲死之徒也。

人之生，動之死地，十有三。

所以流〔四〕死地者，由十〔五〕三種〔六〕造過。

〔一〕「名」，强本作「名曰」，蒙本、嚴本從强本，周王本、周本從敦本。
〔二〕「也」，强本無，蒙本、嚴本從强本，周王本、周本從敦本。
〔三〕「爲」，强本無，蒙本、周王本、周本從敦本，嚴本從强本。
〔四〕「流」，强本作「流至」，蒙本、嚴本從强本，周王本、周本從敦本。
〔五〕「十」，强本作「十有」，蒙本、嚴本從强本，周王本、周本從敦本。
〔六〕「種」，强本作「重」，蒙本、周王本、周本從敦本，嚴本從强本。

夫何故？以其生生之厚。

何爲得至於死地？言用之九竅，運之四關，多取有爲之死業〔一〕，愛養無常之生身〔二〕，厚〔三〕過其分，動之死地也。

蓋聞善攝生者，陸行不遇兕虎，入軍不被甲兵。

不能養性，内爲情欲之所傷，外爲毒蟲之所害。善攝生〔四〕者，不耽〔五〕染，性不傷，無毒心，物無害〔六〕。

〔一〕「死業」，敦本作「生業」，强本作「死業」，蒙本、嚴本從强本，周王本、周本從敦本。據强本改。

〔二〕「生身」，敦本作「生死」，强本作「生身」，蒙本、嚴本從强本，周王本、周本從敦本。據强本改。

〔三〕「厚」，敦本訛作「後」，强本作「厚」，蒙本、嚴本從强本，周王本、周本作「後（厚）」。「后」通「厚」，朱駿聲《説文通訓定聲·需部》：「后，叚借爲厚。」《管子·地員》「五種無不宜，其立后而手實。」章炳麟讀作「五種無不宜，其粒厚而垂實。」《清平山堂話本·羊角哀死戰荆軻》：「不肖弟此去，望兄陰力相助。但得微名，必當后葬。」敦本當訛「后」爲「後」。據强本改。

〔四〕「生」，敦本脱，强本有，蒙本、嚴本從强本，周王本、周本從敦本。據强本補。

〔五〕「耽」，敦本作「⿰身九」，强本作「躭」，蒙本作「耽」，嚴本、周王本、周本從强本。「⿰身九」，字形左「身」右「九」，即「⿰身凡」字。「⿰身凡」同「躭」，《龍龕手鑑·身部》：「⿰身凡」，「躭」的俗字。「躭」同「耽」，《玉篇·身部》：「躭，俗耽也。」「躭」「耽」同。據蒙本改。

〔六〕「害」，强本作「害也」，蒙本、嚴本從强本，周王本、周本從敦本。

兕無所駐〔一〕其角，虎無所措其爪，兵無所容其刃。

言養生以道，積善以行，是故〔二〕前顯不與惡遇〔三〕，今明雖遇無傷〔四〕。

夫何故？以其無死地。

夫生我者神，殺〔五〕我者心。我殺由心，心爲死地。若能灰心息慮，不構〔六〕有爲，無死地也〔七〕。

〔一〕「駐」，强本作「投」，蒙本、周王本、周本從敦本，嚴本從强本。

〔二〕「故」，强本無，蒙本、嚴本從强本，周王本、周本從敦本。

〔三〕「遇」，敦本作「過」，强本作「遇」，諸輯本從强本。「過」當爲「遇」字之訛。據强本改。下注文「雖遇無傷」之「遇」同此。

〔四〕「傷」，强本作「傷也」，蒙本、嚴本從强本，周王本、周本從敦本。

〔五〕「殺」，敦本作「殺」，强本作「殺」，諸輯本從强本。「殺」爲「殺」字之訛。「殺」同「殺」，段玉裁《説文解字注·殺部》：「殺，古文殺。」據强本改。下注文「我殺由心」之「殺」同此。

〔六〕「構」，敦本作「搆」，强本作「構」，諸輯本從强本。「搆」同「搆」。「搆」同「構」，《韓非子·五蠹》：「搆木爲巢，以避群害。」據强本改。

〔七〕「地也」，敦本作「他」，强本作「地也」，蒙本、嚴本從强本，周王本、周本作「地」。據强本改。

五十一章

道生之，德畜之，物形之，埶〔一〕成之。

至道運而無壅，何適而不能？玄德動而不滯，何事而不可？今約〔二〕事分用，通〔三〕生則理歸於道，長〔四〕畜則義在於德。生畜於物，物各有形。既秀而〔五〕實曰埶〔六〕，生畜俱〔七〕全曰成也。

是以萬物莫不尊道而貴德。

〔一〕「埶」，强本作「勢」，蒙本、周王本、周本從敦本，嚴本從强本。
〔二〕「約」，敦本作「□」，强本作「約」，諸輯本從强本。「□」當爲「約」字之訛。據强本改。
〔三〕「通」，强本作「道」，蒙本、周王本、周本從敦本，嚴本從强本。
〔四〕「長」，强本作「德」，蒙本、周王本、周本從敦本，嚴本從强本。
〔五〕「而」字下，敦本衍「不」字，强本無，蒙本、嚴本從强本，周王本、周本從敦本。據强本删。
〔六〕「埶」，强本作「熟」，蒙本、嚴本從强本，周王本、周本從敦本。
〔七〕「俱」，强本同，蒙本、嚴本從敦本，周王本、周本作「具」。

父母所生，天地覆載，誠可尊也。今道德恩隆於父母，功蓋於天地，理當尊貴〔二〕。

道〔三〕尊德〔三〕貴，夫莫之爵而常自然。

道德虛忘，自然尊貴，非由爵命方見敬重也。

故道生之，德〔四〕畜之，長之〔五〕育之，成之孰〔六〕之，養之覆之。

此廣明道德生畜之義也。進益曰長，撫恤曰育，構〔七〕立曰成，圓足曰孰，資給曰養，衣被曰覆〔八〕。

〔二〕「理當尊貴」，敦本作「理當尊貴人也」，强本作「理當尊貴」，蒙本作「理當尊貴也」，嚴本從强本，周王本、周本從敦本。據强本改。

〔三〕「道」字下，强本有「之」字，蒙本、周王本、周本從敦本，嚴本從强本。「德」字下，强本有「之」字，蒙本、周王本、周本從敦本，嚴本從强本。

〔四〕「德」，敦本、强本脱，蒙本有，嚴本、周王本、周本從敦本。景龍碑本、遂州碑本有「德」字，蒙本當據二碑本及本章首句經文、注文「此廣明道德生畜之義也」增補「德」字。據本章首句經文及注文，應有，蒙本增補爲是。今據二碑本及本章首句經文、注文補。

〔五〕「之」，敦本無，强本有，蒙本、嚴本從强本，周王本、周本從敦本。據强本補。

〔六〕「孰」，强本作「熟」，蒙本、嚴本從强本，周王本、周本從敦本。注文「圓足曰孰」之「孰」同此。

〔七〕「構」，敦本作「[illegible]」，强本作「構」，諸輯本從强本。「[illegible]」當爲「搆」之訛，「搆」同「構」。「搆」「構」均可通。據强本改。

〔八〕「覆」字下，强本有「也」字，蒙本、嚴本從强本，周王本、周本從敦本。

生而不有，爲而不恃，長而不宰，是謂玄德。

夫伐其功者，非至功也；恃其德者，非大德也〔二〕。今既生既〔三〕長，不恃不宰，深妙之德也。

〔二〕「德也」，敦本作「德」，强本作「德也」，蒙本、嚴本從强本，周王本、周本從敦本。據强本改。

〔三〕「既」，强本脱，諸輯本從敦本。

五十二章

天下有始，以爲天下母。

道爲物本，故云始；德能畜養，故云母〔一〕。

既得其母，以知其〔二〕子；

道德生畜，母之義也。物從道生，子可知也。

既知其子，復守其母，没〔三〕身不殆。

子從親生，必須孝於親；物從道生，必須守於道。子孝於母，母慈於子，通天地，感神明，物無傷也；人守於道，道愛於人，積功行，著幽顯，物無害者，故言不殆也。此明母子相

〔一〕「母」字下，强本有「也」字，蒙本、嚴本從强本，周王本、周本從敦本。

〔二〕「其」字下，敦本重「其」字，强本不重，蒙本從强本，嚴本、周王本、周本從敦本。據强本删。

〔三〕「没」，强本作「殁」，諸輯本從敦本。

守，本末相收，能行此〔一〕者，家國安也。

塞其兑，閉其門，終身不勤。

掩目閉口，外患不生，既無疲勞，又〔二〕絶勤苦，會無名之始，歸有名之母，修身之道也。

開其兑，濟其事，終身不救。

失道滯俗，去本行〔三〕末，通六情之兑，開五欲之門，雖成有累之事，終失無爲之道，亡没此身，難可救拔。

見小曰明，用〔四〕柔曰强。

禍亂初起爲小，預能防患曰明，順道無違曰柔，始終不損曰强也〔五〕。

用其光，復歸其明，無遺身殃，

〔一〕「此」，强本脱，諸輯本從敦本。

〔二〕「又」，强本作「人」，蒙本、周王本、周本從敦本，嚴本從强本。當作「又」。

〔三〕「行」，强本作「求」，蒙本、嚴本從强本，周王本、周本從敦本。

〔四〕「用」，强本同，蒙本、周王本、周本從敦本，嚴本作「守」。

〔五〕「也」，强本無，蒙本、嚴本從强本，周王本、周本從敦本。

智能照機，以之防禍，用其光也。睹見未萌，皎然無失，内視反照〔一〕，復歸其明〔二〕。以〔三〕不罹患，無與身殃〔四〕也。

是謂〔五〕襲常。

放情極欲，違〔六〕本殉〔七〕末，患難斯至，歸無常也。塞兑閉門，守母依始，潔身入道，襲真常也。〔八〕

〔一〕「反照」，敦本作「及照」，强本作「反照」，蒙本、周王本、周本從强本，嚴本作「反」。據强本改。

〔二〕「明」字下，强本有「也」字，蒙本、嚴本從强本，周王本、周本從敦本。

〔三〕「以」，强本作「已」，周王本、周本從敦本。蒙本、嚴本從强本。「以」通「已」。

〔四〕「殃」，敦本作「强」，强本作「殃」，諸輯本從强本。據强本改。

〔五〕「是謂」，强本作「是以」，蒙本、周王本、周本從敦本，嚴本從强本。

〔六〕「違」，强本同，蒙本、嚴本從敦本，周王本、周本作「遣」。

〔七〕「殉」，强本作「徇」，諸輯本從强本。

〔八〕「塞兑閉門守母依始潔身入道襲真常也」，强本脱，諸輯本從敦本。「真」，敦本作「貟」，字形不清，似「真」又似「員」，蒙本識「貟」爲「員」，作「圓」，嚴本、周王本、周本識「貟」爲「真」。「員」有圓義，《孟子·離婁下》：「規矩，方員之至也。」《淮南子·原道》：「員者常轉。」「員」後作「圓」，故蒙本作「圓」。「圓常」爲佛教術語，「真常」釋道共用並多與「無常」相對，李榮《道德經注》即多處「真常」與「無常」相對而出。「真常」「圓常」均可通，但「真常」義更勝。

五十三章

使我介然有知，行於大道，唯施甚〔一〕畏。

老君傷時王不從夷路，唯履嶮塗〔二〕：服文綵而帶利劍，厭飲食而積貨〔三〕財，農田荒穢，倉廩空虛，此乃誇盗〔四〕之人，豈知〔五〕純粹之行。若使我微知政事，必行無爲之大道，不涉有爲之小徑，有所施爲事〔六〕，尤〔七〕畏不行〔八〕。

〔一〕「甚」，强本作「是」，蒙本、嚴本今從强本，周王本、周本從敦本。據注文「尤畏不行」，應作「甚」。

〔二〕「嶮塗」，强本作「嶮途」，蒙本、嚴本從强本，周王本、周本作「險途」。

〔三〕「貨」，敦本作「貸」，强本作「貨」，諸輯本從强本。「貸」當爲「貨」字之訛。據强本改。

〔四〕「誇盗」，强本訛作「誇道」，蒙本作「盗誇」，嚴本從强本，周王本、周本從敦本。

〔五〕「知」，敦本脱，强本有，蒙本、嚴本從强本，周王本、周本從敦本。據强本補。

〔六〕「事」，强本作「之事」，蒙本、嚴本從强本，周王本、周本從敦本。

〔七〕「尤」，敦本作「尢」，字形似「九」，强本作「尤」，諸輯本從强本。「尢」當爲「尤」字之訛，據强本改。

〔八〕「不行」下，强本有「也」字，蒙本、嚴本從强本，周王本、周本從敦本。

大道甚夷，其人〔一〕好徑。

正道平而易，耶〔二〕徑儉〔三〕而難。理國〔四〕者多履其難，修身者少從其易，斥無道。

朝甚除，田甚蕪，

雕〔五〕墻峻宇，除故造新，下人妨農，良田蕪穢。殉〔六〕名好利，棄少求多，道業不修，丹田荒廢也〔七〕。

倉甚〔八〕虛，

〔一〕「其人」，强本作「民甚」，蒙本、周王本、周本從敦本，嚴本從强本。據注文，應作「其人」。

〔二〕「耶」，强本作「邪」，諸輯本從强本。「耶」同「邪」。

〔三〕「儉」，强本作「險」，諸輯本從强本。「儉」通「險」，《字彙補·人部》：「儉，又與險同。」《睡虎地秦墓竹簡·封診式·群盜》：「山儉不能出身山中。」《淮南子·俶真訓》：「雜道以僞，儉德以行。」王念孫《讀書雜志》：「險、儉，古同。儉德以行，所行非至德也。」

〔四〕「國」，敦本作「囯」，强本作「國」，諸輯本、黄本從强本。「囯」當爲「國」字之訛。據强本改。

〔五〕「雕」，强本作「彫」，蒙本、嚴本從强本，黄本、周王本、周本從敦本。

〔六〕「殉」，强本作「徇」，蒙本、嚴本從强本，黄本、周王本、周本從敦本。

〔七〕「也」，强本無，蒙本、嚴本從强本，黄本、周王本、周本從敦本。

〔八〕「甚」，敦本作「其」，强本作「甚」，諸輯本、黄本從强本。據强本改。

年登則廪〔一〕實，農廢則倉虚，行〔二〕薄則業虚，德充則道實〔三〕。

服文綵，帶利劍，

捐〔四〕素以事華，賤文而貴武。修真者内不存於道德，外唯飾以威儀，毒意未〔五〕祛，帶利劍也。

厭飲食，資貨有餘，

夫味無味者，飲和浴德；爲無爲者，禮士愛賢。鄙芻〔六〕豢，以簞食爲樂；散貨財，以不貪爲寶，此則〔七〕内外無不可也。而厭之以芳鮮，積之以殊玉〔八〕，是盗誇之行，非家國

〔一〕「廪」，敦本作「禀」，强本作「廪」，蒙本、黄本、周王本、周本從强本。「禀」當作「稟」，「稟」同「廪」。據强本改。

〔二〕「行」，强本同，諸輯本從敦本，黄本作「非」。

〔三〕「實」字下，强本有「也」字，蒙本、嚴本從强本，黄本、周王本、周本從敦本。

〔四〕「捐」，强本同，蒙本作「損」，嚴本、黄本、周王本、周本從敦本。「捐」「損」均可通，但「捐」義更勝。

〔五〕「未」，敦本作「木」，字形似「末」又似「未」，强本作「未」，蒙本、黄本從强本，嚴本作「味」，周王本、周本作「末」。據强本改。

〔六〕「芻」，敦本作「𦬸」，强本作「芻」，諸輯本、黄本從强本。「𦬸」當爲「蒭」字書寫之誤。「蒭」同「芻」，《玉篇·艸部》：「芻，茭草。《説文》云：『刈艸也。』俗作蒭。」據强本改。

〔七〕「則」，强本同，諸輯本從敦本，黄本脱。

〔八〕「殊玉」，强本作「珠玉」，諸輯本從强本，黄本從敦本。《史記·周本紀》：「紂走，反入登於鹿臺之上，蒙衣其殊玉，自燔於火而死。」「殊玉」「珠玉」均通。

之基〔一〕。

是謂盗誇。盗誇〔二〕非道〔三〕。

取不足，積有餘，盗之謂也。愛文綵，事貪〔四〕侈，誇之義也。唯盗〔五〕與誇，俱非道行。

〔一〕「基」字下，强本有「也」字，蒙本、嚴本從强本，黄本、周王本、周本從敦本。
〔二〕「盗誇」，强本無，蒙本、黄本、周王本、周本從敦本，嚴本從强本。
〔三〕「非道」下，强本有「也哉」二字，蒙本、黄本、周王本、周本從敦本，嚴本從强本。
〔四〕「貪」，强本作「奢」，蒙本、嚴本從强本，黄本、周王本、周本從敦本。
〔五〕「盗」，强本同，蒙本作「道」，嚴本、黄本、周王本、周本從敦本。當作「盗」。

五十四章

善建〔一〕不拔，善抱不脱，子孫祭祀不輟。

能立行於至道之境，則根深而不拔；妙樹功於玄德之鄉，則蒂〔二〕固而不脱。爲國則百代宗廟而〔三〕常安，爲家則萬葉蒸嘗〔四〕而不絶，師資結影於真氣，授受〔五〕繼響〔六〕於玄〔七〕風〔八〕。

〔一〕「建」，敦本作「⿺辶聿」，强本作「建」，諸輯本、黄本從强本。「⿺辶聿」爲「⿺辶聿」的訛字，「⿺辶聿」同「建」，《中華字海》：「⿺辶聿，音箭，同『建』。見《敦煌俗字譜》。」按：敦本「建」多寫作「⿺辶聿」，以下敦本經注中的「⿺辶聿」字，確定其爲「建」字的，徑改爲「建」，不再一一注明。

〔二〕「蒂」，敦本作「華」，强本作「蒂」，諸輯本、黄本從强本。據强本改。

〔三〕「而」字下，敦本重「而」字，强本不重，諸輯本、黄本從强本。據强本删。

〔四〕「嘗」，敦本作「甞」，强本作「嘗」，諸輯本、黄本從强本。「甞」爲「嘗」字之訛，「嘗」同「嘗」。據强本改。

〔五〕「授受」，敦本作「授」，强本同；嚴本、黄本、周王本、周本從敦本。蒙本作「授□」，校記云：「第五十四章『子孫祭祀不輟』句，《李注》：『授繼響於玄風。』强引、敦煌本皆如此，『授』下蓋奪『受』字，茲空一字。」（蒙文通：《蒙文通全集》第五册，第三〇五頁）據第二十七章經注、蒙本校記改爲「授受」。

〔六〕「響」，强本作「嚮」，蒙本、黄本、周王本、周本從敦本，嚴本從强本。

〔七〕「玄」，敦本作「玄」，强本作「玄」，諸輯本、黄本從强本。「玄」當爲「玄」字之訛。據强本改。

〔八〕「風」字下，强本有「也」字，蒙本、嚴本從强本，黄本、周王本、周本從敦本。

修之身，其德能真；修之家，其德有餘；修之鄉，其德能長；修之國，其德能豐；修之天下，其德能普。

夫道不可不修，德不可不立。立德修道，自家形國，何往〔一〕不安。死生無變曰真，慶及後昆曰餘，邇〔二〕安遠至曰〔三〕長，物皆自足〔四〕曰豐，惠無不周曰普也。

故以身觀身，以家觀家，以鄉觀鄉〔五〕，以國觀國，以天下觀天下。

至道之源，實自無善無惡；建德之始，理〔六〕須知是知非〔七〕。知非者，則去惡慮不遠；

〔一〕「往」，敦本作「往」，强本作「往」，蒙本、嚴本、周王本、周本從强本，黄本作「住」。「往」當爲「往」字書寫之誤，「往」同「往」，《廣雅·釋詁一》：「往，勞也。」《字彙補·彳部》：「往，與往同，見漢碑。」據强本改。

〔二〕「邇」，敦本作「迹」，强本作「邇」，諸輯本、黄本從强本。據强本改。

〔三〕「曰」，敦本脱，强本有，諸輯本、黄本從强本。據强本補。

〔四〕「足」，敦本作「然」，强本作「足」，蒙本、嚴本、黄本從强本，周王本、周本從敦本。據强本改。

〔五〕「以鄉觀鄉」，敦本脱，强本有，蒙本、嚴本從强本，黄本、周王本、周本從敦本。據强本補。

〔六〕「理」，强本同，諸輯本從敦本，黄本脱。

〔七〕「非」，敦本脱，强本有，諸輯本、黄本從强本。據强本補。下注文「知非者」之「非」同此。

知是者，則就善恐不及，察耶〔一〕察正，照存照亡。修道之身則歸真，不修道〔二〕者則入僞；修道之家則有餘，不修道者則不足；修道之鄉則久長，不修道則短促；修道之國則豐大〔三〕，不修道則窮儉；修道之〔四〕天下則周普，不修〔五〕則缺少也〔六〕。

吾何以知天下之然？以此。

如何得知修道者昌，不修道者亡？觀一身則百身可知矣，觀一國〔七〕萬國斯睹矣，豈唯三代乎也〔八〕。

〔一〕「耶」，强本作「邪」，諸輯本、黄本從强本。

〔二〕「道」，强本無，蒙本、嚴本從强本，黄本、周王本、周本從敦本。下注文「不修道者則不足」「不修道則短促」「不修道則窮儉」之「道」同此。

〔三〕「豐大」，强本作「豐富」，蒙本、嚴本從强本，黄本、周王本、周本從敦本。

〔四〕「之」，强本作「之於」，蒙本作「於」，嚴本從强本，黄本、周王本、周本從敦本。

〔五〕「不修」，强本同，諸輯本從敦本，黄本作「不修道」。

〔六〕「也」，强本無，蒙本、嚴本從强本，黄本、周王本、周本從敦本。

〔七〕「一國」下，强本有「則」字，蒙本、嚴本、黄本從强本，周王本、周本從敦本。

〔八〕「也」，强本無，蒙本、嚴本、黄本從强本，周王本、周本從敦本。

五十五章

含德之厚，比於赤子。

懷道抱德，積行深厚，氣專精固〔一〕，絶欲無貪，不散真童，類於赤子也〔二〕。

毒蟲不螫，猛獸不據，玃〔三〕鳥不搏。

以毒曰螫，以足曰據，以爪曰搏〔四〕。嬰兒所以無害者，一爲内無毒意，二〔五〕爲慈母加護，

〔一〕「固」，敦本作「囙」，强本作「固」，諸輯本、黄本從强本。據强本改。

〔二〕「也」，强本無，蒙本、嚴本從强本，黄本、周王本、周本從敦本。

〔三〕「玃」，敦本「玃」，强本作「玃」，蒙本、嚴本、黄本從强本，周王本、周本作「攫」。「玃」當爲「玃」，「玃」同「攫」。又，「玃」同「攫」，《集韻・昔韻》：「攫，搏也。或從犬。」《吕氏春秋・本味》：「夫三群之蟲，水居者腥，肉玃者臊，草食者羶。」高誘《吕氏春秋注》：「肉玃者，玃拏肉而食之，謂鷹雕之屬。」據强本改。

〔四〕「搏」，强本同，蒙本、嚴本、黄本從敦本，周王本、周本作「博」。

〔五〕「二」，强本作「一」，蒙本、嚴本從强本，黄本、周王本、周本從敦本。

故不傷也。含德之人，既其無復惡心，又以天靈〔一〕垂祐，是以毒蟲不得流其毒，猛獸無以施其猛也〔二〕。

骨弱筋柔〔三〕而握固。

嬰兒筋骨柔〔四〕弱而握拇指牢固者，非由力也，本爲心專，人雖欲開，開〔五〕不可得也。含德之人，屈身以順物，柔心以從道，可欲不能開，全真自然固也。

未知牝牡〔六〕之合而峻〔七〕祖雷反之〔八〕作，精之至。

〔一〕「靈」，敦本作「[illegible]」，强本作「靈」，諸輯本、黄本從强本。疑「[illegible]」爲「霊」或「𩂖」字書寫之誤，「霊」「𩂖」同「靈」。據强本改。

〔二〕「也」字，强本無，蒙本、黄本、周王本、周本從敦本，嚴本從强本。

〔三〕「柔」，强本同，蒙本作「强」，嚴本、黄本、周王本、周本從敦本。據强本注文「嬰兒筋骨柔弱」，應作「柔」。景龍碑本、遂州碑本作「柔」，未知蒙本據何而改。

〔四〕「柔」，敦本脱，强本有，蒙本、嚴本從强本，黄本、周王本、周本從敦本。據强本補。

〔五〕「開」，敦本作「ㄟ」，黄本作「之」，强本無，諸輯本從强本。「ㄟ」爲重疊字符號，代「開」字，非「之」字。今從敦本識「ㄟ」爲「開」字重疊符號。

〔六〕「牝牡」，敦本作「牝牝」，强本作「牝牡」，諸輯本、黄本從强本。據强本改。下注文「牝牡」同此。

〔七〕「峻」，敦本作「[illegible]」，强本作「峻」，諸輯本從强本，黄本作「酸」。「[illegible]」當爲「酸」之訛。據强本改。注文「峻小兒陰也」之「峻」同此。

〔八〕「祖雷反之」，强本無，蒙本、黄本、周王本從敦本，周本作「祖雷反」，嚴本此四字見於按語。

牝牡之合即陰陽之會也。峻，小〔一〕兒陰也。作，動也。赤子未知男女之禮而動作者，至精不散也。精散則身枯，身枯則命竭。含德之人，外情欲而愛其精，去勞弊而寶其氣。無心於動，動不妨寂；虚己於寂，寂不妨動。寂不妨動，雖動而非動；動不妨寂，雖寂而非寂。非動非寂〔二〕，精之至也。

終日號而不〔三〕嗄於葛反之〔四〕，和之至。

啼極無聲曰嗄。赤子旦夕恒啼而聲不嗄〔五〕者，和氣未散也。含德之人，演〔六〕玄言而不疲，流法音而無絶，此〔七〕抱沖和之所致也。

知和〔八〕曰常，知常曰明。

〔一〕「小」，强本作「童」，蒙本、嚴本從强本，黄本、周王本、周本從敦本。

〔二〕「非動非寂」，强本作「動無非寂」，蒙本、嚴本從强本，黄本、周王本、周本從敦本。當從敦本。

〔三〕「不」，强本同，蒙本脱，嚴本、黄本、周王本、周本從敦本。景龍碑本、遂州碑本有「不」字，蒙本誤删。

〔四〕「於葛反之」，强本無，蒙本、黄本、周王本從敦本，周本作「於葛反」，嚴本此四字見按語。

〔五〕「嗄」，敦本作「極」，强本作「嗄」，諸輯本從强本，黄本從敦本。據强本改。

〔六〕「演」，强本作「闡」，蒙本、嚴本從强本，黄本、周王本、周本從敦本。

〔七〕「此」，强本作「此亦」，蒙本、嚴本從强本，黄本、周王本、周本從敦本。

〔八〕「和」，强本同，蒙本、黄本、周王本、周本從敦本，嚴本作「知」。當作「和」。

亡精損氣歸無常，知和不死保〔一〕真常。含德既知和理，又〔二〕體常義，物無不可〔三〕，故曰明也〔四〕。

益生曰祥，心使氣曰强。

祥，善也。强，盛也。此明流俗〔五〕有爲之徒，不能同〔六〕赤子之握固、似含德之知和，逐欲喪其精，運力傷其氣，益生以滋味，補氣以藥〔七〕石，中心欲使氣盛而不衰、體善而不惡，其可得〔八〕乎？故曰皆知善之爲善〔九〕，斯不善已〔一〇〕。

〔一〕「保」，敦本作「深」，强本作「保」，諸輯本、黄本從强本。據强本改。

〔二〕「又」，强本同，蒙本、嚴本、黄本從敦本，周王本、周本作「人」。當作「又」，「既」「又」相對應。

〔三〕「不可」，强本作「不照」，蒙本、嚴本、黄本從强本，周王本、周本從敦本。「不可」「不照」均可通，但「不照」義更勝。

〔四〕「也」，强本無，蒙本、黄本、周王本、周本從敦本，嚴本從强本。

〔五〕「俗」，强本同，蒙本、黄本、周王本、周本從敦本，嚴本作「欲」。當作「俗」。

〔六〕「同」，敦本作「周」，强本作「同」，諸輯本、黄本從强本。據强本改。

〔七〕「藥」，强本同，蒙本訛作「樂」，嚴本、黄本、周王本、周本從敦本。

〔八〕「得」，强本無，諸輯本、黄本從敦本。

〔九〕「之爲善」，强本脱，諸輯本、黄本從敦本。

〔一〇〕「已」，强本作「已也」，蒙本、嚴本從强本，黄本、周王本、周本從敦本。

物壯則老，謂之〔一〕非道〔二〕，非道早已。

物極則反〔三〕，體盛則衰，此是〔四〕俗塵之恒累，豈會〔五〕虛寂之常道。老君痛〔六〕衆生未解知常、不能愛〔七〕氣，以有爲益生，益之更〔八〕損。既乖至理，戒以止哉也〔九〕。

〔一〕「謂之」，强本作「是謂」，蒙本、黄本、周王本、周本從敦本，嚴本從强本。

〔二〕「非道」，强本作「不道」，蒙本、黄本、周王本、周本從敦本，嚴本從强本。

〔三〕「反」，敦本作「及」，强本作「反」，諸輯本、黄本從强本。據强本改。

〔四〕「是」，敦本作「時」，强本作「是」，蒙本、嚴本、黄本從强本，周王本、周本從敦本。據强本改。

〔五〕「會」，敦本脱，强本有，蒙本、嚴本、黄本從强本，周王本、周本從敦本。據强本補。

〔六〕「痛」，敦本作「痡」，强本作「痛」，諸輯本、黄本從强本。「痡」爲「痛」的訛字，《中華字海》：「痡，『痛』的訛字。字見魏《鉅平縣元欽神銘》。」又《敦煌俗字典（第二版）》「痛」字頭下收録「痡」字。據强本改。

〔七〕「愛」，敦本作「⿱爫夂」，强本作「愛」，蒙本、嚴本從强本，黄本、周王本、周本從敦本。「⿱爫夂」當爲「爱」字之訛。據强本改。

〔八〕「更」，敦本脱，强本有，蒙本、嚴本、黄本從强本，周王本、周本從敦本。據强本補。

〔九〕「止哉也」，强本作「止之」，蒙本從强本，嚴本作「止也」，黄本、周王本、周本從敦本。

五十六章

知者不言，

得意忘言，悟理遺教〔一〕。

言者不知。

多言則喪道，執教則失真。

塞其兑，閉其門，

杜欲路，絶禍〔二〕源。

挫其鋭，解其紛〔三〕，

〔一〕「悟理遺教」，强本同，蒙本、黄本、周王本、周本從敦本，嚴本衍「言者不知」四字，蓋誤將下句經文羼入注文。

〔二〕「禍」，敦本作「禍」，强本作「禍」，諸輯本、黄本從强本。「禍」當爲「禍」字之訛。據强本改。

〔三〕「紛」，敦本作「忿」，强本作「紛」，蒙本、黄本、周王本、周本從敦本，嚴本從强本。據强本改。

折貪欲之鋒，釋〔一〕是非之争〔二〕。

和其光，同其塵，是謂玄同。

争得失則或可或不可〔三〕，競是非則一彼〔四〕一此。今和光則與智〔五〕無分，同塵亦共愚不别，通萬有而齊致，亦何法而不同也〔六〕。

故不可得親〔七〕，不可得疏；不可得利，不可得害；不可得貴，不可得賤。

故爲天下貴。

〔一〕「釋」，敦本作「釋」，强本作「釋」，諸輯本、黄本從强本。《説文·米部》：「釋，潰米也。」段玉裁《説文解字注》：「釋，潰米。……《大雅》作『釋』，『釋』之段借字也。」據强本改。按：《敦煌俗字典（第二版）》「釋」字頭下收録「釋」字。

〔二〕「争」，强本作「争也」，蒙本、嚴本從强本，黄本、周王本、周本從敦本。

〔三〕「或可或不可」，强本作「或可或否」，蒙本、嚴本從强本，黄本、周王本、周本從敦本。

〔四〕「彼」，敦本作「彼」，强本作「彼」，諸輯本、黄本從强本。「彼」同「彼」，《中華字海》：「彼，同『彼』」。字見魏《宫内太監劉阿素墓志》。《敦煌俗字典（第二版）》「彼」字頭下收録「彼」字。據强本改。

〔五〕「與智」，敦本作「無知」，强本作「與智」，周王本、周本從敦本，蒙本、嚴本、黄本從强本。據强本改。

〔六〕「也」，敦本作「人」，强本作「也」，蒙本、嚴本、黄本從强本，周王本、周本從敦本。據强本改。

〔七〕「親」，强本同，蒙本、黄本、周王本、周本從敦本，嚴本作「而親」。下經文「疏」「利」「害」「貴」「賤」五字同此。

夫〔一〕有遠近則親疏明矣，存得失則害利〔二〕生矣，定上下則貴賤成矣。今解紛〔三〕挫鋭，和光同塵，愛憎平等，親疏不能〔四〕入；毀譽齊一，利害不能干；榮辱同忘〔五〕，貴賤無由得。能行此者，可以爲天下貴也〔六〕。

〔一〕「夫」，敦本作「天」，强本作「夫」，蒙本、嚴本、黄本從强本，周王本、周本從敦本。據强本改。

〔二〕「害利」，强本作「利害」，蒙本、嚴本從强本，黄本、周王本、周本從敦本。

〔三〕「紛」，敦本作「忿」，强本作「紛」，蒙本、黄本、周王本、周本從敦本，嚴本從强本。據强本改。

〔四〕「不能」下，敦本重「不能」二字，强本不重，諸輯本、黄本從强本。據强本删。

〔五〕「忘」，强本同，蒙本、嚴本、周王本、周本從敦本，黄本作「志」。當作「忘」。

〔六〕「也」，强本無，蒙本、嚴本從强本，黄本、周王本、周本從敦本。

五十七章

以政理〔一〕國，

養百姓者，妙在於〔二〕平均；宣風化者，要歸於正直。此所謂諸侯牧宰，導〔三〕德齊禮，文之教〔四〕也。

以奇用兵，

奇，變詐也。臨難制變，兵不厭詐，三略六〔五〕奇，九攻〔六〕百勝，上將軍師，静難息寇，

〔一〕「政理」，强本作「政治」，蒙本作「正治」，嚴本從强本，黄本、周王本、周本從敦本。

〔二〕「於」，强本脱，蒙本、嚴本從强本，黄本、周王本、周本從敦本。

〔三〕「導」，强本作「道」，蒙本、嚴本從强本，黄本、周王本、周本從敦本。

〔四〕「教」字下，敦本衍「之」字，强本無，蒙本、嚴本、黄本從强本，周王本、周本從敦本。據强本删。

〔五〕「六」，敦本作「云」，强本作「太」，蒙本、嚴本從强本，黄本識「云」爲「云」，周王本、周本識「云」爲「六」。應作「六」，「三略」「六奇」相對應。

〔六〕「攻」，敦本作「政」，强本作「攻」，蒙本、嚴本、黄本從强本，周王本、周本從敦本。據强本改。

武之功〔一〕。

以無事取天下。

明君之攝化天下，論道宣風則賢相，守方討逆則名將，垂旒〔二〕坐朝於萬國，塞耳凝神於九重也〔三〕。

吾何以知天下之然〔四〕？以此。

何以得知無事可以取天下？即以此。下文云：我無爲人自化，我無事人自富也〔五〕。

天下多忌諱，而人〔六〕彌貧；

忌諱多端，政煩網〔七〕密。煩則人勞，密則人懼，從法妨業，焉得不貧也。

〔一〕「功」，强本作「功也」，蒙本、嚴本、黃本從强本，周王本、周本從敦本。

〔二〕「垂旒」，强本作「主位垂旒」，蒙本、嚴本、黃本從强本，周王本、周本從敦本。

〔三〕「也」，强本無，蒙本、黃本、周王本、周本從敦本，嚴本從强本。

〔四〕「知天下之然」，强本作「知其然」，蒙本、嚴本從强本，黃本、周王本、周本從敦本。

〔五〕「也」，强本無，蒙本、嚴本從强本，黃本、周王本、周本從敦本。

〔六〕「人」，强本作「民」，蒙本、黃本、周王本、周本從敦本，嚴本從强本。

〔七〕「網」，敦本作「納」，强本作「網」，蒙本、嚴本從强本，黃本誤識「網」作「綱」，周王本、周本從敦本。據文意，應作「網」。據强本改。

人多利器，國家滋昏；

機權不可多與人，兵器不可家皆有。家有兵器思爲賊，人多執〔一〕權恐至亂也。

人多知〔二〕巧，奇物滋起；

多奇巧，異物生。上玩物，下起欲也〔三〕。

法物〔四〕滋彰，盜賊多有。

珍好之物爲法物也。多貴金玉，盜賊斯起也。亦言法所以息盜盜更多，禮所以整亂而亂〔五〕作。

〔一〕「執」，敦本字形似「軌」，强本作「執」，諸輯本從强本，黄本作「機」。《敦煌俗字典（第二版）》「執」字頭下收録「軌」字。

〔二〕「知」，强本作「伎」，蒙本、黄本、周王本、周本從敦本，嚴本作「伎」。「伎」通「技」。「伎」同「侮」。强本「伎」當爲「伎」之訛。又《敦煌俗字典（第二版）》「伎」字頭下收録「伎」字。

〔三〕「也」，强本無，蒙本、嚴本從强本，黄本、周王本、周本從敦本。

〔四〕「法物」，强本、顧本作「法令」，諸輯本、黄本從敦本。

〔五〕「而亂」，强本同，顧本無，諸輯本、黄本從敦本。

故聖人云：我無爲，人〔一〕自化；我無事，人自富；我好静，人自正；我無欲，人自樸。

前忌諱下是四種有爲之病，是故聖人説四種無爲之藥，欲令除亂得化，去動之静，家安俗樂，無事無爲。付自然之運曰化，人皆知足〔二〕曰富，履道無偏曰正，遺華處實曰樸也〔三〕。

〔一〕「人」，强本作「民」，蒙本、黄本、周王本、周本從敦本，嚴本從强本。又，四「人」字上，强本均有「而」字，敦本無，蒙本、黄本、周王本、周本從敦本，嚴本從强本。

〔二〕「足」，强本同，蒙本、嚴本從敦本，黄本、周王本、周本作「之」。當作「足」。

〔三〕「也」，强本無，蒙本、黄本、周王本、周本從敦本，嚴本從强本。

五十八章

其政悶悶，其人〔一〕醇醇〔二〕；

其政寬，其人悅。上恬静，下淳一也〔三〕。

其政察察，其人缺缺。

其政急而煩，其人困而乏〔四〕。

禍〔五〕，福之〔六〕所倚；福〔七〕，禍之〔八〕所伏。

〔一〕「人」，强本作「民」，蒙本、黄本、周王本、周本從敦本，嚴本從强本。

〔二〕「醇醇」，强本作「淳淳」，蒙本、嚴本從强本，黄本、周王本、周本從敦本。

〔三〕「一也」，敦本作「也」，强本作「一」，黄本從敦本，蒙本、嚴本從强本，周王本、周本作「一也」。據周王本、周本改。

〔四〕「乏」，敦本作「之」，强本作「乏」，諸輯本、黄本從强本。《敦煌俗字典（第二版）》「乏」字頭下亦收録字形似「之」字的「乏」字。

〔五〕「禍」，强本同，蒙本、黄本、周王本、周本從敦本，嚴本作「禍兮」。

〔六〕「之」，强本同，蒙本、黄本、周王本、周本從敦本，嚴本無。

〔七〕「福」，强本同，蒙本、黄本、周王本、周本從敦本，嚴本作「福兮」。

〔八〕「之」，强本同，蒙本、黄本、周王本、周本從敦本，嚴本無。

倚，因〔一〕也。伏，匿也。言人在苦而思樂，改惡而從善，因〔二〕禍以〔三〕得福〔四〕。若〔五〕處樂而荒淫〔六〕，在貴而驕縱，則禍匿於福中矣。

孰知其極？

行善惡之因，得禍福〔七〕之果，輪迴苦樂之境，來去誰知窮極也〔八〕。

其無正。正復爲奇，善復爲訞〔九〕。

〔一〕「因」，敦本作「用」，强本作「因」，蒙本、嚴本從强本，黄本、周王本、周本從敦本。據强本改。

〔二〕「因」，强本同，嚴本、黄本、周王本、周本從敦本，蒙本作「則因」。

〔三〕「以」，强本作「而」，蒙本、嚴本從强本，黄本、周王本、周本從敦本。

〔四〕「得福」，强本同，嚴本、黄本、周王本、周本從敦本，蒙本作「得福矣」。

〔五〕「若」，强本作「則」，蒙本缺，嚴本從强本，黄本、周王本、周本從敦本。當作「若」。

〔六〕「淫」，敦本脱，强本有，蒙本、嚴本、黄本從强本，周王本、周本從敦本。據强本補。

〔七〕「禍福」，强本同，蒙本、黄本、周王本、周本從敦本，嚴本作「福禍」。

〔八〕「也」，强本無，蒙本、嚴本從强本，黄本、周王本、周本從敦本。

〔九〕「訞」，强本作「祅」，蒙本、嚴本、黄本從强本，周王本、周本從敦本。「訞」「祅」均有灾害義，《玉篇・言部》：「訞，災也。」《玉篇・示部》：「祅，於驕切。天反時爲災，地反物爲祅。《説文》作䄏。」又，「訞（䛘）」同「祅」，黎本《玉篇》：「䛘，於驕反，《字書》亦祅字也。」又，「祅」同「妖」，《説文・示部》：「䄏，地反物爲䄏也。」段玉裁《説文解字注》：「䄏省作祅，經傳通作妖。」《集韻・宵韻》：「䄏，《説文》：『地反物爲䄏。』或省。通作妖。」據此，「訞」「祅」「妖」可互通。注文「訞惡也」「故曰爲訞」之「訞」同此。

奇，異也。訞，惡也。善惡往還之業，此並是耶〔一〕；寂寞獨〔二〕立之真，始乃爲〔三〕正。言人多積塵垢之行，少有清虛之基，故云其無正。事耶〔四〕者衆，從正者寡〔五〕，設命〔六〕爲正，正不常正，俄然變異，故曰爲奇。並皆行惡，不肯修善，設令爲善，善不恒善，還即造惡〔七〕，故曰爲訞也〔八〕。

人〔九〕之迷，其日故〔一〇〕久。

迷禍福之源，惑邪〔一一〕正之路，此非旦夕，其日故久。

〔一〕「耶」，强本同，蒙本、黄本、周王本、周本作「邪」，嚴本從敦本。「耶」同「邪」，《玉篇·耳部》：「耶，俗邪字。」《字彙·耳部》：「耶，與邪同。」

〔二〕「獨」，敦本脱，强本有，蒙本、嚴本、黄本從强本，周王本、周本從敦本。據强本補。

〔三〕「爲」，敦本脱，强本有，蒙本、嚴本、黄本從强本，周王本、周本從敦本。據强本補。

〔四〕「耶」，强本作「邪」，諸輯本、黄本從强本。

〔五〕「寡」，敦本作「[illegible]」，强本作「寡」，諸輯本、黄本從强本。《敦煌俗字典（第二版）》「寡」字頭下收録「[illegible]」字。

〔六〕「命」，敦本作「[illegible]」，强本作「令」，蒙本、嚴本、黄本從强本，周王本、周本從敦本。「[illegible]」，字形更近「命」字，與下注文「設令爲善」之「令」字形有别。今從敦本將「[illegible]」識爲「命」字。

〔七〕「惡」，敦本脱，强本有，諸輯本、黄本從强本。據强本補。

〔八〕「也」，强本無，蒙本、嚴本從强本，黄本、周王本、周本從敦本。

〔九〕「人」，强本作「民」，蒙本、黄本、周王本、周本從敦本，嚴本從强本。

〔一〇〕「故」，强本作「固」，蒙本、嚴本從强本，黄本、周王本、周本從敦本。「故」「固」通。注文「故久」之「故」同此。按：「其日故久」句，各種版本幾乎全作「其日固久」，然高明《帛書老子校注》云：「傅奕、焦竑作『人之迷也，其日故久矣』；嚴遵本與之全同，唯無『也』字，稍異。」

〔一一〕「惑邪」，敦本作「或耶」，强本作「惑邪」，諸輯本，黄本從强本。「或」「惑」通，「耶」「邪」通。據强本改。

是以聖人方而不割〔一〕，

方，正也。割，傷也。耶〔二〕行則物我俱傷，正道則彼此無割也〔三〕。

廉而不穢，

凡情貪而濁，聖道廉而清。

直而不肆，

大直若屈，不顯正以示人。

光而不耀。

明道若昧也。前標〔四〕得失之政，次指禍福之門，而没溺者既多，昏迷者已久〔五〕，訞〔六〕奇則

〔一〕「割」，敦本脱，强本有，諸輯本、黄本從强本。據强本補。

〔二〕「耶」，强本作「邪」，諸輯本、黄本從强本。「耶」同「邪」。

〔三〕「也」，强本無，蒙本、嚴本從强本，黄本、周王本、周本從敦本。

〔四〕「標」，敦本作「搮」，强本作「標」，諸輯本、黄本從强本。「搮」爲「摽」字之訛。「摽」通「標」，朱駿聲《説文通訓定聲·小部》：「摽，又叚借爲標。」據强本改。

〔五〕「久」，敦本脱，强本有，諸輯本、黄本從强本。據强本補。

〔六〕「訞」，强本作「祅」，蒙本、嚴本、黄本從强本，周王本、周本從敦本。

繫累〔一〕之境，倚伏非〔二〕懸解之場。是以廉而不穢，始體清虛之道；光而不耀，方識惠〔三〕源之路。冥〔四〕得失，何禍何福乎？混是非，孰耶〔五〕孰正于〔六〕？泛兮〔七〕無繫〔八〕無不繫，蕭〔九〕然無可無不可也〔一〇〕。

〔一〕「繫累」，敦本「繫果」，强本作「繫累」，諸輯本、黄本從强本。據强本改。
〔二〕「非」，敦本作「悲」，强本作「非」，蒙本、嚴本從强本，黄本、周王本、周本從敦本。據强本改。
〔三〕「惠」，强本作「慧」，蒙本、嚴本從强本，黄本、周王本、周本從敦本。
〔四〕「冥」，敦本作「⿱宀尒」，强本作「冥」，諸輯本從强本，黄本作「寡」。「⿱宀尒」或爲「⿱宀京」字，「⿱宀京」同「寡」；或爲「寘」字，「寘」同「置」。據强本改。按：《敦煌俗字典（第二版）》「冥」字頭下收録「寘」字。
〔五〕「耶」，强本作「邪」，諸輯本、黄本從强本。「耶」同「邪」。
〔六〕「于」，强本作「乎」，諸輯本、黄本從强本。「于」用於句尾，可作表示疑問的語氣詞，相當於「乎」，朱駿聲《説文通訓定聲·豫部》：「于，叚借爲乎。」《吕氏春秋·審應覽·審應》：「然則先生聖于？」高誘《吕氏春秋注》：「于，乎也。」
〔七〕「兮」，强本同，諸輯本從敦本，黄本作「令」。
〔八〕「繫」，敦本作「繋」，强本作「繫」，諸輯本、黄本從强本。下注文「無不繫」之「繫」同此。按：《敦煌俗字典（第二版）》「繫」字頭下收録「繋」字。據强本改。
〔九〕「蕭」，强本作「肅」，蒙本、黄本、周王本、周本從敦本，嚴本從强本。當作「蕭」。
〔一〇〕「也」，强本無，蒙本、嚴本從强本，黄本、周王本、周本從敦本。

五十九章

治人事〔一〕天，莫若式〔二〕。

下理於人，上事於天，莫過以道用爲法式。

夫唯式，是以〔三〕早伏〔四〕。

以道爲式，物先以歸。

早伏謂之重積德。

〔一〕「人事」，敦本作「人及」，强本作「民事」，黄本、周王本、周本從敦本。蒙本作「人事」，嚴本從强本，據蒙本改。

〔二〕「式」，强本作「啬」，諸輯本、黄本從敦本。據注文，應作「式」。下經文「夫唯式」之「式」同此。

〔三〕「是以」，强本作「是謂」，蒙本、黄本、周王本、周本從敦本，嚴本從强本。

〔四〕「伏」，强本作「服」，諸輯本、黄本從敦本。下經文「早伏謂之重積德」之「伏」同此。

道輕德薄人不依〔一〕，重積深厚物自伏也〔二〕。

重積德則無不克，

德重仁深無不勝。克，勝也〔三〕。

無不克，莫〔四〕知其極。

四夷〔五〕賓伏，國界〔六〕無邊。與道玄同，有何窮極。

莫知其極，可以有國。

境土無邊，道〔七〕德無際，始可以有於家國。

有國之母，可以長久。

〔一〕「依」，强本作「歸依」，蒙本、嚴本從强本，黄本、周王本、周本從敦本。

〔二〕「伏也」，强本作「賓伏」，蒙本、嚴本從强本，黄本、周王本、周本從敦本。

〔三〕「無不勝克勝也」，强本作「無不克勝也」，蒙本、嚴本、黄本從强本，周王本、周本從敦本。

〔四〕「莫」，强本作「則莫」。蒙本、黄本、周王本、周本從敦本，嚴本從强本。

〔五〕「夷」，敦本作「[illegible]」，强本作「夷」，諸輯本、黄本從强本。疑「[illegible]」當爲「夷」字之訛。據强本改。

〔六〕「界」，敦本脱，强本有，蒙本、嚴本、黄本從强本，周王本、周本從敦本。據强本補。

〔七〕「道」，敦本脱，强本有，蒙本、嚴本、黄本從强本，周王本、周本從敦本。據强本補。

有道則國安，無道則國危。國由道生，道爲國母。以道爲母，所以久長〔二〕。

是以〔三〕深根固蒂、長生久視之道。

夫根枯則拔，蒂朽則落。今理國以道，爲根則根深；修身以德，爲蒂則蒂固。蒂固則長生，根深則久視，天人之式，家國之要也。

〔二〕「久長」，强本作「長久」，蒙本、嚴本從强本，黄本、周王本、周本從敦本。

〔三〕「是以」，强本作「是謂」，蒙本、黄本、周王本、周本從敦本，嚴本從强本。

六十章

治大國若烹〔一〕小鮮。

鮮，魚也。烹鮮不撓，撓則魚爛。故曰〔二〕：理〔三〕國煩則下亂，修身煩則精散也〔四〕。

以道莅天下〔五〕，其鬼不神。

〔一〕「烹」，敦本作「烹」，强本作「烹」，諸輯本、黄本從强本。《敦煌俗字典（第二版）》「烹」字頭下收録「烹」字。據强本改。

〔二〕「鮮魚也烹鮮不撓撓則魚爛故曰」十三字，强本脱，諸輯本、黄本從敦本。

〔三〕「理」，强本作「治」，蒙本、嚴本從强本，黄本、周王本、周本從敦本。

〔四〕「也」，强本無，蒙本、嚴本從强本，黄本、周王本、周本從敦本。又，「治國煩則下亂修身煩則精散」十二字，强本纂於經文「以道莅天下其鬼不神」下，敦本在經文「治大國若烹小鮮」下，諸輯本、黄本從敦本。敦本爲是。

〔五〕「天下」，强本同，蒙本、黄本、周王本、周本從敦本，嚴本作「天下者」。

君上用道臨下，鬼不見其精靈以害人也。〔一〕

非其鬼不神，其神不傷人〔二〕。

非其鬼無精靈而不害人，由上用於正道，所以耶〔三〕不爲害。

非其神不傷人，聖人亦不傷人〔四〕。

〔一〕「君上用道臨下鬼不見其精靈以害人也」，强本作「以用也莅臨也人神處幽爲鬼神者靈效之謂夫人有求則神應今若上德之化人自安任豈唯上忘帝力亦不傍請鬼神故處幽之鬼無以效其明靈也」，蒙本、黄本、周王本、周本從敦本，嚴本從强本但脱「故」字。敦本爲是。按：强本所纂上引注文實爲《唐玄宗御製道德真經疏》卷八《治大國章第六十》經文「以道莅天下其鬼不神」之疏文（《唐玄宗御製道德真經疏》疏文參見《道藏》第一一册，第七九六頁上）。黄本「注釋」云：「此句共十六字，强疏無，而另引作：『以，用也。莅，臨也。人神處幽爲鬼神者，靈效之謂。夫人有求則神應，今若上德之化，人自安任，豈唯上忘帝力，亦不傍請鬼神，故處幽之鬼，無以效其明靈也。』强疏所引，從文義來看，不似李榮所作。考之《正統道藏》，洞神部玉訣類所收《唐玄宗御製道德真經疏》卷八有此一段注文，除『安任』作『安全』外，其餘文字全同。故知强疏所引此段李榮注，實爲唐玄宗御疏，强氏引誤。」（黄海德：《倫敦不列顛博物院敦煌S.二〇六〇寫卷研究》，《四川師範大學學報（社會科學版）》一九九二年第三期，第八〇頁）實則，除「安任」作「安全」外，强本所纂此段注文與《唐玄宗御製道德真經疏》疏文尚有兩處不同：前者作「神應」，後者作「神爲應」；前者作「傍請」，後者作「旁請」。

〔二〕「人」，强本作「民」，蒙本、黄本、周王本、周本從敦本，嚴本從强本。下經文「非其神不傷人」之「人」同此。

〔三〕「耶」，强本作「邪」，諸輯本、黄本從强本。「耶」同「邪」。

〔四〕「人」，强本作「民」，諸輯本、黄本從敦本。

非其神鬼〔一〕不能害人，但聖人在上，德被幽明，鬼神無害，由聖不傷也，又〔二〕能利物，亦自不傷。

夫兩不相傷，故德交歸〔三〕。

鬼神、聖人，兩者也；俱能利物，不相傷也。聖人慈善，鬼神〔四〕正直〔五〕，慈善處顯而光潤，正直在幽以潛資，俱以德澤交歸衆人〔六〕。

〔一〕「神鬼」，强本作「鬼神」，蒙本、嚴本、黄本從强本，周王本、周本從敦本。

〔二〕「又」，强本同，蒙本、嚴本從敦本，黄本、周王本、周本作「人」。當作「又」。

〔三〕「交歸」，强本作「交歸焉」，蒙本、黄本、周王本、周本從敦本，嚴本從强本。

〔四〕「鬼神」，敦本作「鬼」，强本作「鬼神」，蒙本、嚴本、黄本從强本，周王本、周本從敦本。據强本改。

〔五〕「正直」，敦本作「正真」，强本作「正直」，諸輯本、黄本從强本。據文意及下注文「正直在幽以潛資」，應作「正直」。據强本改。

〔六〕「人」字下，强本有「也」字，蒙本、嚴本從强本，黄本、周王本、周本從敦本。

六十一章

大國者下流，天下之交。

交，會也。海在乎衆流之下，百川於是交歸。理國者自視缺〔一〕然，萬國所以同會〔二〕。

天下之交，牝〔三〕常以靜勝牡〔四〕。

牝，雌而靜；牡，雄而動。夫靜可以制〔五〕動，陰可以屈陽，故知謙撝伏跨〔六〕企，柔弱勝剛

〔一〕「缺」，强本作「鈌」，諸輯本、黄本從敦本。「鈌」爲「缺」的訛字。

〔二〕「同會」下，强本有「也」字，蒙本、嚴本從强本，黄本、周王本、周本從敦本。

〔三〕「牝」字下，强本重「牝」字，蒙本、黄本、周王本、周本從敦本，嚴本從强本。應不重。

〔四〕「牡」，敦本似「牝」，强本作「牡」，諸輯本、黄本從强本。據强本改。注文「牡雄而動」之「牡」同此。又，「牝常以靜勝牡」句下，强本有經文「以靜爲下」，蒙本、黄本、周王本、周本從敦本，嚴本從强本。嚴本按語曰：「殘卷經文無此四字各本均無注。」（參見嚴本卷下第三五頁）强本雖有經文「以靜爲下」，但其下未纂李榮注文，而敦本則無此經文，故難確定李榮《道德經注》是否確有此經文。

〔五〕「制」，敦本作「[illegible]」，强本作「制」，諸輯本、黄本從强本。「[illegible]」當爲「制」的訛字。據强本改。

〔六〕「跨」，敦本作「[illegible]」，强本作「跨」，諸輯本、黄本從强本。「[illegible]」當爲「誇」的訛字。據强本改。

强也。

故大國以下小國，則取小國；小國〔一〕以下〔二〕大國，則聚〔三〕大國。

以謙爲德，則〔四〕可以容入〔五〕；未能卑退，不可取聚。

故或下而〔六〕取，或下而聚。

結二國也。

夫〔七〕大國不過欲兼畜人，小國不過欲〔八〕入事人。

〔一〕「國」，敦本脱，强本有，蒙本、嚴本、黄本從强本，周王本、周本從敦本。據强本補。

〔二〕「下」，强本同，蒙本、黄本、周王本、周本從敦本，嚴本脱。

〔三〕「聚」，强本作「取」，蒙本、黄本、周王本、周本從敦本，嚴本從强本。「聚」「取」通。

〔四〕「則」，强本無，蒙本、嚴本從强本，周王本、周本從敦本。

〔五〕「容入」，强本作「容人」，諸輯本從强本。「容入」「取聚」相對應，又下經文「大國不過欲兼畜人，小國不過欲入事人」，故當作「容入」。

〔六〕「而」，强本作「以」，蒙本、周王本、周本從敦本，嚴本從强本。

〔七〕「夫」，强本無，蒙本、周王本、周本從敦本，嚴本從强本。下經文「夫兩者」之「夫」同此。

〔八〕「欲」，敦本脱，强本有，蒙本、嚴本從强本，周王本、周本從敦本。據强本補。

國之大也，必欲遠扇於皇風； 境之小焉，不過遐欽於道化也〔一〕。

夫兩者各得其所欲，故大者宜爲下。

扇皇風者，遠覃於聲教； 欽道化者，來服於禮儀，俱稱所懷，各得所欲，衣冠是一，文軌大〔二〕同，仍恐大〔三〕者蔑〔四〕小、貴者陵〔五〕賤，重誡〔六〕大者以爲下也〔七〕。

〔一〕「也」，强本無，蒙本、嚴本從强本，周王本、周本從敦本。

〔二〕「大」，敦本訛作「丈」，强本作「大」，諸輯本從强本。據强本改。

〔三〕「大」，敦本重「大」字，强本不重，諸輯本從强本。據强本删。

〔四〕「蔑」，敦本作「[illegible]」，强本作「蔑」，蒙本、嚴本、周王本、周本作「蔑」。疑「[illegible]」爲「篾」之訛字、「蔑」爲「蔑」的訛字。據蒙本等改。

〔五〕「陵」，强本作「凌」，蒙本、嚴本從强本，周王本、周本從敦本。「陵」「凌」通。

〔六〕「誡」，强本同，蒙本、嚴本、周本從敦本，周王本作「誠」。當作「誡」。

〔七〕「也」，强本無，蒙本、周王本、周本從敦本，嚴本從强本。

六十二章

道者，萬物之奥，善人之寶，不善人所不寶〔一〕。

寶，重也。道本無形，理唯虚寂，無形苞〔二〕之於有象，虚寂納之於動殖〔三〕，故言萬物之奥也。叔〔四〕人君子，體正可以重真；不肖下愚，從耶〔五〕於焉輕道，故有寶不寶〔六〕也。

美言可以市，尊行可〔七〕以加人。

〔一〕「善人之寶不善人所不寶」，敦本作「善人之所不寶」，强本作「善人之寶不善人之所保」，蒙本作「善人之寶不善人所不寶」，嚴本從强本，周王本、周本從敦本。蒙本當合敦本、强本而從之並改。據蒙本改。

〔二〕「苞」，强本作「包」，蒙本、嚴本從强本，周王本、周本從敦本。

〔三〕「動殖」，强本作「動植」，蒙本、嚴本從强本，周王本、周本從敦本。

〔四〕「叔」，敦本作「⿰丬朩」，强本作「淑」，諸輯本從强本。「⿰丬朩」即「⿰丬朩」，「⿰丬朩」同「叔」，《玉篇·又部》：「叔，俗作⿰丬朩。」又，「叔」同「淑」。

〔五〕「耶」，强本作「邪」，諸輯本從强本。「耶」「邪」通。

〔六〕「不寶」，敦本脱，强本有，諸輯本從强本。據强本補。

〔七〕「可」，强本同，蒙本、周王本、周本從敦本，嚴本脱。

體道忘言，信言不美。飾非之辯〔一〕，未可契真；喪實之言，豈足稱道？華辭惑〔二〕衆，飾僞以爲真；浮說亂人，以惡而爲〔三〕善，適〔四〕可用之於市肆，焉能建〔五〕德而懷道也〔六〕。達〔七〕至德〔八〕者，忘之於彼我〔九〕；悟自然者，混之於和同。豈可尊己而卑人，是我而非彼，自加於物上也？

人之不善，奚〔一〇〕棄之有？

〔一〕「辯」，敦本作「辡」，强本作「辯」，諸輯本從强本。「辡」當爲「辯」的行書。

〔二〕「惑」，敦本作「感」，强本作「惑」，諸輯本從强本。據强本改。

〔三〕「爲」，强本有「爲」字，敦本脱，蒙本、嚴本從强本，周王本、周本從敦本。據强本補。

〔四〕「適」，敦本作「適爲」，强本作「適」，蒙本、嚴本從强本，周王本、周本從敦本。據强本改。

〔五〕「建」，敦本作「逮」，强本作「立」，蒙本從敦本，嚴本從强本，周王本、周本作「達」。「逮」同「建」，《中華字海》：「逮，音箭，同『建』見《敦煌俗字譜》。」據文意，應作「建」或「立」。今從敦本將「逮」改爲「建」。

〔六〕「也」，强本無，蒙本、嚴本從强本，周王本、周本從敦本。

〔七〕「達」，敦本作「達」，强本作「達」，諸輯本從强本。「達」爲「達」的訛字。又，《敦煌俗字典（第二版）》「達」字頭下收録「達」字。據强本改。

〔八〕「德」，强本作「道」，蒙本、嚴本從强本，周王本、周本從敦本。

〔九〕「彼我」，强本作「彼此」，蒙本、嚴本從强本，周王本、周本從敦本。

〔一〇〕「奚」，强本作「何」，蒙本、周王本、周本從敦本，嚴本從强本。

聖教所設〔一〕，本以開曉於無知；妙道遐通，亦乃匠成於未悟。欲使善不善而皆善，知不知而共知，常善救人〔二〕，寧容有棄也〔三〕。

故立天子，置三公，

上古至淳，賢愚平等，身不失道，行合自然，人皆寶道也。逮乎三五已〔四〕降，物漸澆漓〔五〕。無君不可導〔六〕人，有主方能化物，故上樹垂拱之君〔七〕，下設論道之官，示之以好惡，誡之以禮律〔八〕，化彼不善，陶此淳風〔九〕。

〔一〕「所設」，敦本作「所詨」，强本作「所設」，蒙本作「無設」，嚴本、周王本、周本從强本。「詨」字形爲「詨」，「詨」同「謡」，《龍龕手鑑·言部》：「詨，俗；謡，正。」《字彙·言部》：「詨，同謡。」「詨」當爲「設」字之訛，「設」同「設」。據强本改。

〔二〕「人」，敦本脱，强本有，諸輯本從强本。據强本補。

〔三〕「棄也」，敦本脱，强本有，蒙本、嚴本從强本，周王本、周本從强本但脱「也」字。據强本補。

〔四〕「已」，强本同，蒙本作「以」，嚴本、周王本、周本從敦本。「已」通「以」。

〔五〕「澆漓」，敦本作「浇離」，强本作「澆漓」，諸輯本從强本。當爲「浇」行書，「浇」同「澆」。據强本改。

〔六〕「導」，敦本作「尊」，强本作「導」，諸輯本從强本。據强本改。

〔七〕「君」，强本作「后」，蒙本、嚴本從强本，周王本、周本從敦本。

〔八〕「律」，敦本脱，强本有，蒙本、嚴本從强本，周王本、周本從敦本。據强本補。

〔九〕「風」，强本作「風也」，蒙本、嚴本從强本，周王本、周本從敦本。

雖有拱璧以先駟馬，不如坐進此道。

古之徵士，先進〔一〕以璧，次進以馬，故言以〔二〕先駟馬也。夫倒置之徒，必須發〔三〕之以蒙薞〔四〕；抱愚之者，亦宜耀之於智炬〔五〕。作君上之心腹，爲元首之股肱〔六〕，義在匡救其惡，易〔七〕宣風教。然而尚名者不安其分，妄規非次之榮；好寵者不以其道，唯希高貴之爵。驕奢自貽伊戚，遂至〔八〕危亡之禍。未若增修至道，寵辱不驚也〔九〕。

〔一〕「進」，敦本作「退」，强本作「進」，諸輯本從强本。據强本改。

〔二〕「以」，强本同，蒙本脱，嚴本、周王本、周本從敦本。

〔三〕「發」，敦本作「撥」，强本作「發」，諸輯本從强本。據强本改。

〔四〕「薞」，强本作「蔽」，諸輯本從强本。

〔五〕「智炬」，敦本作「智矩」，强本作「智炬」，蒙本、嚴本從强本，周王本、周本從敦本。據文意，應作「智炬」。「智炬」爲佛教用語，意指能破除迷暗的智慧，《悲華經·檀波羅蜜品》：「有智炬三昧，入是三昧，於諸法中能作照明。」（〔北涼〕曇無讖譯：《悲華經卷第八·檀波羅蜜品第五之二》，《大正藏》第三册，第二二一頁下。）據强本改。

〔六〕「肱」，敦本作「胘」，强本作「肱」，諸輯本從强本。「胘」當爲「肱」字之訛。據强本改。

〔七〕「易」，强本作「助」，蒙本從强本，嚴本、周王本、周本從敦本。

〔八〕「至」，强本同，蒙本、嚴本從敦本，周王本、周本作「並」。

〔九〕「也」，强本無，蒙本、嚴本從强本，周王本、周本從敦本。

古之所以貴此道者〔一〕何？不日求以得，有罪以勉〔二〕，故爲天下貴。

自昔至今，重於此道者何謂也？求之非一日而得，行之勉百年之禍，保於福禄，絕於危亡，今古同尊，天人並〔三〕貴也。

〔一〕「者」，强本同，蒙本、周王本、周本從敦本，嚴本脱。

〔二〕「勉」，强本作「免」，諸輯本從强本。「勉」通「免」。注文「勉百年之禍」之「勉」同此。又，「有罪以勉」下，强本有「耶」字，敦本無，蒙本、周王本、周本從敦本，嚴本從强本。

〔三〕「並」，强本作「普」，蒙本、嚴本從强本，周王本、周本從敦本。

六十三章

爲無爲，事無事，味無味。

息躁〔一〕動，凝神於安静；絶繁務，虚己於自然；除嗜欲，躭〔二〕之於玄妙〔三〕。

大小多少，報怨以德。

怨之生〔四〕，或大或小；仇〔五〕之起也，乍〔六〕少乍多。涉有事之境，即拘斯累，怨怨相報，無有盡期。若能歸無爲之大道，保自然之無累，遺茲混濁，味此清虚，咎過不生，怨讎不起，此報怨以〔七〕德也。

〔一〕「躁」，敦本作「噪」，强本作「躁」，諸輯本從强本。據强本改。

〔二〕「躭」，敦本作「航」，强本作「躭」，蒙本作「耽」，嚴本、周王本、周本從敦本。「航」「躭」「耽」同。

〔三〕「玄妙」，强本作「玄妙也」，蒙本、嚴本從强本，周王本、周本從敦本。

〔四〕「生」，强本作「生也」，蒙本、嚴本從强本，周王本、周本從敦本。

〔五〕「仇」，敦本作「仇」，强本作「仇」，諸輯本從强本。《敦煌俗字典（第二版）》「仇」字頭下收録「仇」字。據强本改。

〔六〕「乍」字下，敦本衍「也」字，强本無，諸輯本從强本。據强本删。

〔七〕「以」，敦本脱，强本有，蒙本、嚴本從强本，周王本、周本從敦本。據强本補。

圖〔一〕難於易，爲大於細。天下難事必作於易，大事必作於小〔二〕。

作，起也。事之起也，必自易成難；物之生也，亦因〔三〕小至大。所謀欲除難罪，必息於易；所慮欲除大惡〔四〕，先折於小。根本若除，枝葉自喪也。

夫輕諾必寡信，多易必多難。

定辭必信，輕諾必虛。難於所爲罪業，生死皆易；易〔五〕爲非〔六〕法之事，終始皆難〔七〕。

是以聖人猶難之，故終無難。

〔一〕「圖」，敦本作「啚」，强本作「圖」，蒙本、嚴本從强本，周王本、周本作「啚」。《敦煌俗字典（第二版）》「圖」字頭下收録「啚」字。

〔二〕「小」，强本作「細」，蒙本、周王本、周本從敦本，嚴本從强本。注文「因小」「於小」之「小」同此。

〔三〕「因」，敦本作「囙」，强本作「因」，諸輯本從强本。「囙」當爲「因」字書寫之誤。據强本改。

〔四〕「惡」，强本同，蒙本作「患」，嚴本、周王本、周本從敦本。蒙本改「惡」爲「患」，未知何據。

〔五〕「易」，敦本脱，强本有，蒙本、嚴本從强本，周王本、周本從敦本。據强本補。

〔六〕「非」，敦本脱，强本有，諸輯本從强本。據强本補。

〔七〕「難」，强本作「難也」，蒙本、嚴本從强本，周王本、周本從敦本。

輕爲惡事，動入罪田〔一〕。聖人叡哲〔二〕聰明，猶尚難於有爲之事，故得終〔三〕始無難。况盲瞑〔四〕之徒，不能重慎，欲免〔五〕禍難，其可得乎也〔六〕？

〔一〕「罪田」，强本作「罪因」，諸輯本從强本。《伽耶山頂經》：「閉塞邪道，開於正路；離諸罪田，示於福田。」（〔元魏〕菩提流支譯：《伽耶山頂經》，《大正藏》第一四册，第四八四頁上）僧亮疏解《大涅槃經》「『何等爲二。』『一者受已』至『令汝具足檀波羅蜜』」段經文時，亦多以「福田」「罪田」對舉（參見〔梁〕寶亮等集：《大涅槃經集解》卷第四《純陀品第二》，《大正藏》第三七册，第三九一頁下—三九二頁上）據文意，「罪田」「罪因」雖均可通，但「罪田」義更勝。

〔二〕「叡哲」，敦本作「[illegible]哲」，强本無，蒙本、周王本、周本作「叡哲」，嚴本從强本。「[illegible]」當爲「[illegible]」，「叡」之異體字。

〔三〕「終」，敦本作「終」，强本作「終」，諸輯本從强本。疑「終」爲「⿰歹冬」字書寫之誤，「⿰歹冬」同「終」，據强本改。

〔四〕「瞑」，敦本、强本作「瞑」，蒙本、嚴本、周王本、周本作「瞑」。「瞑」「瞑」通。

〔五〕「免」，敦本作「免」，强本作「免」，諸輯本從强本。《敦煌俗字典（第二版）》「免」字頭下收録「免」字。

〔六〕「也」，强本無，蒙本、嚴本從强本，周王本、周本從敦本。

六十四章

其安易持，其未兆易謀，

安，静也。未兆，機不動也。患難防，惡難止。思除其惡，制之於未動；慮息其患，持之於安静。惡兆無由得起，不謀自然無患，此謂上士防患〔一〕。

其脆易破，其微易散〔二〕。

罪小易滅，惡長難除。不能防之〔三〕於未動，必須制之於微脆，此中〔四〕士除患也。

爲之於未有，

所謂其安易持也。

〔一〕「防患」，强本作「防患也」，蒙本、嚴本從强本，周王本、周本從敦本。
〔二〕「散」字下，强本有「經」字，作「其微易散經」，諸輯本從敦本。
〔三〕「防之」，强本作「防」，蒙本作「妨之」，嚴本、周王本、周本從敦本。
〔四〕「中」，敦本脱，强本有，諸輯本從强本。據强本補。

治之於未〔一〕亂。

所謂微脆易破〔二〕。

合抱之木，生於豪〔三〕末； 九重〔四〕之臺，起於累土； 千里之行，始於足下。爲者敗之，執者失之。

合抱之木，自小而成大； 九重之臺，因下以至高； 千里之行，從近以及遠。若制之以静，豪末之罪不生； 止之於微〔五〕，一簣〔六〕之基易破； 安然不動，千里〔七〕之行無至。若不能爲之於未有、治之於未亂，爲有爲而不已，必至〔八〕敗之〔九〕； 執惡行以爲是，終歸喪失。此謂

〔一〕「未」，敦本脱，强本有，諸輯本從强本。據强本補。

〔二〕「破」字下，强本有「也」字，蒙本、嚴本從强本，周王本、周本從敦本。

〔三〕「豪」，强本作「毫」，諸輯本從强本。「豪」通「毫」。注文「豪末之罪」之「豪」同此。

〔四〕「重」，强本作「層」，蒙本、周王本、周本從敦本，嚴本從强本。

〔五〕「微」，敦本脱，强本有，諸輯本從强本。據强本補。

〔六〕「簣」，敦本作「籄」，强本作「簣」，諸輯本從强本。「籄」同「簣」。

〔七〕「里」，强本同，蒙本、嚴本從敦本，周王本、周本脱。

〔八〕「至」，强本同，蒙本作「致」，嚴本、周王本、周本從敦本。

〔九〕「之」，敦本作「亡」，强本作「之」，蒙本、嚴本從强本，周王本、周本作「亡」。「亡」與注末「以致敗亡」之「亡」字形有別，當作「之」。

下士[一]闇於成事，以至敗亡[二]。

是以聖人無爲故無敗，無執故無失。

凡庸[三]闇之於即事，故有敗失之非；　聖人玄鑒於機前，無復有爲之患[四]。

人[五]之從事，常於幾成而敗之。愼終如始，則無敗事。

幾，近也。凡人爲惡，不能早除，惡事近成，自然已破。若能同聖，去危求安，始不爲非，終不獲罪，無得無失，何敗何成[六]？

是以聖人欲不欲，不貴難得之貨；　學不學，備衆人之所過。

凡情逐欲，賤道貴財；　聖人不貪，沉珠擲玉[七]。若也修不爲己，學乃爲人，貪利則過生，

〔一〕「士」，强本同，蒙本、嚴本、周本從敦本，周王本作「土」。

〔二〕「敗亡」，强本作「敗亡也」，蒙本、嚴本從强本，周王本、周本從敦本。

〔三〕「庸」，敦本作「⿱雨甫」，强本作「庸」，諸輯本從强本。「⿱雨甫」當作「庯」，「庸」的訛字。據强本改。

〔四〕「患」，强本作「患也」，蒙本、嚴本從强本，周王本、周本從敦本。

〔五〕「人」，强本作「民」，蒙本、周王本、周本從敦本，嚴本從强本。

〔六〕「何成」，强本作「何成也」，蒙本、嚴本從强本，周王本、周本從敦本。

〔七〕「沉珠擲玉」，强本作「重真輕寶」，蒙本、嚴本從强本，周王本、周本從敦本。

争名則咎〔二〕至。聖人無欲則遺利，絶學則忘名，不耀一己之能，防備衆人之過也。

以輔萬物之自然而不敢爲。

物之性也，本乎自然。欲者以染愛累真，學者以分別妨道，遂使真一之源不顯，至道之性難明，不入於無爲，但歸於敗失。聖人順〔三〕自然之本性，輔萬物以保真，不敢行於有爲，導之以歸虛静也。

〔二〕「咎」，敦本作「各」，强本作「咎」，諸輯本從强本。敦本「咎」字多寫作「各」。

〔三〕「順」，强本同，蒙本、嚴本從敦本，周王本、周本作「顯」。

六十五章

古之善爲道者，非以明人〔一〕，將以愚之。

欲教今俗，先引古人。古人用道修身理國，不將姦〔二〕智役心眩物，此非以明人也。含光藏耀，全真抱樸，分別智息，將以愚之也。

人之難治，以其多知〔三〕。

君上守質，臣下歸淳，未假威形〔四〕，自然順化。若也不行虛寂道德，唯用〔五〕奸巧智慧，智多亂甚，故難理也。

〔一〕「人」，强本作「民」，蒙本、周王本、周本從敦本，嚴本從强本。

〔二〕「姦」，敦本作「姧」，强本作「姦」，蒙本、周王本作「奸」，嚴本、周本從强本。

〔三〕「多知」，强本作「智多」，蒙本作「多智」，嚴本從强本，周王本、周本從敦本。景龍碑本作「多智」，蒙本當從景龍碑本。

〔四〕「形」，强本作「刑」，諸輯本從强本。「形」通「刑」，朱駿聲《説文通訓定聲·鼎部》：「形，叚借爲刑。」

〔五〕「用」，强本同，蒙本、嚴本從敦本，周王本、周本作「明」。

故以智治國，國之賊；不以智治國，國之德。

智慧奸巧，傷害人深，國之賊也。質樸無知〔一〕，任物自化，各事其業，俗樂家安，物我無傷〔二〕，君臣俱泰，國之德也。

知此兩者亦楷式。常知楷式，是謂玄德。玄德深遠，與物反，然後乃〔三〕至大順。

用智、不用智，兩者也。用之則〔四〕賊害，不用則無傷。能知百姓無傷，此知理國楷模法式也。能知法式，本固邦寧，德之妙也。德妙不測曰深，尋求不逮曰遠。人皆用智，此獨用愚，與〔五〕物反也。不逆物性，任之自然，斯大順也。亦言道本虛玄，俗便〔六〕滓穢，順俗求道，失之

〔一〕「知」，强本作「智」，蒙本、周王本、周本從敦本，嚴本從强本。

〔二〕「傷」，敦本脱，强本有，諸輯本從强本。據强本補。

〔三〕「乃」，敦本作「迺」，强本作「廼」，蒙本、周王本、周本作「廼」，嚴本從强本。「迺」同「遷」，《康熙字典·辵部》引《字彙補》：「迺，與遷同，見《馮少墟集》。」「迺」爲「廼」字之訛。又，《敦煌俗字典（第二版）》「乃」「廼」字頭下收録「迺」字。

〔四〕「則」，强本脱，蒙本、周王本、周本從敦本，嚴本從强本。

〔五〕「與」字上，敦本衍「學」字，强本無，蒙本、嚴本從强本，周王本、周本從敦本。據强本删。

〔六〕「便」，强本同，蒙本、嚴本從敦本，周王本、周本作「使」。當作「便」。

於真；反俗修德，入之於妙。入妙則無可無不可，歸真則無通無不通〔二〕。既其虚應無方，故能大順平等。

〔二〕「無不通」，敦本脱，强本有，諸輯本從强本。據强本補。

六十六章

江海所以能〔一〕爲百谷王者，以其善下之，故能爲百谷王。

此舉喻也。但海處卑下，故能〔二〕爲百谷之王。明聖人謙虚，方〔三〕爲萬國之主也。

是以聖人欲上民，以其言下之；欲先民，以其身後之。是以處上而人不重，處前而民不害。

謙居物下〔四〕有德，故推之以爲上；退身度人懷道，故尊之以在先。百姓樂戴，不以爲重，人皆忠孝，誰有害心也〔五〕。

〔一〕「能」，强本同，蒙本、周王本、周本從敦本，嚴本脱。

〔二〕「能」，强本無，蒙本、周王本、周本從敦本，嚴本從强本。

〔三〕「方」，敦本脱，强本有，蒙本、嚴本從强本，周王本、周本從敦本。據强本補。

〔四〕「下」，敦本作「不」，强本作「下」，諸輯本從强本。據强本改。

〔五〕「害心也」，强本作「害心」，蒙本從强本，周王本、周本從敦本，嚴本作「害人」。

是以天下樂推而不厭。以其無争，故天下莫能與之争。

無德者〔一〕，物所同厭；有道者，人皆樂推。行揖讓之風，順萬物之化，誰當與争〔二〕？

〔一〕「者」，敦本脱，强本有，蒙本、嚴本從强本，周王本、周本從敦本。據强本補。下注文「有道者」之「者」同此。

〔二〕「争」，强本作「争也」，蒙本、嚴本從强本，周王本、周本從敦本。

六十七章

天下皆以我大，不肖。夫唯大，故不肖。若肖，久〔一〕其細〔二〕。

老君道尊德貴，誠可以爲大也。然〔三〕晦迹同塵，隱顯不測，不似於智，不似於愚，故言不肖。不肖〔四〕，不似〔五〕。唯當大聖之人，故無所似〔六〕。若形有定質，智有常分，的有所似，道有所封〔七〕，此乃細碎〔八〕之小人，豈是虛通之大聖也。

我有三寶，寶〔九〕而持之：一曰慈，二曰儉，三曰不敢爲天下先。

〔一〕「久」，强本作「久矣」，蒙本、周王本、周本從敦本，嚴本從强本。

〔二〕「細」，强本作「細也夫」，蒙本、周王本、周本從敦本，嚴本從强本。

〔三〕「然」，强本作「然則」，蒙本、嚴本從强本，周王本、周本從敦本。據文意，可無。

〔四〕「不肖」，敦本脱，强本有，蒙本、嚴本從强本，周王本、周本從敦本。據强本補。

〔五〕「不似」，强本作「不似也」，蒙本、嚴本從强本，周王本、周本從敦本。

〔六〕「似」，强本作「似也」，蒙本、嚴本從强本，周王本、周本從敦本。

〔七〕「封」，强本作「得」，蒙本、嚴本從敦本，周王本、周本作「對」。當作「封」。

〔八〕「細碎」，敦本作「細碑」，强本作「細碎」，諸輯本從强本。據强本改。

〔九〕「寶」，强本作「保」，蒙本、周王本、周本從敦本，嚴本從强本。

俗存於利，貴之以七珍；道在於真，重之以三寶。三寶〔一〕之義，未是外求。若能仁惠〔二〕於萬物，好生而惡煞〔三〕，慈之義也〔四〕。薄賦輕徭，謹身節用，不奢不侈，儉之義也。忘己濟〔五〕物，退身度人，不敢爲天下先也。持行修身，用此三者，安國寧家，寶之大也〔六〕。

夫慈，故能勇；儉，故能〔七〕廣；不敢爲天下先，故能成器長。

慈心於物，物無害者〔八〕。物既無害，自無前敵〔九〕，以無敵故，故言勇也。用之奢侈，於事

〔一〕「三寶三寶」，敦本作「三三寶寶」，强本作「三寶三寶」，諸輯本從强本。據强本改。

〔二〕「仁惠」，强本作「仁慧」，蒙本、周王本、周本從敦本，嚴本從强本。

〔三〕「煞」，强本作「殺」，蒙本、嚴本從强本，周王本、周本從敦本。「煞」同「殺」，《廣韻・黠韻》：「煞」，同「殺」。按：敦本「殺」多寫作「煞」。

〔四〕「義也」，敦本作「義」，强本作「義也」，蒙本、嚴本從强本，周王本、周本從敦本。據强本改。下注文「不敢爲天下先也」之「也」同此。

〔五〕「濟」，敦本作「[illegible]」，强本作「濟」，蒙本、嚴本、周王本、周本從强本。「[illegible]」當爲「湒」的訛字，「湒」同「濟」。據强本改。

〔六〕「也」，敦本脱，强本有，蒙本、嚴本從强本，周王本、周本從敦本。據强本補。

〔七〕「能」，敦本脱，强本有，蒙本、嚴本從强本，周王本、周本從敦本。據强本補。

〔八〕「者」，强本同，蒙本、嚴本從敦本，周王本、周本作「身」。

〔九〕「敵」，敦本作「敵」，强本作「敵」，諸輯本從强本。「敵」爲「歒」的訛字。「歒」同「敵」。下注文「無敵」之「敵」同此。據强本改。按：敦本「敵」字多寫作「敵」，以下敦本經注中的「敵」字徑改爲「敵」，不再注明。

不足；行之儉約，處理有餘，周於遠大，故言廣〔一〕。尚之於謙退，守之於雌柔，其德能普，謙光日新〔二〕，爲物所尊，故能成器長也。

今〔三〕捨其慈且勇，捨其儉且廣，捨其後且先，死矣。

前明得三寶者，處慈而得勇，守儉而致廣，居後以至先。今明失三寶者，必竟不能行〔四〕慈，苟且唯〔五〕知好勇；節行不能履〔六〕儉，無度但當廣費；未解卑身處後，鋭意欲在物先。好勇而不仁則亡〔七〕，用〔八〕廣而不節則困，無德而居物先則危，故云死矣也〔九〕。

夫慈，以陣〔一〇〕則勝，以守則固。天將救之，以慈衛之。

〔一〕「廣」，强本作「廣也」，蒙本、嚴本從强本，周王本、周本從敦本。

〔二〕「謙光日新」，强本作「厥行有終」，蒙本、周王本、周本從敦本，嚴本從强本。

〔三〕「今」，强本脱，蒙本、周王本、周本從敦本，嚴本從强本。

〔四〕「行」，强本脱，蒙本、周王本、周本從敦本，嚴本從强本。

〔五〕「唯」，敦本作「後」，强本作「唯」，蒙本、嚴本從强本，周王本、周本從敦本。據强本改。

〔六〕「履」，强本同，蒙本作「覆」，嚴本、周王本、周本從敦本。當作「履」。

〔七〕「亡」，敦本脱，强本有，諸輯本從强本。據强本補。

〔八〕「用」，敦本脱，强本有，諸輯本從强本。據强本補。

〔九〕「也」，强本無，蒙本、嚴本從强本，周王本、周本從敦本。

〔一〇〕「陣」，强本作「戰」，蒙本、周王本、周本從敦本，嚴本從强本。

以慈爲用，不失其道，在於戰陣，必克前敵，故言〔一〕勝也。以之守國〔二〕，無復傾危，遂言固也。以慈爲心，玄天所以加護，故曰救之；至道於焉保〔三〕守，故曰衛之。内明是非交戰爲陣，解能破惑爲〔四〕勝，身不失道爲守，與道同久曰固。自然無害，天將救也；外物不傷，道之衛也。

〔一〕「言」，敦本脱，强本有，蒙本、嚴本從强本，周王本、周本從敦本。據强本補。

〔二〕「國」，敦本作「囯」，强本作「固」，蒙本作「國」，嚴本、周王本、周本從强本。「囯」似作「国」，「国」同「國」。

〔三〕「保」，敦本該字損壞，强本作「保」，諸輯本從强本。據强本補。

〔四〕「惑爲」，敦本作「或」，强本作「惑爲」，諸輯本從强本。據强本改。

六十八章

古之〔一〕善爲士者不武，

以慈來物，以德伏人，無鬥〔二〕以力，不好以勇，無爲而化，斯不武也。

善戰〔三〕不怒，

能息寇亂，善戰〔四〕。救物用慈，不怒。

善勝敵不争，

〔一〕「古之」，强本無，蒙本、周王本、周本從敦本，嚴本從强本。

〔二〕「鬥」，敦本作「闘」，强本作「鬪」，蒙本作「鬭」，嚴本從强本，周王本、周本作「鬥」。《敦煌俗字典（第二版）》「鬭」字頭下收録「闘」「閗」。

〔三〕「善戰」，强本作「善戰者」，蒙本、周王本、周本從敦本，嚴本從强本。下經文「善勝敵」「善用人」同此。

〔四〕「善戰」，强本作「善戰也」，蒙本、嚴本從强本，周王本、周本從敦本。下注文「不怒」同此。

道濟〔一〕天下，四海來王；德綏寓〔二〕內，五兵〔三〕不作。物則靡之而不刃，故言勝敵。無心自然自〔四〕受推，故言不争。

善用人爲〔五〕下。

使人不失方員〔六〕之器，任物各得文武之材，善用〔七〕。寬則得衆，謙則無咎，故言爲下也。

是謂不争之德，

此結上〔八〕不武、不怒，而能勝敵也。

是謂用人之力，

此結善用人爲下，人爲之盡力也。

〔一〕「濟」，敦本作「濬」，强本作「濟」，諸輯本從强本。據强本改。《敦煌俗字典（第二版）》「濟」字頭下收録「濬」。

〔二〕「寓」，强本同，蒙本作「宇」，嚴本、周王本、周本從敦本。「寓」同「宇」。

〔三〕「五兵」，敦本作「五丘」，强本作「五兵」，諸輯本從强本。據强本改。

〔四〕「自」，强本無，蒙本作「以」，嚴本從强本，周王本、周本從敦本。蒙本改「自」爲「以」，未知何據。

〔五〕「爲」，强本作「爲之」，蒙本、周王本、周本從敦本，嚴本從强本。

〔六〕「員」，强本作「圓」，蒙本、嚴本從强本，周王本、周本從敦本。

〔七〕「善用」，强本作「善用也」，蒙本、嚴本從强本，周王本、周本從敦本。

〔八〕「上」，强本同，蒙本作「上文」，嚴本、周王本、周本從敦本。蒙本當據文意增補「文」字。

是謂配天，古之極。

懷物以道，來遠用文，不戰而自勝，無争而獨尊，其德高大，匹〔一〕之上天；其化淳和，比之極古。內〔二〕明虛心實腹，坐忘合道，不假威權，無勞勇猛，故言善爲士者不武〔三〕。滑〔四〕是非之情，除愛憎〔五〕之見，善戰不怒。物無害我〔六〕，順而不逆，善勝敵不争。心王既靜，志在冲虛，耳目無擾，手足不勞，善用人爲下。合自然之理，故曰配天。契昔〔七〕之真際〔八〕，古之極也。

〔一〕「匹」，敦本作「迡」，強本作「比」，蒙本、嚴本從強本，周王本、周本作「近」。「迡」字形似「迡」，「迡」同「匹」，《中華字海》：「迡，同『匹』」。字見《唐該墓志》。

〔二〕「內」，強本脱，蒙本、周王本、周本從敦本，嚴本從強本。據文意，應有。

〔三〕「武」，強本作「武也」，蒙本、嚴本從強本，周王本、周本從敦本。下注文「善戰不怒」「善勝敵不争」「善用人爲下」下同此。

〔四〕「滑」，強本作「涽」，諸輯本從強本。

〔五〕「憎」，強本作「憎」，諸輯本從敦本。「憎」當爲「憎」的訛字。

〔六〕「我」，強本作「武」，諸輯本從敦本。

〔七〕「昔」，強本同，蒙本、嚴本從敦本，周王本、周本作「首」。當作「昔」。

〔八〕「際」，強本同，蒙本、嚴本從敦本，周王本、周本作「源」。當作「際」。

六十九章

用兵〔一〕有言：

引古兵法。

吾不敢爲主而爲客，

在國先舉爲主，在陣先動爲主。先舉〔二〕先動，嬌〔三〕盈必危，今欲保全，故云不〔四〕敢爲主。和而不唱，後而不先，故言而爲〔五〕客也。

不敢進寸而退尺。

〔一〕「用兵」上，强本上空缺二字，諸輯本從敦本。

〔二〕「先舉」，强本同，蒙本、周王本、周本從敦本，嚴本脱。

〔三〕「嬌」，强本作「憍」，諸輯本從强本。按：此處「嬌」「憍」同「驕」，段玉裁《説文解字注》：「驕俗本作嬌。……古無嬌字，凡云嬌即驕也。」《廣韻・宵韻》：「憍，本亦作驕。」《集韻・宵韻》：「憍，矜也。通作驕。」

〔四〕「不」，强本同，蒙本、嚴本、周本從敦本，周王本脱。

〔五〕「爲」，强本脱，諸輯本從敦本。

不以兵强外侵，故云不〔一〕進寸；而以積德内守，故云退尺也。

是謂行無行，

兵由彼起，我實不行，應物而行，無心而動，行無行也。

攘無臂，

怒而行兵，用兵所以攘臂，爲客退尺，不假臂以攘之，故言〔二〕攘無臂〔三〕。

執無兵，

傷彼無道，爲此執兵。兵〔四〕以息兵，形〔五〕期無形，未失慈義，慕〔六〕道自歸，無兵可執也〔七〕。

〔一〕「故云不」，敦本作「故不云」，强本作「故云不」，諸輯本從强本。據强本改。

〔二〕「言」，强本同，蒙本作「云」，嚴本、周王本、周本從敦本。未知蒙本據何改「言」爲「云」。

〔三〕「攘無臂」，强本作「攘無臂也」，蒙本、嚴本從强本，周王本、周本從敦本。

〔四〕「兵」，强本無，蒙本、嚴本從强本，周王本、周本從敦本。

〔五〕「形」，强本作「刑」，諸輯本從强本。「形」通「刑」，朱駿聲《説文通訓定聲·鼎部》：「形，叚借爲刑。」下注文「無形」之「形」同此。

〔六〕「慕」，敦本作「慕」，强本作「慕」，諸輯本從强本。《敦煌俗字典（第二版）》「慕」字頭下收録「慕」。

〔七〕「也」，强本無，蒙本、嚴本從强本，周王本、周本從敦本。

仍無敵〔一〕。

仍引彼敵，使歸無敵也。

禍莫大於侮敵，侮敵則〔二〕幾亡吾寶。

兵主〔三〕於煞，不可常行於有事；道貴幽静，是故制物以無爲，務在安人，不令有害。若退失無爲〔四〕之道，進無静寇之兵，輕侮前敵，國破人亡〔五〕，禍之大也。國實人富，主聖臣賢，是

〔一〕經文「仍無敵」及其注文，敦本脱，强本有，蒙本、嚴本從强本，周王本、周本從敦本。據强本補。又，强本「仍無敵」經注在「執無兵」經注前，蒙本「仍無敵」經注在「執無兵」經注後，嚴本從强本。據下經文「故抗兵相若則哀者勝」注文「内忘智慧執無兵也外絶情塵仍無敵也」，「仍無敵」經注應在「執無兵」經注後。景龍碑本「仍無敵」在「執無兵」前，遂州碑本「仍無敵」在「執無兵」後。蒙本當據上引下經文及其注文、遂州碑本而將「仍無敵」經注置於「執無兵」經注後。今據强本、上引下經文及其注文補該句經注，並據上引下經文及其注文及遂州碑本將「仍無敵」經注置「執無兵」經注後。

〔二〕「侮敵侮敵則」，敦本作「侮侮敵敵則」，强本作「輕敵輕敵」，蒙本、周王本、周本作「侮敵侮敵則」，嚴本從强本。遂州碑本作「侮敵侮敵則」，蒙本當從遂州碑本。據蒙本等及遂州碑本改。

〔三〕「兵主」，敦本脱，强本有，蒙本、嚴本從强本，周王本、周本從敦本。據强本補。

〔四〕「爲」，敦本脱，强本有，諸輯本從强本。據强本補。

〔五〕「亡」，敦本脱，强本有，諸輯本從强本。據强本補。

名得寶〔一〕；人亡粟盡，臣辱主危，近失〔二〕吾寶〔三〕。

故抗〔四〕兵相若〔五〕，則〔六〕哀者勝〔七〕。

兩邊舉衆，名曰抗〔八〕兵。多少均齊，故云相若。輕敵無備〔九〕、貪而好煞者劣也。静必依道，動皆〔一〇〕以律，不失於慈，慈能制物，哀者勝也。内明煩惱〔一一〕多端，非智不破，欲陳其法，故〔一二〕云

〔一〕「寶」，敦本作「實」，强本作「寶」，諸輯本從强本。據强本改。

〔二〕「近失」，强本作「失近」，蒙本作「失」，嚴本從强本，周王本、周本從敦本。

〔三〕「寶」，强本作「寶也」，蒙本、嚴本從强本，周王本、周本從敦本。

〔四〕「抗」，敦本作「抏」，强本作「抗」，諸輯本從强本。疑「抏」爲「抗」字書寫之誤，「抗」同「抗」，《中華字海》：「抗，同『抗』。見《敦煌俗字譜》。」據强本改。

〔五〕「若」，强本作「加」，蒙本、周王本、周本從敦本，嚴本從强本。當作「若」。

〔六〕「則」，强本無，蒙本、周王本、周本從敦本，嚴本從强本。

〔七〕「勝」，强本作「勝矣」，蒙本、周王本、周本從敦本，嚴本從强本。

〔八〕「抗」，參本頁注〔四〕。

〔九〕「備」，敦本作「備」，强本作「備」，諸輯本從强本。「備」，《正字通·人部》：「備，備本字。」

〔一〇〕「皆」，强本作「必」，蒙本、周王本、周本從敦本，嚴本從强本。

〔一一〕「惱」，敦本作「憁」，强本作「惱」，諸輯本從强本。「憁」，當即「憁」。「憁」同「惱」，《漢語大字典（第二版）》及《中華字海》：「憁，同『惱』。見《敦煌俗字譜》。」《敦煌俗字典（第二版）》「惱」字頭下亦收録「憁」「憁」。下注文「智慧煩惱」之「惱」同此。

〔一二〕「故」字下，敦本衍「法」字，强本無，諸輯本從强本。據强本删。

用兵有言。爲主必雄强，作客多雌弱，行人欲息動歸静，知雄守雌〔一〕，故云不敢爲主而爲客也。明道若昧，進道若退，學無所學，修無所修，不敢〔二〕進寸而退尺也。識因緣之皆假，達〔三〕理教之俱空，行無行也。非唯萬境虚寂，抑亦一身空浄，攘無臂也。内忘〔四〕智慧，執無兵也；外絶情塵〔五〕，仍無敵也。放情極欲〔六〕，失道喪身，亡〔七〕吾寶也。智慧煩惱，二種〔八〕恒隨，抗〔九〕兵相若也。方便用〔一〇〕於智慧，微妙不失慈悲，漏盡或〔一一〕祛，蕭〔一二〕然無累，哀者勝〔一三〕。

〔一〕「雌」，强本同，蒙本作「静」，嚴本、周王本、周本從敦本。蒙本改「雌」爲「静」，未知何據。當作「雌」。

〔二〕「敢」，强本脱，蒙本、周王本、周本從敦本，嚴本從强本。

〔三〕「達」，敦本作「達」，强本作「達」，諸輯本從强本。「達」爲「達」的訛字。又，《敦煌俗字典（第二版）》「達」字頭下收録「達」字。據强本改。

〔四〕「忘」，强本作「亡」，蒙本、周王本、周本從敦本，嚴本從强本。

〔五〕「塵」，强本作「欲」，蒙本、周王本、周本從敦本，嚴本從强本。

〔六〕「放情極欲」，强本作「若也放情極欲」，蒙本從强本但脱「也」字，嚴本從强本，周王本、周本從敦本。

〔七〕「亡」，敦本脱，强本有，諸輯本從强本。據强本補。

〔八〕「二種」，强本同，蒙本、周王本、周本從敦本，嚴本作「二動」。據文意，應作「二種」。

〔九〕「抗」，敦本作「椀」，强本作「抗」，諸輯本從强本。據强本改。

〔一〇〕「用」，敦本脱，强本有，蒙本、嚴本從强本，周王本、周本從敦本。據强本補。

〔一一〕「或」，强本同，蒙本作「惑」，嚴本、周王本、周本從敦本。「或」通「惑」。

〔一二〕「蕭」，强本作「肅」，蒙本、周王本、周本從敦本，嚴本從强本。當作「蕭」。

〔一三〕「勝」，强本同，蒙本作「勝也」，嚴本、周王本、周本從敦本。

七十章

吾言甚易知，甚易行。

聖人設〔一〕教，詞約理舉〔二〕，昭〔三〕然義見，易知也。抱一〔四〕絶於多或〔五〕，無爲斷於有累，故易行也。

天下莫能知，莫能行。

凡情不遵於玄教，守愚未聞〔六〕於智慧，不識此道，莫能知也。迷淪〔七〕有欲，弗習無爲，棄

〔一〕「設」，强本作「言」，蒙本、周王本、周本從敦本，嚴本從强本。
〔二〕「舉」，强本作「豐」，蒙本、嚴本從强本，周王本、周本從敦本。
〔三〕「照」，强本作「昭」，蒙本、周王本、周本從敦本，嚴本從强本。
〔四〕「一」，敦本脱，强本有，諸輯本從强本。據强本補。
〔五〕「或」，强本作「惑」，蒙本、嚴本從强本，周王本、周本從敦本。
〔六〕「聞」，强本作「開」，蒙本從敦本，嚴本、周王本、周本從强本。
〔七〕「淪」，敦本作「倫」，蒙本、嚴本從强本，周王本、周本從敦本。據强本改。

正從耶〔一〕，莫能行〔二〕。

言有宗，事有君。

宗，本也。君，主也。以道德爲本，其實易知；以無爲爲主，其實易行。失本逐末者多矣，不體〔三〕真宗；放情違性者衆焉，寧知君主〔四〕。舉衆並皆如此，故云〔五〕天下莫能知〔六〕、行〔七〕。

夫唯無知，是以不吾〔八〕知。

〔一〕「耶」，强本作「邪」，諸輯本從强本。「耶」同「邪」，《玉篇·耳部》：「耶，俗邪字。」《字彙·耳部》：「耶，與邪同。」

〔二〕「行」，强本作「行也」，蒙本、嚴本從强本，周王本、周本從敦本。

〔三〕「體」，强本同，蒙本、嚴本從敦本，周王本、周本作「禮」。

〔四〕「主」，敦本脱，强本有，蒙本、嚴本從强本，周王本、周本從敦本。據强本補。

〔五〕「云」，敦本作「去」，强本作「云」，諸輯本從强本。據强本改。

〔六〕「知」，强本同，蒙本脱，嚴本、周王本、周本從敦本。

〔七〕「行」，參本頁注〔二〕。

〔八〕「吾」，强本作「我」，諸輯本從敦本。

物皆闇或〔一〕，内無一豪〔二〕之鑒，故云無知；迷理失道，外無萬境之智，故不吾知也〔三〕。

知我者希，則我者貴。

役役之輩，所重者名；喪喪〔四〕之徒，所愛者利，少能體道，故言知我者希。弱喪〔五〕不歸，歸之由於正路；漂浪不返〔六〕，返之入彼真源，道在則尊，法之爲貴〔七〕也。

是以聖人披〔八〕褐懷玉。

順俗同塵，外示麁〔九〕服，披褐也；玄德無染，純白光生，懷玉也。

〔一〕「或」，强本作「惑」，蒙本、嚴本從强本，周王本、周本從敦本。

〔二〕「豪」，强本作「毫」，蒙本、嚴本從强本，周王本、周本從敦本。「豪」通「毫」，《商君書·弱民》：「今離婁見秋豪之末，不能以明目易人。」

〔三〕「也」，强本無，蒙本、周王本、周本從敦本，嚴本從强本。

〔四〕「喪喪」，强本作「區區」，蒙本、嚴本從强本，周王本、周本作「喪衆」。

〔五〕「弱喪」，敦本作「若喪」，强本作「弱喪」，蒙本、嚴本從强本，周王本、周本從敦本。當作「弱喪」，「弱喪」「漂浪」相對。《莊子·齊物論》：「予惡乎知説生之非惑邪！予惡乎知惡死之非弱喪而不知歸者邪！」據强本改。

〔六〕「返」，强本作「反」，蒙本、嚴本從强本，周王本、周本從敦本。下注文「返之」之「返」同此。

〔七〕「在則尊法之爲貴」，敦本脱，强本有，蒙本、嚴本從强本，周王本、周本從敦本。據强本補。

〔八〕「披」，强本作「被」，蒙本、嚴本從强本，周王本、周本從敦本。注文「披褐」之「披」同此。

〔九〕「麁」，强本同，蒙本作「麄」，嚴本作「麤」，周王本、周本作「粗」。

七十一章

知不知，上；不知知，病。

慧徹空有，智〔一〕通真俗，知也。所照之境，觸境皆空；能鑒之智，無智不寂，能所俱泯，境智同忘，不知也。照如無照，知如無知〔二〕，此爲上德也。不知强知，多知多失，傷身損命，知〔三〕之病也〔四〕。

是以〔五〕聖人不病〔六〕。以其病病，是以不病。

〔一〕「智」，强本作「知」，蒙本、周王本、周本從敦本，嚴本從强本。

〔二〕「照如無照知如無知」，敦本作「照然知如無照知如不知」，强本作「照如無照知如無知」，蒙本從强本並改「無知」爲「不知」，作「照如無照知如不知」；嚴本從强本，但誤將「如無知」之「如」刻印爲「知」，作「照如無照知知無知」；周王本、周本從敦本。據强本改。

〔三〕「知」，强本作「是知」，蒙本、嚴本從强本，周王本、周本從敦本。

〔四〕「也」，强本無，蒙本、周王本、周本從敦本，嚴本從强本。

〔五〕「是以」，强本無，蒙本、周王本、周本從敦本，嚴本從强本。

〔六〕「是以聖人不病」句上，强本有經文「夫唯病病是以不病」，蒙本、周王本、周本從敦本，嚴本從强本。强本雖有該句經文，但經文下未纂李榮注文，故難確定李榮《道德經注》是否有該句經文。嚴本按語爲：「殘卷此二句經注並無。」（參見嚴本卷下第四九頁）

聖本遺知，是以不病。痛〔一〕彼衆生，有强知之病，以其病病也。痛惜衆生，雖爲軫慮而分別，塵累不染，聖人是以不病也〔二〕。亦言以其病病者，言衆人爲分別之病所病也。教以除分別、忘知見，既無有爲之患〔三〕，故言是以不病也。

〔一〕「痛」，敦本作「庯」，强本作「痛」，諸輯本從强本。「庯」爲「痛」的訛字。《敦煌俗字典（第二版）》「痛」字頭下收録「庯」字。下注文「痛惜」之「痛」同此。

〔二〕「也」，强本同，蒙本、嚴本從敦本，周王本、周本脱。

〔三〕「教以除分別忘知見既無有爲之患」，敦本脱，强本有，蒙本、嚴本從强本，周王本、周本從敦本。據强本補。

七十二章

民〔一〕不畏威，則大威至。

威，形〔二〕法也。若不畏於小罪，積惡不休，犯網〔三〕觸羅，亡身損命，大威至也。内明不懼塵累，縱欲不止，欲縱則精散形穢，形穢〔四〕則神離，神離〔五〕則形敗，精散則體枯〔六〕，入〔七〕真道而無緣，爲生死之所害，大威至〔八〕。

〔一〕「民」，强本作「人」，蒙本、周王本、周本從敦本，嚴本從强本。

〔二〕「形」，强本作「刑」，諸輯本從强本。

〔三〕「網」，敦本作「䋄」，强本作「網」，諸輯本從强本。據强本改。

〔四〕「形穢」，强本脱，蒙本、周王本、周本從敦本，嚴本從强本。

〔五〕「神離」，敦本脱，强本有，諸輯本從强本。據强本補。

〔六〕「體枯」，强本作「體弊」，蒙本合敦本、强本而從之並删二本「體」字，作「枯弊」，嚴本從强本，周王本、周本從敦本。

〔七〕「入」，强本作「故入」，蒙本、周王本、周本從敦本，嚴本從强本。

〔八〕「大威至」，强本作「則大威至」，蒙本、嚴本從强本，周王本、周本從敦本。

無狹其所居，無厭其所生。

人以所生爲樂，受生〔一〕爲貴〔二〕，不能閑居以養生、修善以防死，流宕失鄉，愛〔三〕著他處，以〔四〕他處爲廣大，以本鄉爲狹陋，此狹其所居也。長惡傷行，縱欲傷身，動之死地，不存久視，厭其生也。勸言無者，莫令如此也。

夫唯不厭，是以不厭。

通〔五〕生由道，成形藉神。若能愛道存神，故云夫唯不厭。除垢止欲〔六〕，志静形清，神既附人，道亦愛己，故〔七〕言是以不厭也。

是以〔八〕聖人自知不自見，自愛不自貴。故去彼取此。

〔一〕「受生」，敦本作「受」，强本作「受生」，蒙本、嚴本從强本，周王本、周本訛作「愛」。據强本改。

〔二〕「貴」，强本同，蒙本、嚴本從敦本，周王本、周本作「真」。當作「貴」。

〔三〕「愛」，强本作「受」，蒙本、周王本、周本從敦本，嚴本從强本。當作「愛」。

〔四〕「著他處以」，敦本無，强本有，蒙本、嚴本從强本，周王本、周本從敦本。據强本補。

〔五〕「通」，敦本作「道」，强本作「通」，蒙本、嚴本從强本，周王本、周本從敦本。據强本改。

〔六〕「欲」，强本作「念」，蒙本、周王本、周本從敦本，嚴本從强本。

〔七〕「故」，强本無，蒙本、周王本、周本從敦本，嚴本從强本。

〔八〕「是以」，强本作「故」，諸輯本從敦本。

凡情失道，乃爲無識；聖智達〔一〕理，故曰自知。忘於人我，泯於聞見，故曰不自見。寶神惜氣，固精志道，不輕此生，故云自愛。不自貴〔二〕大以賤小，不尊行以加人〔三〕，忘〔四〕於高下，故言不自貴。自知自愛者悟理，自見自貴者迷方。聖人説已化物，使物知歸〔五〕，去彼自見自貴之忏〔六〕物，取此自知自愛以全真。

〔一〕「達」，敦本作「達」，强本作「達」，諸輯本從强本。「達」爲「達」的訛字。又，《敦煌俗字典（第二版）》「達」字頭下收録「達」字。據强本改。

〔二〕「貴」，强本無，蒙本、嚴本從强本，周王本、周本從敦本。

〔三〕「加人」，敦本脱，强本有，蒙本、嚴本從强本，周王本、周本從敦本。據强本補。

〔四〕「忘」，强本同，蒙本、周王本、周本從敦本，嚴本作「志」。當作「忘」。

〔五〕「使物知歸」，敦本作「使物使知皈」，强本作「使物知歸」，蒙本、嚴本從强本，周王本、周本作「使物知皈」。《爾雅·釋器》：「不律謂之筆，滅謂之點。」郭璞《爾雅注》：「以筆滅字爲點。」敦本「使」，「使」字右側有竪排的兩點或三點，此兩點或三點即爲删除符號，表示以點滅字，意爲删除左側「使」字，故應無該「使」字。又，第四字敦本「皈」，强本作「歸」，蒙本、嚴本從强本，周王本、周本從敦本。「皈」同「皈」，《孟姜女變文》：「勞貴遠道故相看，冒涉風霜捐氣力，千萬珍重早皈還。」《李陵變文》：「漢將得脱，皈報帝知。」又，「皈」同「歸」。又，《敦煌俗字典（第二版）》「歸」字頭下收録「皈」字。據文意，「皈」「皈」「歸」均可通。據强本改。

〔六〕「忏」，敦本作「忏」，强本作「悟」，蒙本作「忤」，嚴本從强本，周王本作「忏」，周本作「忏」。「忏」，字形似「忏」，又似「忏」。「忏」有干擾義，《玉篇·心部》：「忏，擾也。」據文意，「懺」「悟」義不可通，「忏」「忤」均可通。今從敦本識「忏」爲「忏」。

七十三章

勇於敢則煞，勇於不敢則活。

不懼爲勇，心〔一〕果爲〔二〕敢。白刃交於前，視死若生者，列〔三〕士之勇也。然智非計策〔四〕，力異驍雄，貪利而前，必喪身命，故言則煞。義不争利〔五〕，仁必〔六〕以慈，或以道德來人，或以智策〔七〕伏物，於物無害，在我全身，故言則活。内明勇於聲色者煞身，不敢於〔八〕情塵者

〔一〕「心」，敦本作「必」，强本作「心」，諸輯本從强本。據强本改。

〔二〕「爲」字下，敦本重「爲」字，强本不重，諸輯本從强本。據文意及句法，應不重。據强本删。

〔三〕「列」，强本作「烈」，蒙本、嚴本從强本，周王本、周本從敦本。

〔四〕「策」，敦本作「䇲」，强本作「策」，諸輯本從强本。「䇲」當即「茦」，《康熙字典·艸部》引《字彙補》：「茦，策字之訛。」據强本改。

〔五〕「利」，敦本脱，强本有，蒙本、嚴本從强本，周王本、周本從敦本。據强本補。

〔六〕「仁必」，敦本作「心」，蒙本、嚴本從强本，周王本、周本作「必」。據强本改。

〔七〕「智策」，敦本作「智策」，强本作「策智」，蒙本、嚴本從强本，周王本、周本作「智策」。「筞」同「策」。

〔八〕「於」，强本脱，蒙本、嚴本從强本，周王本、周本從敦本。

活〔一〕已。

此〔二〕兩者或利或害。

謂煞、活也。

天之所惡，孰知其故？

言天道好生惡〔三〕煞，人多不能就利違〔四〕害，此乃不〔五〕識天之意故也〔六〕。

天之道〔七〕，不争而善勝，

〔一〕「活」，敦本作「治」，强本作「活」，諸輯本從强本。據强本改。

〔二〕「此」，强本作「知此」，蒙本、周王本、周本從敦本，嚴本從强本。

〔三〕「惡」，敦本脱，强本有，諸輯本從强本。據强本補。

〔四〕「違」，强本作「遺」，蒙本從敦本，嚴本、周王本、周本從强本。

〔五〕「不」，敦本脱，强本有，諸輯本從强本。據强本補。

〔六〕「也」，敦本脱，强本有，諸輯本從强本。據强本補。

〔七〕「天之道」上，强本有經文「是以聖人猶難之」，敦本無，蒙本、周王本、周本從敦本，嚴本從强本。强本雖有該句經文，但未纂李榮注文，故難確定李榮《道德經注》是否有該句經文。嚴本雖從强本，但有按語：「『纂疏』本無注殘卷此句經注並無疑係他處簡複出。」（參見嚴本卷下第五二頁）嚴靈峰所言是。

天道無心，與物不競〔一〕，自然尊貴而居物先〔二〕。

不言而善應，不召而自來，

報於罪福，信之影響，毫分不失，故言善應〔三〕。春生冬謝，寒往暑來，往者既非所遣，來者亦非命召〔四〕。

坦〔五〕然而善謀。

大道甚夷，故曰〔六〕坦然。圖〔七〕人之得失，賞〔八〕罰無差；鑒人之善惡，災祥不爽，故曰善謀。

〔一〕「競」，强本同，蒙本、嚴本從敦本，周王本、周本作「竟」。當作「競」。

〔二〕「先」，强本作「先也」，蒙本、嚴本從强本，周王本、周本從敦本。

〔三〕「報於罪福信之影響毫分不失故言善應」，敦本脱，强本有，蒙本、嚴本從强本，周王本、周本從敦本。據强本補。

〔四〕「命召」，强本作「命召也」，蒙本、嚴本從强本，周王本、周本從敦本。

〔五〕「坦」，强本作「繟」，蒙本、周王本、周本從敦本，嚴本從强本。注文「坦然」之「坦」同此。

〔六〕「大道甚夷故曰」下，敦本衍「大道甚夷故曰」六字，强本無，諸輯本從强本。據强本删。

〔七〕「圖」，敦本作「啚」，强本作「圖」，諸輯本從强本。

〔八〕「賞」，强本同，蒙本、嚴本從敦本，周王本、周本作「嘗」。當作「賞」。

天網〔一〕恢恢，疏而不失。

羅之以太虛，網之於有象，既寬且大，故曰恢恢。罪有公〔二〕私，愆無〔三〕大小，微著皆盡，疏密無遺，故言不失。

〔一〕「網」，敦本作「䋄」，强本作「網」，諸輯本從强本。《敦煌俗字典（第二版）》「網」字頭下收録「䋄」。下注文「網之於有象」之「網」同此。

〔二〕「公」，强本同，蒙本、嚴本從敦本，周王本作「厶」，周本作「麽」。當作「公」，「公」「私」相對。

〔三〕「無」，敦本作「之」，强本作「無」，蒙本、嚴本從强本，周王本、周本從敦本。據强本改。

七十四章

民〔一〕不畏死，奈何以死懼之？

時逢〔二〕有道，物皆愛生；代屬〔三〕無爲，人咸惜死。若不能綏之以至德，而制之以嚴形〔四〕，人不聊〔五〕生，故言人不〔六〕畏死。人不畏死，本由罰酷〔七〕，宜須在宥，用德忘形，如何還以

〔一〕「民」，强本作「民常」，蒙本、周王本、周本從敦本，嚴本從强本。

〔二〕「逢」，强本作「逢」，諸輯本從强本。「逢」爲「逢」的俗字。

〔三〕「屬」，敦本作「[屬]」，强本作「屬」，諸輯本從强本。「[屬]」當爲「屬」或「属」。「属」同「屬」，《中華字海》：「属，同『屬』。字見隋《賈珉墓志》。」「属」同「屬」，《中華字海》：「属，同『屬』」。見《敦煌俗字譜》。」

〔四〕「形」，强本作「刑」，諸輯本從强本。下注文「忘形」之「形」同此。

〔五〕「聊」，敦本作「聊」，强本同，諸輯本作「聊」。「聊」同「聊」。據諸輯本改。

〔六〕「不」，敦本脱，强本有，諸輯本從强本。據强本補。

〔七〕「罰酷」，强本作「酷罰」，蒙本作「酷法」，嚴本從强本，周王本、周本從敦本。蒙本當據下注文「酷法理人」而改强本「酷罰」爲「酷法」。

酷法理人，欲〔一〕懼之於死？此歎〔二〕當時〔三〕之失〔四〕。

若使〔五〕常畏死〔六〕而爲奇〔七〕，吾執得〔八〕而煞之，孰敢？

奇者，詭異亂群也。若時王用道，人盡全生，名爲畏死也。其有强梁之者、亂群之人，爲於罪業，彌更奇異，天不長惡，故執得煞之。懼死自無爲過之人，修生孰敢爲非之者也。

常有司煞者煞。

司，主也。賞罰之理是常，生煞之官有主。不可以爲〔九〕犯法者合死，而欲擅〔一〇〕代煞之。

〔一〕「欲」，强本作「欲人」，蒙本、嚴本從强本，周王本、周本從敦本。

〔二〕「歎」，敦本作「試」，强本作「歎」，蒙本、嚴本從强本，周王本、周本作「嘆」。據强本改。

〔三〕「當時」，敦本作「當也」，强本作「當時」，諸輯本從强本。據强本改。

〔四〕「失」，强本作「失也」，蒙本、嚴本從强本，周王本、周本從敦本。

〔五〕「使」，强本作「使民」，蒙本、周王本、周本從敦本，嚴本從强本。

〔六〕「畏死」，敦本作「不畏死」，强本作「畏死」，諸輯本從敦本。據强本改。

〔七〕「奇」，强本作「奇者」，蒙本、嚴本從强本，周王本、周本從敦本。

〔八〕「執得」，强本作「得執」，蒙本、周王本、周本從敦本，嚴本從强本。注文「執得」同此。

〔九〕「爲」，强本作「爲非」，蒙本從敦本，嚴本、周王本、周本從强本。據文意及句法，有無「非」字，義雖均可通，但有之義更勝。

〔一〇〕「擅」，敦本作「**檀**」，强本作「擅」，諸輯本從强本。據字形，「**檀**」即「檀」。又，「檀」同「擅」，《中華字海》：「檀，同『擅』。字見齊《姜纂造像》。」據强本改。

夫代司煞者，是〔一〕代大匠斲〔二〕。代〔三〕大匠斲，希不傷其手〔四〕。

天道雖遠，玄鑒孔〔五〕明。賞善罰惡，著在於冥〔六〕司；春生夏長，彰〔七〕之於見代。時政不能任之以天理，而代之以人功，亦失之於道也。然則頑〔八〕人少能從化，奸黠〔九〕多有難防，隨時定宜，制之法令，自有司形〔一〇〕之職、主煞之官。若推之不以其〔一一〕司，煞之不由其主，而

〔一〕「是」，强本同，蒙本、周王本、周本從敦本，嚴本作「謂」。

〔二〕「匠斲」，敦本作「匠斲」，强本作「匠斲」，蒙本、嚴本從强本，周王本、周本作「匠斲」。據强本改。下經文「匠斲」同此。

〔三〕「代」，强本作「夫强」，蒙本、周王本、周本從敦本，嚴本從强本。

〔四〕「手」，强本同，蒙本、周王本、周本從敦本，嚴本作「手矣」。

〔五〕「孔」，敦本作「死」，强本作「孔」，諸輯本從强本。據强本改。

〔六〕「冥」，敦本作「冝」，强本作「冥」，諸輯本從强本。據强本改。

〔七〕「彰」，敦本作「鄣」，强本作「彰」，蒙本、嚴本從强本，周王本、周本從敦本。據强本改。

〔八〕「頑」，敦本作「[illegible]」，强本作「頑」，諸輯本從强本。《敦煌俗字典（第二版）》「頑」字頭下收録「[illegible]」。據强本改。

〔九〕「黠」，敦本作「[illegible]」，强本作「黠」，諸輯本從强本。疑「[illegible]」爲「黠」字書寫之誤。「黠」同「黠」，《中華字海》：「黠，同『黠』。字見《龍龕》。」據强本改。

〔一〇〕「形」，强本作「刑」，諸輯本從强本。

〔一一〕「其」字下，强本衍「主」字，蒙本、周王本、周本從敦本，嚴本從强本。據文意及句法，應無。

擅〔二〕煞者，猶拙夫之代巧匠，必有傷手之憂，少有不傷，所傷多矣也〔三〕。

〔二〕「擅」，敦本作「檀」，强本作「擅」，諸輯本從强本。據强本改。

〔三〕「也」，强本無，蒙本、嚴本從强本，周王本、周本從敦本。

七十五章

人〔一〕之飢，以其上食税之多，是以飢。

百姓飢窮，四民困乏，非他〔二〕由也，税重賦〔三〕多。

人之難治，以其上〔四〕有爲，是以難治。

有爲撓〔五〕物，所以難理〔六〕。無爲正身，自然〔七〕易化也〔八〕。

〔一〕「人」，强本作「民」，蒙本、周王本、周本從敦本，嚴本從强本。下經文「人之難治」、「人之輕死」同此。

〔二〕「他」，强本作「佗」，蒙本、嚴本從强本，周王本、周本從敦本。「佗」通「他」，《正字通・人部》：「佗，與他、它通。」《集韻・戈韻》：「佗，彼之稱。或從也。」

〔三〕「賦」，敦本作「賦」，强本作「賦」，蒙本、嚴本從强本，周王本、周本作「賊」。《敦煌俗字典（第二版）》「賦」字頭下收録「賦」。據强本改。

〔四〕「上」，强本作「上之」，蒙本、周王本、周本從敦本，嚴本從强本。

〔五〕「有爲撓」，敦本作「有爲橈」，强本作「有爲撓」，蒙本作「有物撓」，嚴本、周王本、周本從强本。據强本改。

〔六〕「理」，强本作「治」，或爲避唐高宗李治諱；蒙本、周王本、周本從敦本，嚴本從强本。

〔七〕「自然」，敦本作「自煞」，强本作「自然」，諸輯本從强本。據强本改。

〔八〕「也」，强本無，蒙本、嚴本從强本，周王本、周本從敦本。

人之輕死，以其生生〔一〕之厚，是以輕死。

重生之人，制〔二〕浮情於正性；輕死之士〔三〕，溺耶〔四〕識於愛流。取彼有生之生命〔五〕，以養虚假之生身，故言生生之厚。厚者，積也，多也。事積則亂心，味多則爽口，不能重慎，以保長生，縱欲喪身，輕之死地〔六〕也。

夫唯無以生爲者，是賢於貴生。

夫〔七〕以生爲有，而厚養過其分，遂致傷生，此未能重生也。達〔八〕至道者，觀〔九〕身非有，悟

〔一〕「生生」，强本作「求生」，蒙本、周王本、周本從敦本，嚴本從强本。據注文及第五十章經文「以其生生之厚」，應作「生生」。

〔二〕「制」，敦本作「利」，强本作「制」，蒙本、嚴本從强本，周王本、周本從敦本。據强本改。

〔三〕「士」，强本作「輩」，蒙本、嚴本從强本，周王本、周本從敦本。

〔四〕「耶」，强本作「邪」，諸輯本從强本。

〔五〕「有生之生命」，敦本作「有生命」，强本作「有生之生命」，蒙本、嚴本從强本，周王本、周本從敦本。據强本改。

〔六〕「輕之死地」，敦本作「輕死之地」，强本作「輕之死地」，蒙本、嚴本從强本，周王本、周本從敦本。據强本改。

〔七〕「夫」，强本作「天」，諸輯本從敦本。據文意，應作「夫」。疑强本「天」爲「夫」字書寫之誤。

〔八〕「達」，敦本作「達」，强本作「達」，蒙本、嚴本、周王本、周本從强本。《敦煌俗字典（第二版）》「達」字頭下收録「達」字。據强本改。

〔九〕「觀」，强本同，蒙本、嚴本從敦本，周王本、周本作「視」。

理無生，不見虛假之形，自祛染愛之累，與虛净〔二〕而合德，共至道而同根，雖不養生，而生自養，此所謂能重生也。賢，能〔三〕也。貴，重也。

〔二〕「虛净」，强本同，蒙本作「虛静」，嚴本、周王本、周本從敦本。

〔三〕「能」，强本作「德」，蒙本、周王本、周本從敦本，嚴本從强本。當作「能」。

七十六章

人之生〔一〕柔弱，其死〔二〕堅强。

天下柔弱莫過〔三〕於氣，氣莫柔弱於道。是以人之〔四〕受生，必資道氣，氣〔五〕存則屈申〔六〕由己，道在則動静任神，順心無逆，從事靡違，故言柔弱。不能保氣，氣竭則身亡；未解怡神，神逝則〔七〕命殞，命殞〔八〕身亡，不能轉動，故曰堅强也。

〔一〕「生」，强本作「生也」，蒙本、周王本、周本從敦本，嚴本從强本。

〔二〕「死」，强本作「死也」，蒙本、周王本、周本從敦本，嚴本從强本。

〔三〕「柔弱莫過」，强本作「莫柔弱」，蒙本、嚴本從强本，周王本、周本從敦本。

〔四〕「之」，强本無，蒙本、周王本、周本從敦本，嚴本從强本。

〔五〕「氣」，强本脱，蒙本、周王本、周本從敦本，嚴本從强本。

〔六〕「申」，强本作「伸」，蒙本、嚴本從强本，周王本、周本從敦本。

〔七〕「則」，敦本脱，强本有，蒙本、嚴本從强本，周王本、周本從敦本。據强本補。

〔八〕「殞」字下，强本衍「則」字，蒙本、周王本、周本從敦本，嚴本從强本。

萬物草木生之〔一〕柔脆，其死〔二〕枯槁。

無情之物，有氣故生，無氣故死，是知有識之類，得道於焉柔弱，失道所以堅强也。

故堅强者死之徒，柔弱者生之徒。

結上有識、無情，生死二理，各有徒類。

是以兵强則不勝，木强則共。

不以德而固，乃恃兵爲强。兵强〔三〕暴於天下，好煞物之所惡。聚寡〔四〕爲衆，扶弱爲强〔五〕，反共攻之，則有不勝。是以木之强也〔六〕，枝葉〔七〕共生其上；柱之强也，梁棟鎮之於下。以

〔一〕「生之」，强本作「生也」，蒙本作「之生」，嚴本從强本，周王本、周本從敦本。遂州碑本作「之生」，蒙本當據句法及遂州碑本改「生之」爲「之生」。

〔二〕「死」，强本作「死也」，蒙本、周王本、周本從敦本，嚴本從强本。

〔三〕「兵强」，敦本脱，强本有，蒙本、嚴本從强本，周王本、周本從敦本。據强本補。

〔四〕「寡」，敦本作「𡨥」，强本作「寡」，諸輯本從强本。《敦煌俗字典（第二版）》「寡」字頭下收録「𡨥」。據强本改。

〔五〕「爲强」，敦本脱，强本有，諸輯本從强本。據强本補。

〔六〕「也」，敦本作「也也」，强本作「也」，諸輯本從强本。據强本删。

〔七〕「葉」，敦本作「𦯀」，强本作「葉」，諸輯本從强本。「𦯀」同「葉」，《論語·述而》：「葉公問孔子於子路，子路不對。」阮元《十三經注疏校勘記》：「唐石經避太宗諱，『葉』字變體作𦯀。」阮元之説可備參考。據强本改。

斯〔一〕曉喻，欲令務修德以柔弱，不飾兵以堅强。

故〔二〕堅强〔三〕居〔四〕下，柔弱處上。

生者人之所欣，柔弱者生之徒，豈非上耶？死者物之所慼，堅强者死之徒，寧非下耶〔五〕？

〔一〕「以斯」上，敦本衍「以下」二字，强本無，蒙本、嚴本從强本，周王本、周本從敦本。據强本删。

〔二〕「故」，强本無，蒙本、周王本、周本從敦本，嚴本從强本。

〔三〕「堅强」，强本作「强大」，蒙本、周王本、周本從敦本，嚴本從强本。當作「堅强」。

〔四〕「居」，强本作「處」，蒙本、周王本、周本從敦本，嚴本從强本。

〔五〕「耶」，敦本作「耳」，强本作「耶」，諸輯本從强本。據强本改。

七十七章

天之道，其猶張弓〔一〕。

人事近而淺，面之而不測其情；天道遠而深，仰之而〔二〕豈觀其理。迷徒莫曉〔三〕，正道難明，故借彼張弓以爲之喻〔四〕。

高者抑之，下者舉之，有餘者損之，不足者與之。

用弓之道，高者恐過，故抑之令不高；下者不及，故舉之令不下；不高不下，中前期也。爲國之者，損有餘之富，益不足之貧；貧被益而不貧，富經損而不富；不貧不富〔五〕，中

〔一〕「弓」，强本作「弓乎」，蒙本、周王本、周本從敦本，嚴本從强本。

〔二〕「仰之而」，敦本作「仰之」，强本作「仰之而」，蒙本、嚴本從强本，周王本、周本從敦本。據强本改。

〔三〕「迷徒莫曉」，强本作「迷徒易曉」，蒙本作「迷途莫曉」，嚴本從强本，周王本、周本從敦本。「徒」通「涂（途）」，道路義，朱駿聲《説文通訓定聲·豫部》：「徒，叚借爲涂。」

〔四〕「以爲之喻」，强本作「以之爲喻」，蒙本、嚴本從强本，周王本、周本從敦本。

〔五〕「不貧不富」，强本脱，蒙本、周王本、周本從敦本，嚴本從强本。

於爲國之政也。太高恐於邈空，抑之令不空也；極下慮之滯〔一〕有，舉之令不有也；不有不空，合於中道也。

天之道，損有餘，補不足。

釋天道以合喻〔二〕。

人〔三〕道則不然，損不足，奉〔四〕有餘。

言人爲行與天道反〔五〕，未能損〔六〕强益弱，而乃減貧增富。

孰能有餘以〔七〕奉天下？唯有道者。

〔一〕「滯」，敦本作「滯也」，强本作「滯」，諸輯本從强本。據强本删。
〔二〕「合喻」，强本同，嚴本作「合喻畏天損有餘也」，蒙本、周王本、周本從敦本。嚴本按語爲：「『畏天損有餘也』六字從下文『不欲見賢也』注内移補於此。」「畏天損有餘也」六字當無。
〔三〕「人」，强本作「人之」，蒙本、周王本、周本從敦本，嚴本從强本。
〔四〕「奉」，强本同，嚴本作「以奉」，蒙本、周王本、周本從敦本。
〔五〕「反」，敦本作「及」，强本作「反」，諸輯本從强本。據强本改。
〔六〕「損」，敦本脱，强本有，諸輯本從强本。據强本補。
〔七〕「有餘以」，强本作「以有餘」，諸輯本從敦本。

誰能法天道以爲行，損盈益謙？唯〔一〕有道之君當能如此也〔二〕。

是以聖人爲而不恃，成功不處，斯不貴賢〔三〕。

聖人爲德不賴其報，成物不處其功。所以爾者，欲隱其聖德，晦其賢才，畏天損有餘也〔四〕。上既如此，下自法之，争名之患自除，尚賢之愆不作也。

〔一〕「唯」，强本無，蒙本、嚴本從强本，周王本、周本從敦本。

〔二〕「如此也」，敦本作「知此」，强本作「如此也」。蒙本、嚴本從强本，周王本、周本從敦本。據强本改。

〔三〕「斯不貴賢」，强本同，蒙本、周王本、周本從敦本，嚴本作「其不欲見賢也」。又，强本在經文「其不欲見賢也」下纂有李榮注文「畏天損有餘也」，故難確定李榮《道德經注》經文究竟爲「斯不貴賢」還是「其不欲見賢也」。

〔四〕「畏天損有餘也」，敦本無，强本將該六字纂於經文「其不欲見賢也」下，蒙本、周王本、周本從敦本，嚴本將該六字移補於上經文「天之道損有餘補不足」注文「釋天道以合喻」下，作「釋天道以合喻畏天損有餘也」。據强本將該六字纂於經文「其不欲見賢也」下，若李榮《道德經注》確有該六字注文，該六字亦似應在經文「是以聖人爲而不恃成功不處斯不貴賢」注文「所以爾者欲隱其聖德晦其賢才」下。今權據强本該六字位置及文意，將其移補於此。

七十八章

天下柔弱莫過於水，而攻堅强〔一〕莫之能先〔二〕，其無以易之。

觀之於一切，總之於萬有，柔弱之至者，水之爲最也〔三〕。銷之〔四〕金石，破之丘陵，無能過水，水最勝也。破堅强法水，既爲勝，故不可易之。理國〔五〕者若能以謙爲德，以道爲用，必可破之於强敵，摧之於驍〔六〕雄，而道最爲先，故無易於道也。修身者能守雌柔〔七〕之至道〔八〕，自破

〔一〕「堅强」，强本作「堅强者」，蒙本、周王本、周本從敦本，嚴本從强本。

〔二〕「先」，强本作「勝」，蒙本、周王本、周本從敦本，嚴本從强本。

〔三〕「也」，敦本作「也也」，强本作「也」，諸輯本從强本。據强本删。

〔四〕「之」，强本無，蒙本、嚴本從强本，周王本、周本從敦本。下注文「破之」之「之」同此。

〔五〕「理國」，强本作「理身」，蒙本、周王本、周本從敦本，嚴本從强本。當作「理國」，「理國」與下注文「修身」相對。

〔六〕「於驍」，敦本脱，强本有，蒙本、嚴本從强本，周王本、周本從敦本。據强本補。

〔七〕「雌柔」，强本同，蒙本、嚴本從敦本，周王本、周本作「唯柔」。當作「雌柔」。

〔八〕「道」，强本脱，諸輯本從敦本。

剛强之人我，解宅虛静之至理，妙絶是非之交争，唯道爲勝，無以代之也〔一〕。

故柔勝剛〔二〕，弱勝强〔三〕，

此結上文〔四〕。

天下莫能知，莫能行。

多好剛强，少存柔弱，不能謙退，競處物先〔五〕。

是以聖人言：「受國之垢，是謂社稷〔六〕主；受國不祥，是謂〔七〕天下王。」正言若反〔八〕。

〔一〕「也」，强本無，蒙本、周王本、周本從敦本，嚴本從强本。

〔二〕「柔勝剛」，敦本作「柔勝强」，强本作「柔勝剛」，蒙本從强本，嚴本、周王本、周本從敦本。據强本改。

〔三〕「弱勝强」，敦本作「弱勝剛」，强本作「弱勝强」，蒙本從强本，嚴本、周王本、周本從敦本。據强本改。

〔四〕「此結上文」，强本無，蒙本、周王本、周本從敦本，嚴本從强本，然此四字在按語中。

〔五〕「先」，强本作「先也」，蒙本、嚴本從强本，周王本、周本從敦本。

〔六〕「稷」，敦本作「禝」，强本作「稷」，諸輯本從强本。《敦煌俗字典（第二版）》「稷」字頭下收録「禝」。

〔七〕「謂」，敦本脱，强本有，蒙本、嚴本從强本，周王本、周本從敦本。據强本補。

〔八〕「反」，敦本脱，强本有，諸輯本從强本。據强本補。

體柔弱之道則物無不苞〔一〕，悟幽玄之境則事〔二〕無不納。舍〔三〕非遏惡，受國之垢也；罪己責躬，受國不祥也，適可以爲物主，故言天下王也。此言反於俗而合〔四〕於道，故云正言若反也。垢，穢也。祥，善也。修身者雖復歷之於穢浄，浄穢〔五〕兼忘；經之於善惡，惡善〔六〕同捨。照一理之元寂，達〔七〕萬境之皆空，可以成道爲法王也。俗以垢浄善惡，咸以爲有〔八〕，以道觀之，並悉是空，故云反也。

〔一〕「苞」，强本作「包」，蒙本、嚴本從强本，周王本、周本從敦本。據文意，應作「包」。又，「苞」通「包」，段玉裁《説文解字注·艸部》：「苞，叚借爲包裹。」《莊子·天運》：「其形充滿天地，苞裹六極。」陸德明《經典釋文》：「苞，本或作包。」

〔二〕「事」，敦本作「事每」，强本作「事」，諸輯本從强本。據强本删。

〔三〕「舍」，敦本作「舍」，强本作「舍」，蒙本、周王本、周本從强本，嚴本作「舍」。「舍」當作「舍」，古同「舍」。《敦煌俗字典（第二版）》「舍」字下收録「舍」。

〔四〕「合」，敦本作「含」，强本作「合」，諸輯本從强本。據强本改。

〔五〕「浄穢」，强本作「穢浄」，蒙本、嚴本從强本，周王本、周本從敦本。

〔六〕「惡善」，强本作「善惡」，蒙本、嚴本從强本，周王本、周本從敦本。

〔七〕「達」，敦本作「達」，强本作「建」，蒙本、周王本、周本作「達」，嚴本從强本。《敦煌俗字典（第二版）》「達」字頭下收録「達」字。

〔八〕「俗以垢浄善惡咸以爲有」，强本作「以俗觀之垢浄善惡心爲有」，蒙本合敦本、强本而從之，作「以俗觀之垢浄善惡咸以爲有」；嚴本從强本但又在「心爲有」下增補「是」字，作「以俗觀之垢浄善惡心爲有是」，周王本、周本從敦本。

七十九章

和大怨，必有餘怨，安可以爲善？

物我齊一則是非不起，彼此糾〔一〕紛則怨仇斯作。故禮有報怨之義，法有償死之形〔二〕。怨往怨來不可息〔三〕，思欲息〔四〕怨，和之令去逆以從〔五〕順，平之〔六〕使反〔七〕惡而爲善。然口善而心不善，面從而意不從，不善不從，餘怨〔八〕餘恨，此則更起於惡，何得用之爲善？欲得爲善，未若

〔一〕「糾」，敦本作「糺」，强本同，蒙本作「糾」，嚴本從敦本，周王本、周本作「紛」。當作「糾」。「糺」同「糾」，《集韻·黝韻》：「糾，《説文》：『繩三合也。』或作糺。」《字彙·糸部》：「糺，同糾。」

〔二〕「形」，强本作「刑」，諸輯本從强本。「形」通「刑」，朱駿聲《説文通訓定聲·鼎部》：「形，叚借爲刑。」

〔三〕「不可息」，强本作「怨怨不息」，蒙本、嚴本從强本，周王本、周本從敦本。

〔四〕「息」，敦本作「息息」，强本作「息」，諸輯本從强本。據强本删。

〔五〕「從」，敦本脱，强本有，蒙本、嚴本從强本，周王本、周本從敦本。據强本補。

〔六〕「平之」，强本作「乎」，蒙本、周王本、周本從敦本，嚴本從强本。當作「平之」。

〔七〕「反」，敦本作「及」，强本作「反」，諸輯本從强本。據强本改。

〔八〕「餘怨」，敦本脱，强本有，蒙本、嚴本從强本，周王本、周本從敦本。據强本補。

元不爲怨。元不爲怨〔一〕，何須和順。既不和順〔二〕，亦無忏〔三〕逆。逆順斯忘，怨仇自息。不知善之爲善，始可名爲至善也〔四〕。

是以聖人執左契〔五〕，不〔六〕責於人〔七〕。

古者聖人刻木爲契，君執於左，臣執於右，爲信合之於符契〔八〕，不復制之以法律，於物無

〔一〕「元不爲怨元不爲怨」，强本作「無爲怨無爲怨」，蒙本、周王本、周本從敦本，嚴本從强本。

〔二〕「既不和順」，敦本脱，强本有，蒙本、嚴本從强本，周王本、周本從敦本。據强本補。

〔三〕「忏」，敦本作「忏」，强本作「忤」，諸輯本從强本。「忏」似「忏」又似「懺」的簡體字「忏」。「忏」有觸犯、干擾義，《玉篇·心部》：「忏，擾也。」據文意，「懺」不可通，「忏」「忤」均可通。

〔四〕「也」，强本無，蒙本、嚴本從强本，周王本、周本從敦本。

〔五〕「契」，敦本作「契」，强本作「契」，李本作「契」，諸輯本作「契」。《敦煌俗字典（第二版）》「契」字頭下收録「契」。按：敦本「契」字多寫作「契」「契」「契」「契」「契」等，據《敦煌俗字典（第二版）》、各種書法字典及文意，以下敦本經注中的「契」「契」「契」「契」等，確定其爲「契」字的，徑改爲「契」，不再一一注明。

〔六〕「不」，强本、李本作「而不」，蒙本、周王本、周本從敦本，嚴本從强本。

〔七〕「人」，强本作「民」，李本同敦本，蒙本、周王本、周本從敦本，嚴本從强本。

〔八〕「合之於符契」，敦本作「含之苻契」，强本作「合人於符契」，李本、嚴本作「合之於符契」，蒙本、周王本、周本作「合之符」。據李本等改。

罰，故言〔一〕不責於人〔二〕。是故不罰不責，何怨何和〔三〕？

故有德司契，無德司撤〔四〕。

司，主也。契，合也。撤，離也。有德之君，心之〔五〕所主，上合無爲之道，混然冥〔六〕一；下爲萬物所歸，信之符〔七〕契。若其無德，不能〔八〕行善，非唯不〔九〕契於道，抑亦衆人〔一〇〕離散也。

〔一〕「言」，强本同，李本作「曰」，諸輯本從敦本。

〔二〕「人」，强本作「人也」，蒙本從强本，李本、嚴本、周王本、周本從敦本。

〔三〕「是故不罰不責何怨何和」，敦本脱，李本有，蒙本、周王本、周本從敦本，嚴本從李本。蒙本校記云：「第七十九章『是以聖人執左契不責於人』句，李霖引此注同，唯注末多『是故不罰不責，何怨何和』十字，爲敦煌本及强引所無，謹附於此，不採入正文。」（蒙文通：《蒙文通全集》第五册，第二〇五頁）據李本補。

〔四〕「撤」，敦本作「撤」，强本作「徹」，諸輯本從强本。《敦煌俗字典（第二版）》「撤」字頭下收録「撤」。「撤」「徹」均有剥離義，《玉篇·手部》：「撤，剥也。」《詩·豳風·鴟鴞》：「徹彼桑土，綢繆牖户。」《毛詩故訓傳》：「徹，剥也。」注文「撤離也」「司撤」之「撤」同此。

〔五〕「君心之」，敦本脱，强本有，蒙本、嚴本從强本，周王本、周本從敦本。據强本補。

〔六〕「冥」，敦本作「冥」，强本作「冥」，諸輯本作「冥」。「冥」同「冥」。《敦煌俗字典（第二版）》「寡」字頭下收録「冥」。

〔七〕「符」，敦本作「苻」，强本作「符」，諸輯本從强本。據强本改。

〔八〕「不能」，强本作「不解」，蒙本、嚴本從强本，周王本、周本從敦本。

〔九〕「唯不」，强本作「執」，蒙本、周王本、周本從敦本，嚴本從强本。當作「唯不」。

〔一〇〕「人」，敦本脱，强本有，蒙本、嚴本從强本，周王本、周本從敦本。據强本補。

内明有德合理，故云司契；無德乖真，故云司撤也。

天道無親，常與善人。

天道平等，無有親疏。惡人遠道，致有疏名〔一〕；善者近真，故生親稱。至理爲語，不疏不親。但以善人行善，天乃福之〔二〕，故云與善人也。然乃與〔三〕善，不〔四〕與不善，是知輔德，不輔無德。若能行於德善，善德自然歸之也。

〔一〕「名」，强本脱，蒙本、周王本、周本從敦本，嚴本從强本。
〔二〕「福之」，敦本脱，强本有，諸輯本從强本。據强本補。
〔三〕「乃與」，敦本脱，强本有，蒙本、嚴本從强本，周王本、周本從敦本。據强本補。
〔四〕「不」，强本作「及不」，蒙本、周王本、周本從敦本，嚴本從强本。

八十章

小國寡民，使有什伯之器而不用，

聖人理國，用無爲之道，所有軍戎器械〔一〕，或少或多，若伯若千，皆悉不用。小國猶爾，況大國乎也〔二〕！

使人重死而不遠徙。

政逢〔三〕有事，物乃輕生；化〔四〕屬無爲，人皆重死。父既保子，妻不失夫，各得樂業安居，無復流亡遷徙也〔五〕。

〔一〕「械」，敦本作「⿰木式」，强本作「械」，諸輯本從强本。「⿰木式」，左邊似「扌」又似「木」，右邊爲「式」。「式」同「戒」，《中華字海》：「式，同『戒』。字見隋《梁邕墓志》。」故「⿰木式」或爲「⿰扌戒」字，或爲「械」字。據强本改。

〔二〕「也」，强本無，蒙本、嚴本從强本，周王本、周本從敦本。

〔三〕「逢」，敦本脱，强本有，蒙本、嚴本從强本，周王本、周本從敦本。據强本補。

〔四〕「化」，敦本作「⿰亻乚」，强本作「化」，諸輯本從强本。《敦煌俗字典（第二版）》「化」字頭下收録「⿰亻乚」。

〔五〕「也」，强本無，蒙本、嚴本從强本，周王本、周本從敦本。

雖有舟輿，無所乘之；

夫水行〔一〕用舟，陸行用輿，無爲之代。山無蹊〔二〕隧，澤無舟梁〔三〕，本絶去來〔四〕，何乘之〔五〕有？

雖有甲兵，無所陳之。

兵以討逆，武以静〔六〕亂。上既行道，下乃好德，自然從化，何事陳兵也。

使民復結繩而用之。

古者書契未作，結繩爲政。文字既興，澆薄滋〔七〕甚。聖人設教〔八〕，義在無爲，欲使

〔一〕「行」，敦本脱，强本有，蒙本、諸輯本從强本。據强本補。

〔二〕「蹊」，敦本作「跃」，强本作「蹊」，諸輯本從强本。「跃」當爲「蹊」，今日本漢字有「蹊」，正爲「蹊」之簡體。

〔三〕「梁」，强本作「輿」，蒙本、周王本、周本從敦本，嚴本從强本。當作「梁」。

〔四〕「本絶去來」，强本作「絶本去末」，諸輯本從敦本。敦本爲是。

〔五〕「之」，敦本作「乘」，强本作「之」，諸輯本從强本。據强本改。

〔六〕「静」，强本作「靖」，蒙本、嚴本從强本，周王本、周本從敦本。

〔七〕「滋」，强本作「尤」，蒙本、周王本、周本從敦本，嚴本從强本。

〔八〕「聖人設教」，敦本作「人設聖教」，强本作「聖人設教」，蒙本、嚴本從强本，周王本、周本從敦本。據强本改。

反〔一〕澆還淳、去華歸實〔二〕。

甘其食，美其服，安其居，樂其俗。

物情不悅，食玉衣錦不以爲美；人心既適，飯蔬披〔三〕褐足可爲甘。今陶聖化、過大鈞，人無貴賤，所食者皆甘也；服無好惡，所衣者皆〔四〕美也；家無貧富，所居者皆安也；鄉無豐儉，所住者皆樂也。既無遠徙之者，自〔五〕絶弱喪之人也〔六〕。

鄰國相望，鷄狗〔七〕之聲〔八〕相聞，使人〔九〕至老死不相往來。

〔一〕「反」，敦本作「及」，强本作「反」，諸輯本從强本。據强本改。
〔二〕「實」，强本作「實也」，蒙本、嚴本從强本，周王本、周本從敦本。
〔三〕「披」，强本作「被」，諸輯本從强本。
〔四〕「皆」，敦本脱，强本有，諸輯本從强本。據强本補。
〔五〕「自」，强本作「故」，蒙本、嚴本從强本，周王本、周本從敦本。
〔六〕「也」，强本無，蒙本、嚴本從强本，周王本、周本從敦本。
〔七〕「狗」，强本作「犬」，蒙本、周王本、周本從敦本，嚴本從强本。
〔八〕「聲」，强本作「音」，蒙本、周王本、周本從敦本，嚴本從强本。
〔九〕「使人」，强本作「民」，蒙本、周王本、周本從敦本，嚴本從强本。

兩國爲鄰，望之在目，鷄鳴狗吠，聽之耳聞〔一〕。從始至終，以少及老，不相往來，人人皆自足，家家俱有道〔二〕，故曰人相忘於〔三〕道術，魚相忘於江湖，其斯之謂者也〔四〕。

〔一〕「耳聞」，强本作「聞耳」，蒙本、嚴本從强本，周王本、周本從敦本。
〔二〕「道」，敦本脱，强本有，蒙本、嚴本從强本，周王本、周本從敦本。據强本補。
〔三〕「於」，敦本脱，强本有，蒙本、嚴本從强本，周王本、周本從敦本。據强本補。
〔四〕「其斯之謂者也」，强本作「此謂也」，蒙本從敦本但删「者」字，嚴本從强本，周王本、周本從敦本。

八十一章

信言不美〔一〕，美〔二〕言不信。

言以宣心，非關忘〔三〕作，務存實理，不在華詞，故云信言不美。甘言失真，輕諸寡〔四〕信〔五〕，故云〔六〕美言不信〔七〕也。

善者不辯，辯者不善。

〔一〕「美」，敦本作「羙」，强本作「羑」，諸輯本作「美」。《敦煌俗字典（第二版）》「美」字下收録「羑」。注文「信言不美」「美言不信」之「美」同此。

〔二〕「美」，敦本脱，强本作「美」，諸輯本從强本並改「美」爲「美」。據諸輯本補。

〔三〕「忘」，强本作「妄」，諸輯本從强本。「忘」通「妄」，《韓非子·解老》：「前識者，無緣而忘意度也。」王先慎《韓非子集解》：「忘與妄通。」《老子》第十六章：「不知常，忘作，凶。」朱謙之《老子校釋》：「忘、妄古通。」

〔四〕「寡」，敦本作「宣」，强本作「寡」，諸輯本從强本。「宣」爲「寘」的訛字，「寘」同「寡」，《中華字海》：「寘，同『寡』。字見漢《曹全碑》。」今從敦本將「宣」改正爲「寘」的通行繁體字「寡」。

〔五〕「信」，强本作「實」，蒙本從强本，嚴本、周王本、周本從敦本。

〔六〕「云」，强本作「言」，蒙本、嚴本從强本，周王本、周本從敦本。據文意，「云」「言」均可通。

〔七〕「信」，敦本作「言」，强本作「信」，諸輯本從强本。據强本改。

大辯若訥，無勞詞費，善者不辯也。偏詞過當，多言數窮，辯者不善〔一〕。

知者不博，博者不知。

子能知一，萬事畢，知者不博也。文滅質，博〔二〕溺心，迷至理，不知也。

聖人不積〔三〕，既以爲〔四〕人，己逾〔五〕有；既以與人，己逾多。

不積者，虛懷也。猶如〔六〕日月流輝，照臨萬寓〔七〕，物得以〔八〕見，轉益光華，猶聖人智徹〔九〕於物，法施無窮也。江海灑潤，善利萬物，物得以生，而源流不竭，亦猶聖人財〔一〇〕施不盡也。

天之道，利而不害；聖人之道，爲而不争。

〔一〕「善」，强本作「善也」，蒙本、嚴本從强本，周王本、周本從敦本。

〔二〕「博」，敦本作「博博」，强本作「博」，諸輯本從强本。據强本删。

〔三〕「聖人不積」，敦本脱，强本有，蒙本、嚴本從强本，周王本、周本從敦本。據强本補。

〔四〕「爲」，强本作「與」，蒙本、周王本、周本從敦本，嚴本從强本。

〔五〕「逾」，强本作「愈」，蒙本、嚴本從强本，周王本、周本從敦本。下經文「逾多」之「逾」同此。

〔六〕「不積者虛懷也猶如」，敦本脱，强本有，蒙本、嚴本從强本，周王本、周本從敦本。據强本補。

〔七〕「萬寓」，强本作「方嵎」，蒙本從敦本，嚴本從强本，周王本作「萬嵎」，周本作「萬崳」。

〔八〕「以」，强本作「已」，蒙本、周王本、周本從敦本，嚴本從强本。「以」「已」通。

〔九〕「徹」，敦本作「徹」，强本作「徹」，諸輯本從强本。《敦煌俗字典（第二版）》「徹」字頭下收録「徹」。

〔一〇〕「財」，敦本作「則」，强本作「財」，諸輯本從强本。據强本改。

天道施生，利也，常善救人而不害〔一〕也。争由心起，爲因事生。聖人無心，自然無事〔二〕，事既無事，爲〔三〕亦無爲也〔四〕。

〔一〕「人而不害」，敦本脱，强本有，諸輯本從强本。據强本補。
〔二〕「無事」，敦本作「争」，强本作「無事」，諸輯本從强本。據强本改。
〔三〕「爲」，强本同，蒙本作「無」，嚴本、周王本、周本從敦本。當作「爲」。
〔四〕「也」，强本無，蒙本、嚴本從强本，周王本、周本從敦本。

附録

主要參考文獻

一、李榮《道德經注》底本、輯本、校本

（一）［唐］李榮：《道德真經注》，《道藏》第一四册，北京：文物出版社，上海：上海書店，天津：天津古籍出版社，一九八八年。

（二）李榮《道德經注》敦煌寫本殘卷 P. 二五九四，見 http：//idp. bl. uk/database/oo_scroll_h. a4d?uid=2887855317；recnum=59729；index=6.

（三）李榮《道德經注》敦煌寫本殘卷 P. 二八六四，見 http：//idp. bl. uk/database/oo_scroll_h. a4d?uid=290781879；recnum=60045；index=5.

（四）李榮《道德經注》敦煌寫本殘卷 P. 三二三七，見 http：//idp. bl. uk/database/oo_scroll_h. a4d?uid=292845088；recnum=60482；index=4.

（五）李榮《道德經注》敦煌寫本殘卷 P. 二五七七，見 http：//idp. bl. uk/database/oo_scroll_h. a4d?uid=293957638；recnum=59712；index=5.

（六）李榮《道德經注》敦煌寫本殘卷 P. 三二七七，見 http：//idp. bl. uk /database / oo_scroll_h. a4d?uid=294890046；recnum=60556；index=4.

（七）李榮《道德經注》敦煌殘卷 S. 二〇六〇，參見方廣錩、［英］吴芳思主編：《英國國家圖書館藏敦煌遺書》，桂林：廣西師範大學出版社，二〇一四年，第三五〇—三五四頁。

（八）［前蜀］强思齊：《道德真經玄德纂疏》，《道藏》第一三册，北京：文物出版社，上海：上海書店，天津：天津古籍出版社，一九八八年。

（九）顧歡：《道德真經注疏》，《道藏》第一三册，北京：文物出版社，上海：上海書店，天津：天津古籍出版社，一九八八年。

（一〇）［宋］李霖：《道德真經取善集》，《道藏》第一三册，北京：文物出版社，上海：上海書店，天津：天津古籍出版社，一九八八年。

（一一）［唐］李榮：《道德真經注》，蒙文通輯校，《蒙文通全集》第五册《道教甄微·輯校李榮〈道德經注〉》，蒙默編，成都：巴蜀書社，二〇一五年。

（一二）［唐］李榮：《老子注》，嚴靈峰輯，《無求備齋老子集成初編》第三函《輯李榮老子注》，臺北：藝文印書館，一九六五年。

（一三）［唐］李榮：《道德真經注》，周國林點校，王卡復校，《中華道藏》第九册，熊鐵基主編，北京：華夏出版社，二〇〇四年。
（一四）［唐］李榮：《道德真經注》，周國林點校，《老子集成》第一卷，熊鐵基、陳紅星主編，北京：宗教文化出版社，二〇一一年。
（一五）黄海德：《李榮〈老子注〉校釋（一章）》，《道教研究》第一輯，黄海德主編，成都：四川人民出版社，一九九四年，第五九—六四頁。
（一六）黄海德：《倫敦不列顛博物院敦煌S.二〇六〇寫卷研究》，《四川師範大學學報（社會科學版）》一九九二年第三期，第七二—八〇頁。
以上文物出版社、上海書店、天津古籍出版社出版的《道藏》中文字不清晰處，以涵芬樓影印《正統道藏》爲據。

二、老子《道德經》校本

（一）朱謙之：《老子校釋》，北京：中華書局，一九八四年。
（二）高明：《帛書老子校注》，北京：中華書局，一九九六年。

三、工具書

（一）潘重規：《敦煌俗字譜》，臺北：石門圖書公司，一九七八年。
（二）金榮華：《敦煌俗字索引》，臺北：石門圖書公司，一九八〇年。
（三）［清］段玉裁：《説文解字注》，上海：上海古籍出版社，一九八一年。
（四）［唐］顔元孫：《干禄字書》，《景印文淵閣四庫全書》第二二四册，臺北：臺灣商務印書館，一九八六年。
（五）［遼］釋行均：《龍龕手鑑》，《景印文淵閣四庫全書》第二二六册，臺北：臺灣商務印書館，一九八六年。
（六）［梁］顧野王：《大廣益會玉篇》，北京：中華書局，一九八七年。
（七）［明］梅膺祚，［清］吴任臣：《字彙　字彙補》，上海：上海辭書出版社，一九九一年。
（八）冷玉龍、韋一心：《中華字海》，北京：中華書局、中國友誼出版公司，一九九四年。
（九）［唐］釋慧琳：《一切經音義》，《續修四庫全書》第一九六、一九七册，上海：上海古籍出版社，二〇〇二年。
（一〇）［唐］釋玄應：《一切經音義》，《續修四庫全書》第一九八册，上海：上海古籍出版社，二〇〇二年。
（一一）［金］韓孝彦、韓道昭撰，［明］釋文儒、思遠、文通删補：《成化丁亥重刊改併五音類聚四聲篇海》，《續修四庫全書》第二二九册，上海：上海古籍出版社，二〇〇二年。
（一二）［明］宋濂撰，［明］屠隆訂正：《篇海類編》，《續修四庫全書》第二二九、二三〇册，上海：上海古籍出版社，二〇〇二年。
（一三）［明］張自烈撰，［清］廖文英續：《正字通》，《續修四庫全書》第二三四、二三五册，上海：上海古籍出版社，二〇〇二年。
（一四）［清］王念孫：《廣雅疏證》，北京：中華書局，二〇〇四年。
（一五）漢語大字典編輯委員會：《漢語大字典（第二版）》，武漢：崇文書局，成都：四川辭書出版社，二〇一〇年。
（一六）［漢］許慎撰，［宋］徐鉉校定：《説文解字》，北京：中華書局，二〇一三年。
（一七）［唐］陸德明：《經典釋文》，上海：上海古籍出版社，二〇一三年。
（一八）［清］朱駿聲：《説文通訓定聲》，北京：中華書局，二〇一六年。
（一九）［宋］陳彭年等：《鉅宋廣韻》，上海：上海古籍出版社，二〇一七年。
（二〇）［宋］丁度等：《集韻》，上海：上海古籍出版社，二〇一七年。
（二一）黄征：《敦煌俗字典（第二版）》，上海：上海教育出版社，二〇一九年。

初唐重玄學大師李榮《道德經注》成書時地新論

蓋建民　張克政

重玄學是道教思想史乃至中國思想史上具有承前啓後作用的重要哲學思潮〔一〕。李榮（號任真子，綿州巴西縣即今四川綿陽人，曾數次參加佛道朝廷論義，嘗與長安諸道士搜集重修道經，推動道教義理建設，是唐高宗時著名道教思想家）是初唐與西華法師成玄英齊名的重玄學大師。王維謂李榮「有文知名」〔二〕，蒙文通先生認爲「榮誠富於著述者也」〔三〕。見諸史料的李榮著作有《洗浴經》《道德經注》《老子道德經集解》《西升經注》，蒙先生考證李榮尚著有《莊子注》〔四〕。這些著作中，

〔一〕學界對重玄學的内涵、性質、淵源、影響等問題的看法不一，總結性討論可參見黄海德《二十世紀道教重玄學研究之學術檢討》，《諸子學刊》二〇一七年第二期，第二七二—二八九頁。

〔二〕［清］趙殿成：《王右丞集箋注》卷二五《大薦福寺大德道光禪師塔銘》，《景印文淵閣四庫全書》第一〇七一册，臺北：臺灣商務印書館，一九八六年，第三二二頁上。

〔三〕蒙文通：《蒙文通全集》第五册，蒙默編，成都：巴蜀書社，二〇一五年，第二三七頁。

〔四〕參見蒙文通：《蒙文通全集》第五册，第二三七頁。

《洗浴經》是否即是敦煌遺書中的《太上靈寶洗浴身心經》有待考證〔二〕，《老子道德經集解》是否爲李榮所著暫無定論〔三〕，《西升經注》僅有部分文字散存于陳景元《西升經集注》，李榮是否曾撰《莊子

〔二〕 敦煌遺書中有《太上靈寶洗浴身心經》一卷，《正統道藏》未收。王卡先生在其點校的《太上靈寶洗浴身心經》説明框中稱：「唐釋玄嶷《甄正論》稱唐道士李榮造《洗浴經》，當即此書。」（《太上靈寶洗浴身心經》，張繼禹主編：《中華道藏》第六册，北京：華夏出版社，二〇〇四年，第八六頁）但在稍後出版的《敦煌道教文獻研究——綜述・目録・索引》一書「太上靈寶洗浴身心經」條按語中，王卡先生又稱「敦煌本是否李榮所造，尚待研究」（王卡：《敦煌道教文獻研究——綜述・目録・索引》，北京：中國社會科學出版社，二〇〇四年，第一三二—一三三頁）。

〔三〕 李榮是否撰有《老子道德經集解》，尚無定論。主要觀點有三種。其一，《老子道德經集解》與《道德經注》是二書，且均爲李榮所著，如蒙文通先生認爲，《正統道藏》中題爲顧歡所撰之《道德經注疏》「爲李榮之作，乃李之《集解》」（蒙文通：《蒙文通全集》第五册，第二三八頁）。其二，《老子道德經集解》與《道德經注》實爲一書，如王重民先生認爲，杜光庭《道德真經廣聖義》著録的「任真子李榮《注》（上下二卷）」、《舊唐書》著録的「《老子道德經集解》四卷（任真子注）」、《新唐書》著録的「任真子《集解》四卷」同爲《宋史》著録的「李榮《老子道德經注》」（王重民：《老子考》上册，北京：中華圖書館協會，一九二七年，第一三六—一三七頁）；吕慧鈴也認爲二書很可能是一書（參見吕慧鈴：《李榮〈道德真經注〉思想研究》，臺灣師範大學二〇〇七年碩士論文，第四二—四三頁）。其三，《老子道德經集解》與《道德經注》爲二書，但《老子道德經集解》著者非李榮，如黄海德教授認爲，《道德經注》與《老子道德經集解》是二書，但《老子道德經集解》「既非顧歡所注，亦非張君相集解，亦不爲李榮所撰」，而是後人無名氏所集，「因見其中有李榮注，故屬之于任真子」（黄海德：《李榮及其〈老子注〉考辨》，《世界宗教研究》一九八七年第四期，第五四頁）；董恩林認爲，《道德經注》與《老子道德經集解》「不可能是一書，二書作者也不可能是一人，作《老子道德經集解》的『任真子』很可能不是李榮，而是另一佚名者，誠所謂此任真子非彼任真子也」（董恩林：《唐代〈老子〉詮釋文獻研究》，濟南：齊魯書社，二〇〇三年，第一〇五—一〇六頁）。筆者認爲，「注」與「集解」的撰寫方式及内容大不相同，因此僅從書名看，二書不是一書的可能性更大。

注》仍存争議〔二〕，唯有《道德經注》留存較爲完整且公認爲李榮所著。作爲初唐重玄學的代表性著作之一，李榮《道德經注》(以下簡稱「李《注》」)對於理解重玄學的思想義涵、認識重玄學的源流影響等具有重要文本價值。而要研究李《注》，其成書時間及地點則是無法繞開的問題，對勾勒李榮生平更有直接影響。然而，學界在討論這一問題時，時間多不具體，地點更少論及。筆者所見，雖然强昱教授對李《注》成書時間及地點有比較詳細的考證，但其結論尚可商榷。本文在學界現有研究成果基礎上，試就上述兩個問題作進一步考辨，以期爲深入研究李榮著作、生平提供便利。

一、李《注》成書時間

關於李《注》成書時間，學界觀點不盡相同。王重民先生以該注將「治國作理國」以避唐高宗李治諱、「正字作㐀，不始於武后」等爲根據，認爲李《注》撰于唐高宗時期〔三〕。蒙文通先生推測，

〔二〕　蒙文通先生認爲李榮著有《莊子注》。作爲治學嚴謹的大家學者，蒙先生所論應有所本，但未知所本出自何處。盧國龍研究員則明確認爲「李榮不曾注疏《莊子》」(盧國龍：《中國重玄學》，北京：人民中國出版社，一九九三年，第二六〇頁)，强昱所列李榮著作也不包括《莊子注》(參見强昱：《成玄英李榮著述行年考》，《道家文化研究——「玄學與重玄學專號」》第一九輯，陳鼓應主編，北京：生活·讀書·新知三聯書店，二〇〇二年，第三二五頁)。因無史料支持蒙先生觀點，李榮是否著有《莊子注》，暫存疑。

〔三〕　參見王重民：《敦煌古籍叙録》，北京：商務印書館，一九五八年，第二四二—二四三頁。

「李在總章先已聲稱早著，遂應詔赴闕，知其成書，更在以前，未必能下及開元」〔一〕，由此可知，蒙先生認爲該注至少應成書于總章元年（六六八）之前。黄海德教授認爲，「李榮《老子注》成書于初唐」〔二〕。强昱教授認爲，該注完成于李榮居昊天觀時期，至遲在麟德元年（六六四）應已成書〔三〕。吕慧鈴所推結論與强昱教授相同〔四〕。周鵬則認爲，該注「並非成書于高宗時，而是作于武周代唐的初期」〔五〕。五種觀點中，王重民先生和黄海德教授的觀點較爲籠統，且黄教授所説「初唐」不確定是指唐太宗時期還是唐高宗時期；蒙先生、强教授、吕慧玲的觀點雖較爲具體，但仍只是劃出了該注成書時間的下限；周鵬的觀點明顯不同於前四種，所推論的成書時間最晚。下文主要根據李榮曾爲東明觀道士這一史實和學界尚未充分注意的該注「序」相關内容進一步考證其成書時間。

〔一〕蒙文通：《蒙文通全集》第五册，第一〇〇頁。
〔二〕黄海德：《李榮及其〈老子注〉考辨》，第五六頁。
〔三〕參見强昱：《成玄英李榮著述行年考》，第三一七頁。
〔四〕參見吕慧鈴：《李榮〈道德真經注〉思想研究》，第四五頁。
〔五〕周鵬：《從「通玄」到「復性」——唐宋老學史研究》，華東師範大學二〇一八年博士論文，第六五—六六頁。

（一）李《注》成書的三個可能時間段

李榮一生的三次入京經歷及史料記載其爲東明觀道士的大略情形爲：約永徽三年（六五二）至顯慶元年（六五六）間初次入京，至遲顯慶三年（六五八）冬入住東明觀〔二〕，顯慶五年（六六〇）八月被「令還梓州」〔三〕，其後當在蜀地；龍朔三年（六六三）一至六月間奉敕二次入京，麟德元年仍住東明觀，總章元年或二年（六六九）仍爲東明觀道士，約總章二年冬前後奉敕入蜀齋醮投龍，其後淹留蜀地；最早約於咸亨三年（六七二）年春後第三次入京，其後應未離開長安，直至去世。

如以上考辨不至大謬，則李榮在長安期間且史料未明確記載其爲東明觀道士的時間段有：初

〔二〕《續高僧傳》卷一五載：「顯慶三年冬，雩祈雪候，內設福場，敕召入宮，令與東明觀道士論義。有道士李榮立本際義。」（〔唐〕釋道宣：《續高僧傳》卷一五《唐京師慈恩寺釋義褒傳十五》，《大正新修大藏經》第五〇冊，東京：日本大正一切經刊行會，一九三四年，第五四七頁下）《集古今佛道論衡》卷丁載：「顯慶三年冬十一月，上以冬雪未零，憂勞在慮，思弘法雨，雩祈雪降。……下敕召大慈恩寺沙門義褒、東明觀道士張惠元等入內。……時道士李榮先升高座，立本際義。」（〔唐〕釋道宣：《集古今佛道論衡》卷丁《帝以冬旱內立齋祀召佛道二宗論議事第三》，《大正新修大藏經》第五二冊，第三八九頁下）據此，顯慶三年冬，李榮已是東明觀道士。

〔三〕參見〔唐〕釋道宣：《集古今佛道論衡》卷丁《今上在東都有洛邑僧靜泰敕對道士李榮敘道事第五》，《大正新修大藏經》第五二冊，第三九二頁下。

次入京後至最遲顯慶三年冬之前、顯慶三年冬後至顯慶五年八月前、約麟德二年至總章元年二月前、約咸亨三年春後至去世。這四個時間段中，初次入京後至最遲顯慶三年冬之前，李榮應在長安其他道觀，因東明觀類似于國家道院，地位尊崇，不可能輕易入住，後來李榮在與僧人論義中「論激連環不絕」「屢遭勍敵，仍參勝席」[一]，地位逐步上升，遂至遲于顯慶三年冬入住東明觀；既已入住東明觀，且逐漸成爲「道士之望」「老宗魁首」[二]，李榮當無理由離開東明觀而另住其他道觀，因此顯慶三年冬後至顯慶五年八月前，應仍居東明觀；麟德元年，李榮曾與長安諸道士搜集並重修道經[三]，推動道教義理建設，地位應較前更有提高，因此麟德二年至總章元年二月前，當仍住東明觀；韋述《兩京新記》卷三記載，東明觀内「有道士巴西李榮碑」[四]，表明李榮很可能去世於東明觀，所以，大約咸亨三年春後第三次入京直至其去世，李榮應仍爲東明觀道士。這就是説，在長安期

[一] ［唐］釋道宣：《集古今佛道論衡》卷丁《今上在東都有洛邑僧靜泰敕對道士李榮叙道事第五》，《大正新修大藏經》第五二册，第三九二頁下—三九三頁上。

[二] ［唐］釋道宣：《集古今佛道論衡》卷丁《今上在東都有洛邑僧靜泰敕對道士李榮叙道事第五》，《大正新修大藏經》第五二册，第三九二頁下。

[三] 參見［唐］釋道世：《法苑珠林》卷五五《破邪篇第六十二・感應緣・安傳邪教第三》，《大正新修大藏經》第五三册，第七〇三頁中。

[四] ［唐］韋述、杜寶：《兩京新記輯校・大業雜記輯校》，辛德勇輯校，西安：三秦出版社，二〇〇六年，第五六頁。

間，只有在初次入京後至最遲顯慶三年冬前這段時間，李榮不是東明觀道士。

另外，李榮不在長安的時間段有： 初次入京之前、顯慶五年八月被「令還梓州」後至龍朔三年上半年二次入京前、約總章二年冬前後奉敕入蜀齋醮投龍至最早咸亨三年春後第三次入京前。這三個時間段中，初次入京之前，李榮在蜀地，不可能爲東明觀道士； 顯慶五年八月，因李榮與釋靜泰論老子化胡之事時「四度無答」「對論失言」，導致道教一方「舉宗落采」[二]，遂被「令還梓州」，返還梓州後李榮不可能再以東明觀道士自居； 約總章二年冬前後奉敕入蜀齋醮投龍期間，李榮身份應仍爲東明觀道士，故第三次入京後順理成章仍住東明觀。

由以上推論可知，李榮一生中，其身份不是東明觀道士的時間段只有三個，一爲初次入京前，二爲初次入京後至最遲顯慶三年冬之前，三爲顯慶五年八月後至龍朔三年上半年二次入京前。 又，李《注》署名「元天觀道士李榮」[三]，據此可以肯定，該注不可能成書于李榮入住東明觀期間，而只能撰於其身份不是東明觀道士的三個時間段其中之一。

[二] 參見［唐］釋道宣：《集古今佛道論衡》卷丁《今上在東都有洛邑僧静泰敕對道士李榮叙道事第五》，《大正新修大藏經》第五二册，第三九二頁下。

[三] ［唐］李榮：《道德真經注》卷一，《道藏》第一四册，文物出版社、上海書店、天津古籍出版社，一九八八年，第三八頁。

（二）李《注》不應成書于顯慶三年冬之前

李《注》成書於初次入京前、初次入京後至最遲顯慶三年冬前、顯慶五年八月後至龍朔三年上半年二次入京前這三個時間段的可能性各有多大？

首先，可以排除李《注》成書於其初次入京前的可能性。理由一，李《注》「序」有「道士臣榮言」「臣榮跡齒玄肆」和「無任惶恐之至，謹奉表以聞。謹言」[一]之語。臣通常是官吏對君主的自稱，當然也可用作表示自謙。李《注》「序」雖名爲「序」，實則爲「表」[二]，而「表」一般用作臣子向皇帝上書陳情。李榮在初次入京之前，理應不會自稱爲臣，更不可能奉表陳情，只有在受唐高宗徵召入宮論義後，李榮才可能以臣自稱，據此似可認定，該注不應成書於其初次入京之前。理由二，李《注》「序」又有「猥以擁腫之性，再奉渙汗之言，遂得揮玉柄於紫庭，聽金章於丹陛，亟參高論，未展幽

[一]［唐］李榮：《道德真經注》「序」，《道藏》第一四册，第三七頁。

[二] 蒙文通先生云：「《正統道藏》《李注》殘本卷首有此序，實爲《上道德經注表》，易表爲序，蓋樸野者所妄改。」（參見蒙文通：《蒙文通全集》第五册，第三〇四頁）嚴靈峰認爲：「此表原題『道德真經注序』，今依文體改正。」（參見嚴靈峰：《輯李榮老子注（一）・輯李榮道德經注序》，《無求備齋老子集成初編》第三函，臺北：藝文印書館，一九六五年，第二頁）

誠」〔一〕之語。「涣汗」常用來喻指皇帝聖旨〔二〕，「紫庭」指帝王宮庭，「丹陛」原意爲宮殿臺階，也引申借指朝廷或皇帝。李榮初次入京前不可能有「再奉涣汗之言，遂得揮玉柄於紫庭，聽金章於丹陛，亟參高論」的經歷，因此該注至少應撰於其初次入京之後。

其次，李《注》也不可能成書於其初次入京後至最遲顯慶三年冬之前。李榮初次入京後應先居長安其他道觀，至遲于顯慶三年入住東明觀。據此，該注似有可能撰於其初次入京後至入住東明觀前。然而，如果該注撰于這一時間段，則只能在長安元天觀。但是，唐代長安並無元天觀。張澤洪教授、景志明曾據清人徐松《唐兩京城坊考》製作「唐代長安道觀一覽表」，該表中並無元天觀〔三〕。再查《唐會要》《舊唐書》《新唐書》《兩京新記》《長安志》等典籍，唐代長安、洛陽兩地確無元天觀。

關於唐代長安無元天觀而李《注》又署名「元天觀道士李榮」這一矛盾，强昱教授以「元天觀爲

〔一〕［唐］李榮：《道德真經注》「序」，《道藏》第一四册，第三七頁。

〔二〕《易·涣》云：「九五，涣汗其大號。」李鼎祚《周易集解》引《九家易》曰：「謂五建二爲諸侯，使下君國，故宣佈號令，百姓被澤，若汗之出身，不還反也。」（參見［清］李道平：《周易集解纂疏》卷七，潘雨廷點校，北京：中華書局，一九九四年，第五〇九—五一〇頁）。又《宋書·范泰傳》載：「是以明詔爰發，已成涣汗，學制既下，遠近遵承。」（［梁］沈約：《宋書》卷六〇《列傳第二十·范泰》，北京：中華書局，一九七四年，第一六一七頁）

〔三〕參見張澤洪、景志明：《唐代長安道教》，《宗教學研究》一九九三年Z一期，第一—三頁。

昊天觀之誤」解釋，認爲該注完成于李榮居昊天觀期間〔二〕。吕慧鈴也認同此説。然而，强教授和吕慧鈴的觀點——元天觀乃昊天觀之誤——似難成立，理由是「昊」「元」二字的字形、寫法差異極大，該注在流傳過程中將「昊」字誤寫或誤刻爲「元」字的可能性雖不能完全排除，但應極小。另外，强昱教授所考李榮於「麟德元年前後，改居東明觀」〔三〕，也不準確，實則李榮至遲在顯慶三年冬已居東明觀。

據上所論，李《注》不應成書于顯慶三年冬之前，而應撰于顯慶五年八月被「令還梓州」後至龍朔三年上半年二次入京前。

（三）李《注》應撰于顯慶五年八月後至龍朔三年上半年李榮二次入京前

李《注》「序」述其修道並奉詔進入皇宫論義的經歷及撰寫該注的原委云：

臣榮跡齒玄肆，名參丹籙，漱清流而心非止水，抗幽石而鑒殊懸鏡。淹留丹桂，夙徹耳於熏風；舞詠青溪，空曝背於唐日。猥以擁腫之性，再奉涣汗之言，遂得揮玉柄於紫庭，聽金章於

〔二〕參見强昱：《成玄英李榮著述行年考》，第三一七頁。

〔三〕同上注。

丹陛，亟參高論，未展幽誠。以夫巨壑三山，泛鱗洲而未測；通泉九井，仰龍德以如存。敢罄庸愚，輒爲注解，自惟夕惕，竊喜朝聞。〔一〕

李榮所謂「再奉涣汗之言，遂得揮玉柄於紫庭，聽金章於丹陛，亟參高論」，顯然是在陳述他因奉唐高宗之詔才得以進入皇宫論義的經歷。

更爲關鍵的信息由「未展幽誠」一語提供。「未展幽誠」大意爲未能充分展現玄隱深奥、清静無爲的道教義理，明顯爲自責之語。據《集古今佛道論衡》卷丁記載，李榮初次入京後，積極參與佛道論義，並逐漸成爲道教一方不可或缺的人物，且辯績卓著，正所謂「道士之望，唯指於榮」「道士李榮，老宗魁首，恃其管見，親預微延，屢遭勍敵，仍參勝席」〔二〕；未曾料到，在顯慶五年八月與釋静泰論老子化胡事時，卻爲釋静泰所難，四度失語無答，導致道教一方「舉宗落采」，遂被「令還梓州」。《集古今佛道論衡》卷丁所記事實與李榮自責「亟參高論，未展幽誠」之意恰好相合。據此可以認爲，李榮「未展幽誠」之語當在表達——由於未能深研並充分展現玄隱深奥、清静無爲的道教義理，

〔一〕［唐］李榮：《道德真經注》「序」，《道藏》第一四册，第三七頁。

〔二〕［唐］釋道宣：《集古今佛道論衡》卷丁《今上在東都有洛邑僧静泰敕對道士李榮叙道事第五》，《大正新修大藏經》第五二册，第三九二頁下—三九三頁上。

遂導致在與釋静泰論義時失利，致令道教一方「舉宗落采」——深深自責之意。根據這些信息推測，李榮應該就是在「令還梓州」後，痛定思痛，傾注心血撰寫了《道德經注》，即所謂「敢罄庸愚，輒爲注解」。撰寫該注一爲深研道教義理，二爲重新引起唐高宗重視。大概唐高宗在看到該注之後才令其二次入京。

綜上所論，李《注》應成書于顯慶五年八月後至龍朔三年上半年其二次入京前。這一結論雖較蒙文通、王重民二先生和强昱教授以及吕慧鈴所推論的時間更爲具體，但並未推翻以上諸家所論。至於周鵬認爲李《注》成書于武周代唐初期的觀點，似較牽强。周鵬提出這一觀點的主要理由是：李榮在該注第二章中有「皇上應千年之運，隆七百之基」之語，而「『七百之基』」云者，歷史上周朝曾『卜年七百』，可見『皇上』並非指高宗，而是繼高宗而建周的則天武后」，因此該注實爲李榮奉呈則天皇后的御覽之作〔二〕。筆者以爲，「卜世三十，卜年七百」雖最初用於稱頌周朝七〇〇餘年國運長久，但並非專指周朝或以「周」爲國號的朝代的國運，實際上，後世一般用「卜年七百」形容封建王朝運祚綿長。

〔二〕　參見周鵬：《從「通玄」到「復性」——唐宋老學史研究》，第六五—六六頁。

二、李《注》成書地點

如果李《注》成書于顯慶五年八月後至龍朔三年上半年其二次入京前，而其時李榮在蜀地，那麽蜀地就應有元天觀。

（一）史料所載蜀地元天觀

筆者所見，《古今圖書集成》〔二〕之《方輿彙編·職方典》和《文淵閣四庫全書》之《陝西通志》《甘肅通志》《四川通志》均記載有名爲元天觀的道觀。

據《方輿彙編·職方典》所載，歷史上，國内曾建有西安府洛南縣元天觀（即左洛庵）〔三〕、成都府

〔二〕《古今圖書集成》最初版本爲雍正時銅活字原印本，簡稱銅活字本或殿本；後又有光緒時圖書集成印書局扁體鉛字本，簡稱鉛字本或扁字本，又稱「美查本」；後又有光緒時同文書局石印本，簡稱石印本或同文本。一九三四年，中華書局依據康有爲所藏雍正銅活字本縮小影印該書，簡稱中華本。一九八四—一九八八年，中華書局與巴蜀書社以一九三四年中華本爲底本重新影印，聯合出版該書。二〇〇六年，國家圖書館與齊魯書社合作，原大小影印館藏雍正銅活字本。本文所引《古今圖書集成》文字均出自一九三四年中華本。

〔三〕參見《方輿彙編·職方典》卷五〇六《西安府部彙考十六·西安府祠廟考三》，《古今圖書集成》第一〇一册，北京：中華書局，一九三四年影印版，第五一頁。

崇慶州元天觀〔一〕、夔州府萬縣元天觀、夔州府太平縣元天觀〔二〕、泗城府向武州元天觀、泗城府田州元天觀一（州城東）、泗城府田州元天觀二（上林縣治東）〔三〕、臨安府阿迷州元天觀、臨安府寧州元天觀一（治城學右關聖殿後）、臨安府寧州元天觀二（治南孫家坦）〔四〕、澄江府元天觀〔五〕、思南府元天觀〔六〕，共計十二處（見表一）。

表一：《古今圖書集成》所載元天觀一覽表

序號	名稱	具體位置	始建年代	今所屬省市
一	西安府洛南縣元天觀	不詳	不詳	陝西商洛市
二	成都府崇慶州元天觀	治北二里	不詳	四川成都市

〔一〕參見《方輿彙編·職方典》卷五九一《成都府部彙考七·成都府祠廟考二》，《古今圖書集成》第一〇八册，第二〇頁。

〔二〕參見《方輿彙編·職方典》卷六一六《夔州府部彙考四·夔州府祠廟考》，《古今圖書集成》第一一〇册，第二七頁。

〔三〕參見《方輿彙編·職方典》卷一四五二《泗城府部彙考二·泗城府祠廟考》，《古今圖書集成》第一七五册，第三六—三七頁。

〔四〕參見《方輿彙編·職方典》卷一四七五《臨安府部彙考五·臨安府祠廟考》，《古今圖書集成》第一七七册，第四五頁。

〔五〕參見《方輿彙編·職方典》卷一四八八《澄江府部彙考四·澄江府祠廟考》，《古今圖書集成》第一七八册，第四二頁。

〔六〕參見《方輿彙編·職方典》卷一五二九《思南府部彙考二·思南府祠廟考》，《古今圖書集成》第一八一册，第五一頁。

續表

序號	名稱	具體位置	始建年代	今所屬省市
三	夔州府萬縣元天觀	縣北二十里	不詳	重慶萬州區
四	夔州府太平縣元天觀	縣治北	不詳	四川達州市
五	泗城府向武州元天觀	武城山頂	明洪武間	廣西崇左市？
六	泗城府田州元天觀（一）	州城東	明洪武中	廣西百色市？
七	泗城府田州元天觀（二）	上林縣治東	元至正間	廣西百色市？
八	臨安府阿迷州元天觀	東門外	不詳	雲南紅河州
九	臨安府寧州元天觀（一）	治城學右關聖殿後	不詳	雲南玉溪市
一〇	臨安府寧州元天觀（二）	治南孫家坦	不詳	雲南玉溪市
一一	澄江府元天觀	城東舊城	不詳	雲南玉溪市
一二	思南府本府元天觀	府治北	不詳	貴州銅仁市

又，據《陝西通志》，平利縣曾有一處元天觀〔一〕。《甘肅通志》記載，臨洮府西固城有一處元天觀〔二〕。《四川通志》所收張三豐詩作《題元天觀》〔三〕，證實明代四川省仍有一處元天觀。以上元天觀共計三處（見表二）。

表二：《文淵閣四庫全書》所載元天觀一覽表

序號	名稱	具體位置	始建年代	今所屬省市
一	平利縣元天觀	錦屏山	不詳	陝西安康市
二	西固城元天觀	駝龍嶺	明正德間	甘肅蘭州市
三	張三豐《題元天觀》之元天觀	不詳	不詳	四川？

〔一〕參見［清］劉於義等監修，沈青崖等撰：《陝西通志》卷一二《山川五》，《景印文淵閣四庫全書》第五五一冊，第六一二頁下。

〔二〕參見［清］許容等監修，李迪等撰：《甘肅通志》卷一二《祠祀》，《景印文淵閣四庫全書》第五五七冊，第三八六頁下。

〔三〕參見［清］黃廷桂等監修，張晉生等撰：《四川通志》卷三九《藝文》，《景印文淵閣四庫全書》第五六一冊，第二八〇頁下。

以上《古今圖書集成》和《文淵閣四庫全書》所載元天觀共計十五處。這十五處元天觀中，成都府崇慶州元天觀、夔州府萬縣元天觀、夔州府太平縣元天觀、張三豐詩中的元天觀大致都位於唐代所稱蜀地。由此產生兩個問題：一，唐高宗時是否建有這四處元天觀？二，元天觀是不是這四處道觀的本名？由於史料未載這四處元天觀的建設年代，因此前一問題只能存疑。

元天觀是不是這四處道觀的本名，難以斷定。衆所周知，我國古代有避諱之制。奕劻等《朱批光緒十七年六月十四日軍機處爲避諱事奏》〔一〕表明，爲避康熙名諱，雍正銅活字本《古今圖書集成》中的「玄」字均以「元」字代替〔二〕，光緒石印本仍以「元」代「玄」〔三〕。據此，不能認定《古今圖書集成》所載成都府崇慶州元天觀、夔州府萬縣元天觀、夔州府太平縣元天觀就是這三處道觀的本名。推測有兩種可能：一，避「玄」爲「元」，元天觀實爲玄天觀；二，未避諱，本名即爲元天觀。後一種可能無需贅述，前一種可能有必要簡略敘述。目前所見，唐代並未避「玄」爲「元」，至少官方

〔一〕　參見子冶：《清廷石印〈古今圖書集成〉舊檔》，《出版史料》二〇〇三年第一期，第六二頁。
〔二〕　一般認爲，避「玄」爲「元」始自康熙時期。實際上，北宋真宗大中祥符五年（一〇一二）十月後，爲避宋聖祖趙玄朗諱，就已開始以「元」代「玄」了。詳見後文。
〔三〕　參見馮立昇：《清末〈古今圖書集成〉的影印出版及其流傳與影響》，《印刷文化（中英文）》二〇二〇年第一期，第七八頁。

如此〔二〕。然而，自北宋大中祥符五年十月宋真宗附會趙玄朗爲趙氏始祖，並奉其爲聖祖之後，就開始避「玄」字諱了，其中一種避諱方式就是以「元」代「玄」。《宋史紀事本末》，宋真宗「詔天下避聖祖諱，玄爲元，朗爲明，凡載籍偏犯者，各缺其點畫。尋以玄、元聲相近，改玄爲真，玄武爲真武」〔三〕。北宋大中祥符五年十月後以「元」代「玄」的實例如《崇文總目》將唐玄宗時著名道士吴筠所撰《玄綱論》改題《元綱論》〔三〕、米芾和宋徽宗書法中「天地玄黄」均作「天地元黄」，等等。朱熹曾針對將「天地玄黄」寫作「天地元黄」一事批評道：「今人避諱，多以『玄』爲『元』，甚非也。如『玄黄』之『玄』，本黑色。若云『元黄』，是『子畏於正』之類也」〔四〕。朱熹之語説明，宋代以「元」代「玄」幾成通例。那麽，如果《古今圖書集成》所載蜀地三處元天觀在宋代甚至唐代就存在，則很有可能其中某

〔二〕　當然，不能完全排除民間爲避諱唐玄宗李隆基廟號而將玄天觀改寫作元天觀的可能，理由是唐代有避諱唐玄宗年號之例（詳見後文），年號都需避諱，避諱廟號似也不無可能。另外，唐代傳抄、刊刻者爲避家諱而改易玄天觀爲元天觀的可能性也不能完全排除，宋元明清亦然。

〔三〕　［明］陳邦瞻：《宋史紀事本末》卷二二《天書封祀》，北京：中華書局，一九七七年，第一七〇—一七一頁。

〔三〕　參見［宋］王堯臣等：《崇文總目》卷九「道書類」，《景印文淵閣四庫全書》第六七四册，第一〇七頁上；亦可參見［宋］黄伯思：《東觀餘論》卷下「校正《崇文總目》十七條」之第八條，《景印文淵閣四庫全書》第八五〇册，第三七九頁上。

〔四〕　［宋］黎靖德編：《朱子語類》卷七八《尚書一·舜典》，王星賢點校，北京：中華書局，一九八六年，第一九九六頁。

一處或某二處或三處道觀的本名即爲玄天觀，後爲避諱「玄」字而將其改寫爲元天觀，至刊行《古今圖書集成》時遂以元天觀爲名。張三豐《題元天觀》詩中元天觀的本名[一]，也難確定，理由是：該詩在《文淵閣四庫全書》中既名爲《題元天觀》，又名爲《題玄天觀》[二]，在清代道教學者李西月所編《張三豐先生全集》中也名爲《題玄天觀寄蜀王》[三]；根據北宋大中祥符五年十月後以「元」代「玄」之例和《文淵閣四庫全書》「玄」字「敬缺末筆」的避諱方式，如果該道觀在唐宋就存在，其本名爲元天觀和玄天觀都有可能。

既然元天觀的本名有可能是玄天觀，那麼有没有反過來的可能呢？

（二）史料所載蜀地玄天觀

據《四川通志》記載，歷史上，四川省内名爲玄天觀的道觀有八處（見表三），分别爲崇慶州玄天

[一] 張三豐《題元天觀》詩中的元天觀與《古今圖書集成》所載成都府崇慶州元天觀、夔州府萬縣元天觀、夔州府太平縣元天觀之一是否有重合，抑或另有所指，因史料缺乏，已無從考證。

[二] ［明］周復俊編：《全蜀藝文志》卷一四《詩·寺觀》，《景印文淵閣四庫全書》第一三八一册，第一四二頁下。

[三] ［清］李西月編：《張三豐先生全集》之《雲水後集·古今詩類》，《重刊道藏輯要》續畢集九，成都二仙庵重刻版，第二八—二九頁。

觀、永川縣玄天觀、直隸叙永廳玄天觀、萬縣玄天觀、會理州玄天觀、滎經縣玄天觀、清溪縣玄天觀、太平縣玄天觀〔二〕。遺憾的是，這八處玄天觀的建設年代均無記載。這八處玄天觀的「玄」字的避諱方式均爲「敬缺末筆」，據此可以初步認定玄天觀爲這八處道觀的本名。

表三：《文淵閣四庫全書·四川通志》所載玄天觀一覽表

序號	名稱	具體位置	始建年代	今所屬省市
一	崇慶州玄天觀	州東二里	不詳	四川成都市
二	永川縣玄天觀	縣南十里	不詳	重慶永川區
三	直隸叙永廳玄天觀	東郊外	不詳	四川瀘州市
四	萬縣玄天觀	縣北二十里	不詳	重慶萬州區
五	會理州玄天觀	城東門	不詳	四川凉山州、攀枝花市

〔二〕　參見［清］黄廷桂等監修，張晉生等撰：《四川通志》卷二八下《寺觀》，《景印文淵閣四庫全書》第五六〇册，第五五五頁上—五七五頁下。

續表

序號	名稱	具體位置	始建年代	今所屬省市
六	滎經縣玄天觀	在縣東	不詳	四川雅安市
七	清溪縣玄天觀	在縣南門	不詳	四川雅安市
八	太平縣玄天觀	在縣北	不詳	四川達州市

那麼，有無可能這八處玄天觀是避「元」爲「玄」的結果呢？唐宋明三代均有諱「元」之例。《新唐書·姚崇傳》云：「崇始名元崇，以與突厥叱剌同名，武后時以字行；至開元世，避帝號，更以今名。」〔二〕唐代宰相姚元崇爲避諱唐玄宗開元年號之「元」字而改名姚崇。《宋史·畢士安傳》云：「雍熙二年，諸王出閣，慎擇僚屬。以……士安遷左拾遺兼冀王府記事參軍。……士安本名士元，以『元』犯王諱，遂改焉。」〔三〕宋代宰相畢士元爲避宋太宗第四子商恭靖王趙元份（初名德嚴，太平興

〔二〕《新唐書》卷一二四《列傳第四十九·姚崇》，北京：中華書局，一九七五年，第四三八八頁。

〔三〕《宋史》卷二八一《列傳第四十·畢士安》，北京：中華書局，一九七七年，第九五一八頁。

國八年改名元俊，雍熙三年改名元份）[一]曾用名趙元俊之「元」字諱而改名畢士安。明初憎用「元」字，曾以「原」代「元」。《萬曆野獲編》補遺卷一「年號別稱」條云：「國初曆日，自洪武以前，俱書本年支干，不用元舊號。又貿易文契，如吳元年、洪武元年，俱以『原』字代『元』字。蓋又民間追恨蒙古，不欲書其國號。」[二]又《大清一統志》卷三九「開元故城」下注云：「今開原縣治。元初設開元府，後改開元路。明洪武中，改『元』爲『原』，以其地爲三萬衛。」[三]另外，依「二名不偏諱」之制，在明初「元」字雖並非必須避諱，但不排除民間爲示尊敬或出於畏懼而避諱朱元璋「元」字之可能。

前文已論，北宋大中祥符五年十月後，宋人常諱「玄」爲「元」。既然能以「元」代「玄」，二字發音又相近，那麼民間有無可能反其道而以「玄」代「元」呢？實事求是地講，由於目前確實未見避「元」爲「玄」之實例，因此這種可能性應該不大。所以，《四川通志》所載八處玄天觀即使在明代甚至唐宋就存在，它們的本名也應爲玄天觀。

再對比《文淵閣四庫全書》所載崇慶州玄天觀、萬縣玄天觀、太平縣玄天觀與《古今圖書集成》所載崇慶州元天觀、萬縣元天觀、太平縣元天觀（見表四）可知，萬縣的玄天觀與元天觀實爲同一道

[一] 參見《宋史》卷二四五《列傳第四・宗室二》，第八六九九頁。

[二] ［明］沈德符：《萬曆野獲編》下册，北京：中華書局，一九五九年，第七九九頁。

[三] ［清］和珅等撰：《大清一統志》卷三九《奉天府二》，《景印文淵閣四庫全書》第四七四册，第七一八頁下。

觀，太平縣的玄天觀與元天觀也應爲同一道觀，而崇慶州的玄天觀與元天觀是兩個道觀還是一觀二名，因位置不同，暫且存疑。再據上文推論——玄天觀有可能改寫爲元天觀，而元天觀基本不可能改寫爲玄天觀——可知，萬縣元天觀、太平縣元天觀本名應爲玄天觀。至於崇慶州玄天觀與元天觀，如果它們爲同一道觀，則崇慶州元天觀本名應爲玄天觀；如果它們是兩座不同道觀，則其名分別應爲崇慶州元天觀、崇慶州玄天觀。

表四：蜀地三處玄天觀與三處元天觀對照表

《文淵閣四庫全書·四川通志》所載玄天觀		《古今圖書集成》所載元天觀	
名稱	位置	名稱	位置
崇慶州玄天觀	州東二里	崇慶州元天觀	治北二里
萬縣玄天觀	縣北二十里	萬縣元天觀	縣北二十里
太平縣玄天觀	縣北	太平縣元天觀	縣治北

我國避諱之事起初雖簡，但至唐而繁複，宋代更有泛濫之勢，由此造成諸多淆亂、困惑、不便。因此，以上考證史料所載蜀地元天觀和玄天觀的主要目的不是爲了證實這些道觀的本名究竟爲

何——雖然可以肯定萬縣元天觀、太平縣元天觀本名爲玄天觀，更不是爲了證明它們在唐代即已存在——實無史料佐證，而只是爲了説明歷史上在蜀地確有名爲元天觀、玄天觀的道觀。

（三）李《注》應成書於蜀地某一元天觀

前文推論李《注》成書時間應在顯慶五年八月後至龍朔二年上半年其二次入京前，其時李榮在蜀地，該注又署名「元天觀道士李榮」，因此可以肯定，唐高宗時蜀地確有「元天觀」。

那麽，作爲李《注》成書之地的「元天觀」的本名究竟是元天觀還是玄天觀？據前文所論，該注在傳抄過程中，即使唐代並未以「元」代「玄」，也有可能在北宋大中祥符五年十月之後將玄天觀改寫爲元天觀。由此以訛傳訛，很可能編纂刊行《正統道藏》時所據該注底本均題爲元天觀，導致《正統道藏》所收該注署名爲「元天觀道士李榮」。初看似有這種可能性，但細察則可知應無此種可能，理由是：《正統道藏》所收李《注》「序」文和注文均未避諱「玄」字，後世傳抄過程中不可能唯獨將署名中的「玄天觀」改寫爲「元天觀」〔二〕。另一種可能是，李榮撰寫《道德經注》的道觀本名即爲元

〔二〕　爲保持《道德經》原貌，經文中的「玄」字雖可不避，但序文和注文中不致改變文意、産生歧義的「玄」字則應避諱。由《正統道藏》所收李《注》「序」文和注文均未避諱「玄」字可知，該注署名中的「元天觀」應爲該道觀本名。

天觀； 因唐、宋、元三代及明初雖有避諱「元」字之例，但並非必須避諱，更未見以「玄」代「元」之例，因此爲保持該注原貌，傳抄、刊刻者一直據實書寫，並未爲避諱而改動文字。

至於李榮撰寫《道德經注》的道觀的具體位置，已無從稽考。該道觀有没有可能就是《古今圖書集成》所載崇慶州元天觀？抑或是未見諸史料的某一處元天觀？因無史料佐證，不敢遽斷。

綜上所論，李《注》應撰于唐高宗時蜀地某一名爲元天觀的道觀。

三、結語

從東漢末開始，蜀地歷來爲道教特别是天師道傳播的重點區域〔一〕。據《無上秘要》卷二三《正一炁治品》所引《正一炁治圖》、杜光庭《洞天福地嶽瀆名山記》、張君房《雲笈七籤》之《二十四治》、陳國符《道藏源流考》之《二十四治圖》、王純五《天師道二十四治考》等，天師道「二十四治」大都分佈於今四川境内，川西、川北一帶尤其集中。在唐代尊崇道教的背景下，蜀地道教應更有發展，天師道也仍較爲流行，道觀理當衆多，卿希泰先生主編的《中國道教史》即認爲，隋及唐初，巴蜀一帶尚

〔一〕 歷史上，張魯降曹並北遷之後，巴蜀地區的天師道並未因此而消滅，仍以不同方式繼續傳播發展。參見卿希泰主編：《中國道教史（修訂本）》第一卷，成都：四川人民出版社，一九九六年，第二五四頁。

有濃郁的張魯米道遺風〔二〕。李榮入京之前已爲蜀中道教名流，進入長安後更成爲「道士之望」「老宗魁首」，在被唐高宗「令還梓州」後，很可能就是在蜀地某一名爲元天觀的道觀撰成了《道德經注》，書成後奉呈唐高宗御覽。這是本文的基本結論。可惜的是，撰寫該注的道觀的具體位置及建置年代，因史料缺乏，已難以進一步明確。

重玄學作爲上承老莊哲學，兼采儒佛思想，下啓宋明理學〔三〕和道教内丹心性之學的重要哲學思潮，在道教思想史、中國思想史上具有重要地位。李榮作爲初唐重玄學主要代表人物之一，其思想和著作理應受到重視。然而，學界在研究李榮時，對其最主要著作《道德經注》的成書時間及地點卻考證不詳，這不能不説是一個小小的缺憾。本文之作，即爲彌補這一遺憾。限於篇幅，李《注》藴含的哲學思想只能另文論述。

〔二〕參見卿希泰主編：《中國道教史（修訂本）》第二卷，第一三三頁。

〔三〕陳寅恪先生指出：「凡新儒家之學説，幾無不有道教，或與道教有關之佛教為之先導。」（陳寅恪：《馮友蘭中國哲學史下册審查報告》，《陳寅恪集·金明館叢稿二編》，陳美延編，北京：生活·讀書·新知三聯書店，二〇〇一年，第二八四頁）張載和其他宋儒雖辟佛老，然而究竟没能逃脱佛老的影響，宋明理學事實上就是以儒爲主、兼采佛老而開出的儒學新型態——新儒學，只是宋儒不願明承此事而已。

李榮《道德經注》敦煌寫本殘卷百年整理史梳略

張克政

道教文化是中華文化的重要組成部分。甘肅敦煌出土的敦煌遺書中留存有數量衆多的道教寫本文獻，整理、研究這些文獻，對於傳承弘揚道教優秀傳統文化具有重要意義。本文謹以唐高宗時與西華法師成玄英齊名的道教思想家李榮所撰《道德經注》（以下簡稱「李《注》」）〔一〕的敦煌寫本殘卷P. 二五九四、P. 二八六四、S. 二〇六〇、P. 三二三七、P. 二五七七、P. 三二七七的整理工作爲研究物件，從目録著録、圖録刊佈、文本輯校三個方面梳理近一百年來國内外學人關於李榮《道德經注》敦煌寫本殘卷（以下簡稱「李《注》殘卷」）的整理歷史，以此向致力於整理道教古籍、傳承道教優秀傳統文化的前輩學者致敬。

〔一〕　李《注》現存兩種殘本：一爲《正統道藏》（以下簡稱「《道藏》」）洞神部玉訣類所收殘本，題名《道德真經注》，存一至三十六章經注；二爲敦煌寫本殘卷，殘卷共六件，分别爲法藏P. 二五九四、P. 二八六四、P. 三二三七、P. 二五七七、P. 三二七七殘卷和英藏S. 二〇六〇殘卷，共存三十七章、三十九章（絶大部分）至八十一章經注。《道藏》殘本和敦煌寫本殘卷合併，仍缺三十八章全部經注和三十九章經文「昔之得一者：天得一以清，地得一以寧」。

一、李《注》殘卷的目録著録

二十世紀二十年代以來，伴隨着敦煌遺書著録、編目工作的開展，李《注》殘卷逐漸爲世人所知。兹分三個階段詳列筆者所見著録李《注》殘卷的文獻如下。

（一）二十世紀二十至四十年代李《注》殘卷的目録著録

一九二三年，羅振玉〔二〕次子羅福萇所譯遺著《巴黎圖書館敦煌書目——伯希和氏〈敦煌將來目録〉》〔三〕

〔二〕 爲表敬意，前輩學者名諱後本應有「先生」「教授」「研究員」等敬辭，但爲行文簡潔，也爲不致遺漏，以下正文和注釋中均省略「先生」「教授」「研究員」等。

〔三〕 該書目分二期發表于《國學季刊》，其中一九二三年第四期的《巴黎圖書館敦煌書目——伯希和氏〈敦煌將來目録〉》刊出P. 二〇〇〇—二七〇〇號，一九三二年第四期的《巴黎圖書館敦煌書目——伯希和氏〈敦煌將來目録〉（續完）》刊出P. 二七〇一—三五一一號。在這之前，羅福萇遺著《倫敦博物館敦煌書目》發表于《國學季刊》一九二三年第一期。《倫敦博物館敦煌書目》「經史子集雜類」共著録《道德經》寫卷六種，「道經類」書目末又著録「老子道德經序訣」（參見羅福萇：《倫敦博物館敦煌書目》，《國學季刊》一九二三年第一期，第一六四、一八七頁）。由於《倫敦博物館敦煌書目》所列寫本無編號，因此不能確定上述七種寫卷中是否有S. 二〇六〇殘卷，故不録于正文。《巴黎圖書館敦煌書目》《倫敦博物館敦煌書目》的發表使國内學界對英藏、法藏敦煌寫本有了初步了解。

發表，該書目著録了P. 二五七七、P. 二五九四二殘卷〔一〕。一九三二年，《巴黎圖書館敦煌書目——伯希和氏〈敦煌將來目録〉（續完）》發表，該書目著録了P. 二八六四、P. 三二三七、P. 三二七七三殘卷〔二〕。羅福萇這兩份書目應該是目前所見國内最早著録法藏李《注》殘卷者。

一九二九年，日本學者小島佑馬編輯出版《沙州諸子廿六種》排印本（全四册），該書第二册「沙洲諸子九」和「沙洲諸子十」分别排印了P. 二五九四、P. 二八六四二殘卷經注和P. 三二三七、P. 二五七七、P. 三二七七三殘卷經注，且均題爲「李榮注道德真經殘卷（巴黎國立圖書館藏）」〔三〕。「沙洲諸子九」「沙洲諸子十」是目前所知首次將P. 二五七七、P. 二五九四、P. 二八六四、P. 三二三七、P. 三二七七五殘卷識爲李《注》殘卷的文獻，也是首次將P. 二五九四、P. 二八六四二殘卷綴合、將P. 三二三七、P. 二五七七、P. 三二七七三殘卷綴合的文獻。就出版時間講，這是最早對法藏李《注》殘卷經注文字的完整著録。一九三四年，小島佑馬又發表《巴黎國立圖書館藏敦煌遺書所見録

〔一〕參見羅福萇：《巴黎圖書館敦煌書目——伯希和氏〈敦煌將來目録〉》，《國學季刊》一九二三年第四期，第七四三、七四四頁。

〔二〕參見羅福萇：《巴黎圖書館敦煌書目——伯希和氏〈敦煌將來目録〉（續完）》，《國學季刊》一九三二年第四期，第七四一、七五八、七六〇頁。

〔三〕參見［日］高瀨博士還暦紀念會編：《沙州諸子廿六種》，京都：弘文堂書房，一九二九年，第四七—六四頁。

(八)》〔一〕一文。該文叙録了P.二五九四、P.二八六四、P.三二三七、P.二五七七、P.三二七七五殘卷，均題爲「李榮注《老子》殘卷」，每件均著明了文字起止、行數、體裁等信息〔二〕。小島佑馬所作著録是王重民之前關於法藏李《注》殘卷最爲詳細、準確的一份叙録。

一九三三至一九三四年，陸翔發表《巴黎圖書館敦煌寫本書目》〔三〕，其中包括P.二五七七、P.二五九四、P.二八六四、P.三二三七、P.三二七七五殘卷目録〔四〕。該譯本所含伯希和按語較羅福萇《巴黎圖書館敦煌書目》更爲完整，羅福萇譯本多有漏略。另外，爲忠於伯希和原目，陸翔翻譯時並未糾正伯希和所編目録中的錯誤。

一九三七年八月七日，在巴黎搜集流散國外的文獻資料的王重民叙録了法藏P.二五九四、

〔一〕　一九二九至一九三五年，小島佑馬在《「支那學」》雜誌第五卷第四號、第六卷第一—四號、第七卷第一—三號、第八卷第一號發表一組名爲《巴黎國立圖書館藏敦煌遺書所見録(一—九)》的論文，介紹、考證、校勘了他所見法藏敦煌寫本殘卷。該組論文後曾出抽印本。

〔二〕　參見〔日〕小島佑馬：《巴黎國立圖書館藏敦煌遺書所見録(八)》，《「支那學」》一九三四年第七卷第三號，第一一七—一四四頁。

〔三〕　該書目分兩期發表于《國立北平圖書館館刊》，其中一九三三年第七卷第六號刊出P.二〇〇一—二七二九，一九三四年第八卷第一號刊出P.二七三〇—三五一一。

〔四〕　參見陸翔：《巴黎圖書館敦煌寫本書目》，《國立北平圖書館館刊》一九三三年第七卷第六號、一九三四年第八卷第一號抽印本，第四〇、四二、六二、八六、八八頁。

P. 二八六四、P. 三二三七、P. 二五七七、P. 三二七七五殘卷〔二〕，題名爲「老子道德經注」，署撰者李榮，肯定了小島佑馬所作結論。叙録時，王重民首先録明了每一殘卷經注文字所對應的通行本《道德經》的章次，「二五九四（四十至四十三章），二八六四（四十三至五十三章），三二三七（六十一至六十七章），二五七七（六十八至七十六章），三二七七（七十六至八十一章）等號」，綴合了前二殘卷、後三殘卷。其次，對李《注》殘卷與强思齊《道德真經玄德纂疏》（以下簡稱「强思齊《纂疏》」）做了初步比對：强思齊《纂疏》的不足，如第五十二章「是謂襲常」注文脱「閉門守母依始潔身入道襲貞常也」十四字，第七十八章「故柔勝剛，弱勝强」注語全脱；殘卷也有未足，如第四十一章脱經文「進道若退」句，第六十九章脱經文「仍無敵」並注語。再次，對李《注》的卷數、撰寫時間、殘卷抄寫時間等做了推斷：以P. 三二七七號殘卷末題「老子德經卷下」爲據，認爲李《注》全書當爲二卷；以「唐以老子爲祖，故道徒不爲避」「治國作理國」「正字作𠙺，以餘所知，不始於武后」爲據，認爲李《注》撰于唐高宗時；以殘卷紙色及筆迹爲據，認爲李《注》殘卷是唐高宗時寫本；推測殘卷第三十七章在第八十一章之後，「疑非系移植，蓋補上卷脱失者」，即第三十七章原本應在第三十六章之

〔二〕一九四一年，該叙録以《老子道德經注》爲題收入國立北平圖書館出版的《巴黎敦煌殘卷叙録（第二輯）》，後又收入一九五八年由商務印書館出版的《敦煌古籍叙録》。以下叙述根據《敦煌古籍叙録》。

後。最後，王重民又根據《舊唐書・羅道琮傳》、釋道宣《集古今佛道論衡》記載，對李榮生平事迹作了簡要記述〔一〕。需要指出的是，王重民的叙録有三處訛誤：其一，誤以爲强思齊《纂疏》第五十二章「是謂襲常」的注文脱「閉門守母依始潔身入道襲貞常也」十四字，事實上，殘卷「閉門」前一行末有「塞兑」二字，故强思齊《纂疏》實爲脱十六字；其二，由於法藏敦煌殘卷「襲真常」之「真」字模糊不清，「真」「貞」二字的古代寫法又近似，因此王重民誤識「真」爲「貞」；其三，「第五十七章注『不言不教，民皆自忠㐀』云云；正字作㐀」，此條記録明顯有誤，因爲如王重民自己所説，李《注》殘卷「第五十一章以後，六十章以前未見，《德經》未能復獲全書」〔二〕，他又怎麽可能看到該章注文呢〔三〕？因此，王重民斷定李《注》撰寫于唐高宗時的理由之一——「不言不教，民皆自忠㐀」「正字作㐀，以餘所知，不始於武后」——不能成立。儘管如此，王重民的叙録仍是當時國内學者對法藏李《注》殘卷的最爲完整、準確的記録。

一九三九年，向達發表《倫敦所藏敦煌卷子經眼目録》，該目録著録了S. 二〇六〇殘卷，編號下

〔一〕參見王重民：《敦煌古籍叙録》，北京：商務印書館，一九五八年，第二四二—二四三頁。

〔二〕參見王重民：《敦煌古籍叙録》，第二四二頁。

〔三〕「不言不教，民皆自忠㐀」出自河上公注本，應該是王重民將巴黎所見河上公注本殘卷與李《注》殘卷混淆了。

題「老子注」三字〔一〕。這應該是對英藏S. 二〇六〇殘卷的最早著録，但未並識出該殘卷即李《注》殘卷。

一九四〇年，姜亮夫在《瀛外訪古劫餘録——敦煌卷子目次叙録》〔二〕一文中著録了P. 二五九四、P. 三二七七、P. 二五七七三殘卷，並注意到了P. 三二七七、P. 二五七七應爲同一寫本〔三〕。姜亮夫發表該文時並未見到小島佑馬和王重民所作著録，故不知該三殘卷即李《注》殘卷。一九四七年，姜亮夫寫成《巴黎所藏敦煌寫本〈道德經〉殘卷叙録》〔四〕一文。據該文可知，姜亮夫在國內學者中首次對P. 二五九四、P. 三二七七、P. 二五七七三殘卷做了抄録，並記録了每一殘卷的體式、尺寸、紙張顏色、文字起訖及行數、字迹等形式內容。從該文看，姜亮夫當時的抄録存在一些訛誤，如

〔一〕參見向達：《倫敦所藏敦煌卷子經眼目録》，《國立北平圖書館圖書季刊》一九三九年第四期，第四〇六頁。

〔二〕該叙録發表于《説文月刊》一九四〇年第一期，著録唐寫本《道德經》共計十八種，後該文收入《姜亮夫全集》第一四册《敦煌學論文集（二）》。

〔三〕參見姜亮夫：《瀛外訪古劫餘録——敦煌卷子目次叙録》，《説文月刊》一九四〇年第一期，第九二頁。

〔四〕該文初成於一九四五年，寫定於一九四七年，又在之後三十餘年間多次修訂補充，一九八〇年以《巴黎所藏敦煌寫本道德經殘卷叙録》爲題首發於由生活·讀書·新知三聯書店出版的《中國哲學》第二輯，一九八一年又分上、下兩篇發表于《雲南社會科學》第一、三期，後又以《巴黎所藏敦煌寫本道德經殘卷綜合研究》爲題收入《姜亮夫全集》第一三册《敦煌學論文集（一）》。因該文主要內容寫定於一九四七年，故於此處叙述。此處叙述根據一九八一年發表於《雲南社會科學》的該文。

P. 二五九四殘卷從「得一以虚」句開始抄録，漏抄了前一行末的「神」字；誤抄「得一以靈」爲「得一以虚」；誤抄「萬物雖富」爲「萬物至富」；誤抄「所賴者真道」爲「所賴者具道」〔二〕。遺憾的是，姜亮夫抄録的該三殘卷經注文字目前仍未見完整發表〔三〕。在該文中，姜亮夫也贊同小島佑馬所論，認爲該三殘卷即李《注》殘卷，同時該文對李榮生平事迹作了簡要介紹。

一九四〇年，袁同禮發表《國立北平圖書館現藏海外敦煌遺籍照片總目》〔三〕，其中「子部」道家類書目中含P. 二五九四、P. 二八六四、P. 三二三七、P. 三二七七、S. 二〇六〇五殘卷目録，並識出P. 二五九四、P. 二八六四、P. 三二三七爲李《注》殘卷，但未能識别P. 三二七七、S. 二〇六〇〔四〕。遺憾的是，後來該目録所著録敦煌寫本照片並未出版。

〔二〕 參見姜亮夫：《巴黎所藏敦煌寫本〈道德經〉殘卷叙録（上）》，《雲南社會科學》一九八一年第二期，第七三、七六頁；《巴黎所藏敦煌寫本〈道德經〉殘卷叙録（下）》，《雲南社會科學》一九八一年第三期，第九八頁。要説明的是，P. 二五九四殘卷「得一以靈」之「靈」字與「虚」字的古代寫法很容易混淆，「所賴者真道」之「真」字的字迹也不清晰，因此不可苛責姜亮夫。

〔三〕 一九八一年，姜亮夫發表《巴黎所藏敦煌寫本〈道德經〉殘卷叙録（下）》一文時，僅節録了P. 二五九四殘卷「王得一以爲天下正」一句經文及其注文，二〇〇二年出版《姜亮夫全集》時亦未見收入該三殘卷抄録本。

〔三〕 該目録是袁同禮根據七七事變前王重民、向達所拍攝並寄往國立北平圖書館的英藏、法藏敦煌遺書照片整理的，發表于《國立北平圖書館圖書季刊》一九四〇年第四期，共計編目八五〇餘條，後又由國立北平圖書館出版了單行本。

〔四〕 參見袁同禮：《國立北平圖書館現藏海外敦煌遺籍照片總目》，《國立北平圖書館圖書季刊》單行本，第六二〇頁。

一九四三年，唐文播發表《敦煌老子卷子之時代背景——法人伯希和氏敦煌老子卷子校記之二》一文，文中據姜亮夫巴黎所見《老子》寫本著録了十八種殘卷，其中有P. 二五九四、P. 三二七七、P. 二五七七三殘卷〔一〕。一九四七年十二月，唐文播又發表《巴黎所藏敦煌老子寫卷叙録（續）》〔二〕一文，其中有關於P. 二五九四殘卷的叙録，不僅著明了文字起止，而且指出了該殘卷與P. 二四一七殘卷的三條文字不同，最後認爲該殘卷是以張係天的四千九百九十九字本爲主，又間以他本竄入的寫本〔三〕。

一九四九年，陳國符出版《道藏源流考》。該書「敦煌卷子中之道藏佚書」中列有根據王重民巴黎所撰目録析出的《道藏》佚書及不知名道經目録，其中含P. 二五七七、P. 二五九四、P. 二八六四、P. 三二三七、P. 三二七七五殘卷，卷名均改題爲《道德經》，附注均爲「李榮注」，並注明了每一殘卷

〔一〕參見唐文播：《敦煌老子卷子之時代背景——法人伯希和氏敦煌老子卷子校記之二》，《東方雜誌》一九四三年第三十九卷第十二號，第四九頁。

〔二〕一九四七年十一月至一九四八年三月，唐文播《巴黎所藏敦煌老子寫卷叙録》連續刊載於《凱旋》雜誌第二六至二九期，第二六期篇名《巴黎所藏敦煌老子寫卷叙録》，後三期篇名均爲《巴黎所藏敦煌老子寫卷叙録（續）》。該文二〇〇九年收入由孫彦、薩仁高娃、胡月平選編，國家圖書館出版社出版的《民國期刊資料分類彙編·敦煌學研究》第四册，但未收全。

〔三〕參見唐文播：《巴黎所藏敦煌老子寫卷叙録（續）》，《凱旋》第二七期，第二四—二五頁。

經注文字對應的通行本章次〔二〕。另外,「敦煌卷子中之道藏佚書」也列有根據向達《倫敦所藏敦煌卷子經眼目録》析出的《道藏》佚書及不知名道經目録,但漏列了S.二〇六〇殘卷。

總體看,在這一階段,學者們從文獻學角度開展了李《注》殘卷的著目、叙録工作,取得的最重要的成果有: 辨識出P.二五九四、P.二八六四、P.三二三七、P.二五七七、P.三二七七五殘卷即李《注》殘卷,實現了P.二五九四、P.二八六四的綴合、P.三二三七、P.二五七七、P.三二七七的綴合,並輯録了五殘卷經注文字。同時要看到的是,受客觀因素如研究條件、研究手段等的制約,這一階段的工作也有不盡如人意之處,主要表現爲叙録不完全準確,這雖爲大醇小疵,但卻也正是尚可努力的地方。

(二)二十世紀五十至七十年代李《注》殘卷的目録著録

一九五七年,英國漢學家翟林奈(Lionel Giles,一八七五—一九五八)出版編著《大英博物館藏敦煌漢文寫本注記目録》(*Descriptive catalogue of the Chinese manuscripts from Tun-huang in the British*

〔二〕參見陳國符:《道藏源流考(新修訂版)》,北京:中華書局,二〇一四年,第一七八頁。

Museum)〔一〕，該目録著有S.二〇六〇殘卷，題爲「道德經」，並首次確認該殘卷評注者是唐初著名道士李榮，更首次指出S.二〇六〇殘卷的同一寫本殘卷即法藏P.二五七七、P.二五九四、P.二八六四、P.三二三七、P.三二七七〔二〕。至此，法藏、英藏六殘卷全部明確爲李《注》殘卷，並實現了六殘卷的完整綴合。

一九六二年，王重民主編的《敦煌遺書總目索引》著録有S.二〇六〇、P.二五七七、P.二五九四、P.二八六四、P.三二三七、P.三二七七六殘卷，除S.二〇六〇外，其餘五殘卷均署爲「李榮注」〔三〕。《敦煌遺書總目索引》附録有翟林奈《大英博物館藏敦煌漢文寫本注記目録》的分類總目、新舊編號對照表，且從該書目後記看，王重民對《翟目》應很熟悉，但不知爲何未將S.二〇六〇識爲李《注》殘卷，一九八三年修改重印《敦煌遺書總目索引》時仍未識出。

一九七八年，日本道教學者大淵忍爾所編《敦煌道經・目録編》由日本福武書店出版。該書第

〔一〕 Lionel Giles. *Descriptive catalogue of the Chinese manuscripts from Tun—huang in the British Museum*. 一九五七年，第二一八頁後該書收入黄永武主編《敦煌叢刊初集(一)》，書名譯爲《英倫博物館漢文敦煌卷子收藏目録》，撰者名譯爲翟爾斯。

〔二〕 參見[英] 翟爾斯：《英倫博物館漢文敦煌卷子收藏目録》，《敦煌叢刊初集(一)》，黄永武主編，臺北：新文豐出版公司，一九八五年，第二一八頁。

〔三〕 參見王重民主編：《敦煌遺書總目索引》，北京：商務印書館，一九八三年，第一五〇、二六七、二六八、二七四、二八二、二八三頁。

三篇「道德經類」中著録了P. 二五九四、P. 二八六四、S. 二〇六〇、P. 三二三七、P. 二五七七、P. 三二七七六殘卷，均題爲「李榮注」，也實現了六殘卷綴合，每一殘卷都注明了紙張尺寸、紙質、保存狀態、刊佈情況、文字起止等資訊，並有校記〔二〕。該目録是王卡《敦煌道教文獻研究——綜述・目録・索引》之前對李《注》殘卷的最完整、最詳細著録。

這一階段關於李《注》殘卷目録著録工作的最大成果是，將S. 二〇六〇識爲李《注》殘卷，實現了P. 二五九四、P. 二八六四、S. 二〇六〇、P. 三二三七、P. 二五七七、P. 三二七七六殘卷的完整綴合。

（三）二十世紀八十年代以來李《注》殘卷的目録著録

一九八一年，鄭良樹發表《敦煌老子寫本考異》〔三〕一文。該文著録的第十六、十八、二十四、二十六、二十七、三十八種寫本分別爲P. 二五七七、P. 二五九四、P. 二八六四、P. 三二三七、P. 三二七

〔二〕［日］大淵忍爾：《敦煌道經・目録編》（下），東京：福武書店，一九七八年，第六一四—六二二頁。

〔三〕鄭良樹：《敦煌老子寫本考異》，《大陸雜誌》一九八一年第六二卷第二期。因筆者未見該文，此處叙述據收録該文的鄭良樹著作《老子新論》。

七、S. 二〇六〇殘卷，每件均題名「李榮注本」，下均注明抄寫年代（全爲「未詳」）、内文起訖、諸家著録情況，另有附志説明相關信息[一]。

二〇〇〇年，施萍婷作爲主撰稿人的《敦煌遺書總目索引新編》出版，其中著録有李《注》S. 二〇六〇、P. 二五七七、P. 二五九四、P. 二八六四、P. 三二三七、P. 三二七七六殘卷。《敦煌遺書總目索引新編》與《敦煌遺書總目索引》著録該六殘卷的不同之處主要在於：第一，前者 S. 二〇六〇題爲「老子（李榮注本）」，後者題爲「老子」；第二，前者删去了後者關於 P. 二五九四、P. 二八六四、P. 三二七七殘卷背面所書文字的説明；第三，前者在 P. 三二七七説明中增加「尾題：老子德經卷下」諸字[二]。因二者其餘著録文字内容相同，不再羅列。

目録編製方面的代表性成果是二〇〇四年王卡出版的《敦煌道教文獻研究——綜述·目録·索引》。在該書中，王卡對李《注》P. 二五九四、P. 二八六四、S. 二〇六〇、P. 三二三七、P. 二五七七、P. 三二七七六殘卷的淵源、性質、名稱、文字行數、起止、書寫形式、背文、刊佈情況等做了全面

[一] 參見鄭良樹：《老子新論》，上海：上海古籍出版社，二〇一一年，第三二〇、三二一、三二三、三二四、三二八頁。

[二] 參見敦煌研究院編：《敦煌遺書總目索引新編》，北京：中華書局，二〇〇〇年，第六二、二四四、二四五、二五八、二七三、二七五頁。

考證，題名「老子道德經李榮注」。王卡認爲，該六殘卷「紙質筆迹同，文字首尾連續。綴合後首殘尾全。尾題：老子德經卷下。合計存經文三九八行（四六＋七五＋七五＋七三＋七一＋五八）。起三九章『神得一以靈』句，至八一章末；後又接抄第三七章。可知李榮注本《道經》三六章（道藏本），《德經》四五章（敦煌本）。……經文用《五千文》本，大字單行。注小字雙行，有數行注文因紙張粘接而被覆蓋[二]」。該書已成研究者利用敦煌道教文獻的必備書目。

從二十世紀二十年代始，經過幾代學人的努力，至二十一世紀初，關於李《注》殘卷的目録著録工作已接近完善，爲學界研究李《注》提供了便利。

二、李《注》殘卷的圖録刊佈

目録著録主要爲研究李《注》殘卷提供了綫索，圖録刊佈工作則爲深入研究李《注》殘卷的思想内容奠定了文字基礎。下文分公開出版著作和相關網站資料庫兩個類别叙述李《注》殘卷圖録、圖像刊佈情況。

[二] 王卡：《敦煌道教文獻研究——綜述·目録·索引》，北京：中國社會科學出版社，第一七四—一七五頁。

（一）李《注》殘卷圖録的紙質化出版

一九三八年，日本小林攝影製版所將神田喜一郎所攝法藏敦煌遺書中較爲精美的照片編輯出版，書名《敦煌秘笈留真（卷上、下）》。該書卷下第三三號所刊佈圖録即爲部分P. 三二三七殘卷，字迹較爲清晰〔二〕。這可能是目前已知最早刊佈部分P. 三二三七殘卷的圖録。

一九七九年，大淵忍爾出版《敦煌道經・圖録編》。該書第三編「道德經類」之二「注疏本道德經」中刊佈了李《注》P. 二五九四、P. 二八六四、S. 二〇六〇、P. 三二三七、P. 二五七七、P. 三二七七六殘卷影印本，題爲「李榮注」，文字較爲清晰，絶大部分都可辨識〔三〕。該圖録是目前所知完整刊佈李《注》殘卷最早者。

《敦煌秘笈留真（卷上、下）》和《敦煌道經・圖録編》之後的圖録刊佈工作可謂精益求精。下文

〔二〕　該書下卷目録「三十三」下題「老子注唐李榮撰」，其下又題「伯目二五七七、三二三七、三二七七一葉」。按理書内應有該三殘卷圖録，但書中實際刊佈的僅爲P. 三二三七殘卷的一部分圖録，文字起第六十四章經文「故無敗」，止經文「以輔萬物之自然而不敢爲」之注文「至道之性難明不入於」。參見［日］神田喜一郎輯：《敦煌秘笈留真（卷下）》，《敦煌叢刊初集（十三）》，黄永武主編，臺北：新文豐出版公司，一九八五年，第二〇三頁。

〔三〕　參見［日］大淵忍爾：《敦煌道經・圖録編》，東京：福武書店，一九七九年，第四七六—四八七頁。

僅述影響相對較大者。

一九八一至一九八六年，臺北新文豐出版公司出版由黃永武博士主編的大型圖録《敦煌寶藏》（全一四〇册），完整刊佈了S. 二〇六〇、P. 二五七七、P. 二五九四、P. 二八六四、P. 三二三七、P. 三二七七六殘卷圖録〔一〕。由於學術成果信息交流不暢，仍未將P. 二五七七、P. 二五九四、P. 二八六四題爲李《注》，同時，該圖録存在影印品質不高、部分文字漶漫不清的缺點。

一九九〇到二〇〇九年，《英藏敦煌文獻（漢文佛經以外部分）》（全十五册）由四川人民出版社陸續出版，該書第三册刊佈了李《注》S. 二〇六〇殘卷圖録，題名爲「老子李榮注」〔二〕。該圖録較《敦煌寶藏》清晰，但仍有少數文字難以辨識。

一九九五至二〇〇五年，上海古籍出版社出版《法國國家圖書館藏敦煌西域文獻》（全三十四册），該書收録了P. 二五七七、P. 二五九四、P. 二八六四、P. 三二三七、P. 三二七七五殘卷圖録，

〔一〕 S. 二〇六〇、P. 二五七七、P. 二五九四、P. 二八六四、P. 三二三七、P. 三二七七六殘卷圖録分别參見《敦煌寶藏》第一五册第六〇九—六一一頁，第一二二册第二〇八—二〇九、三四七—三五九頁，第一二四册第五五二—五五四頁，第一二七册第一一三—一一四、一七〇—一七三頁。

〔二〕 中國社會科學院歷史研究所等合編：《英藏敦煌文獻（漢文佛經以外部分）》第三卷，成都：四川人民出版社，一九九〇年，第二三七—二三八頁。

P. 二五七七、P. 二五九四題名爲「老子道德經李榮注」，P. 二八六四、P. 三二三七題名爲「李榮注老子道德經」，P. 三二七七題名爲「老子德經卷下」[一]。該圖録大部分文字較易辨識，但仍未將P. 三二七七識爲李《注》殘卷。

一九九九年，李德範整理的《敦煌道藏》（全五册）由中華全國圖書館文獻縮微複製中心出版，該書第三册刊佈了李《注》P. 二五九四、P. 二八六四、S. 二〇六〇、P. 三二三七、P. 二五七七、P. 三二七七六殘卷影印本，均題爲「道德經李榮注」[二]。該圖録仍有少數文字不清晰，其優點則是將李《注》六殘卷圖録綴合刊佈，方便讀者利用。二〇〇八年，李德範主編的《王重民向達所攝敦煌西域文獻照片合集》[三]（全三十册）也刊佈了P. 二五七七、P. 二五九四、P. 二八六四、P. 三二三七、P. 三

[一] P. 二五七七、P. 二五九四、P. 二八六四、P. 三二三七、P. 三二七七五殘卷圖録分別參見上海古籍出版社、法國國家圖書館編：《法國國家圖書館藏敦煌西域文獻》，上海：上海古籍出版社，第一六册（二〇〇一年）第八一—八三、一六八—一六九頁，第一九册（二〇〇一年）第一七八—一八〇頁，第二二册（二〇〇二年）第二六六—二六八頁，第二三册（二〇〇二年）第一—二頁。

[二] 李德範輯：《敦煌道藏》第三册，北京：中華全國圖書館文獻縮微複製中心，一九九九年，第一四一一——一四三六頁。

[三] 李德範主編：《王重民向達所攝敦煌西域文獻照片合集》（全三十册），北京：北京圖書館出版社，二〇〇八年。

二七七、S. 二〇六〇六殘卷影印照片，除P. 三二七七外，其餘五殘卷均署爲李榮《注》〔二〕。

從二〇一一年開始，由方廣錩和英國漢學家弗朗西絲·伍德（Frances Wood，中文名吴芳思）主編的大型圖録《英國國家圖書館藏敦煌遺書》由廣西師範大學出版社陸續出版，目前已出五十册，其中第三二册刊佈了李《注》S. 二〇六〇殘卷圖録，題名「道德真經注卷下」〔三〕。該圖録爲目前最清晰易辨的S. 二〇六〇殘卷圖録。

值得一提的是，王卡遺編《敦煌道教文獻合集》（預計共六册）正在由社會科學文獻出版社陸續出版，第一、二册已於二〇二〇年出版。該書是目前爲止已知敦煌道教文獻的集大成式著作。包含李《注》殘卷在内的洞神部分册出版後，其解題、圖版、釋文、校勘記等内容必將極大推動李榮相關研究走向深入。

〔二〕參見李德範主編：《王重民向達所攝敦煌西域文獻照片合集》第八册第二八一九—二八二八、二九五七—二九六二頁，第一二册第四三一〇—四三一九頁，第一三册第四九三二—四九四一頁，第一四册第五〇二七—五〇三五頁，第一七册第九九三七—九九四〇頁。

〔三〕方廣錩、〔英〕吴芳思主編：《英國國家圖書館藏敦煌遺書》（第三二册），桂林：廣西師範大學出版社，二〇一四年，第三五〇—三五四頁。

（二）李《注》殘卷圖録的數字化呈現

除公開出版著作中的李《注》殘卷圖録外，國際敦煌項目網站也可檢索、閱讀法藏P. 二五七七、P. 二五九四、P. 二八六四、P. 三二三七、P. 三二七七五殘卷，且均爲彩色高清圖像，比已出版的所有圖録都清晰易識，利用非常方便。而英藏S. 二〇六〇圖像雖可在該網站檢索，但無法查看，目前仍顯示「正在數字化」。另外，在國家圖書館中華古籍資源庫下的「法藏敦煌遺書」中也可線上閲覽P. 二五七七、P. 二五九四、P. 二八六四、P. 三二三七、P. 三二七七五殘卷的彩色高清數字化圖像。

從二十世紀三〇年代至今，從出版紙質化圖録、照片，再到國際敦煌項目網站公開提供數字化高清圖像，李《注》殘卷圖録、圖像刊佈工作已接近尾聲，爲深入研究李《注》殘卷文本内容打下來堅實基礎。

三、李《注》殘卷的文本輯校

從二十世紀三十年代至二十一世紀一十年代，公開出版的完本李《注》輯校本已有四種，另有小島佑馬對法藏李《注》殘卷的校勘和黄海德未正式出版的《李榮〈老子注〉校釋》。前輩學者輯校李《注》的底本主要有二：一爲《道藏》洞神部玉訣類所收李榮《道德真經注》，二爲李《注》殘卷。

（一）小島佑馬對法藏李《注》殘卷的校勘

一九三四年，小島佑馬《巴黎國立圖書館藏敦煌遺書所見録（八）》一文對李《注》P. 二五九四、P. 二八六四、P. 三二三七、P. 二五七七、P. 三二七七五殘卷部分文字進行了校勘[一]。小島佑馬首先對比了五殘卷四十六條經文與河上公本（四部叢刊影印宋刊本）、王弼本（《二十二子》華亭張氏本）、傅奕本（畢沅考異本）及强思齊《纂疏》存在的文字差異，指出李《注》殘卷四條經文與强思齊《纂疏》有不同（含根據强思齊《纂疏》本補一字[二]）；接着又詳細比對了殘卷一九四條注文與强思齊《纂疏》的不同之處，最後還將李《注》殘卷末章即通行本第三十七章經注文字原樣録出[三]。小島佑馬所做工作雖可謂細緻，但其校勘也有一些錯誤，如將殘卷經文「人之難治以其多知」之「難」

[一] 小島佑馬雖未完整輯校李《注》，但因其對P. 二五九四、P. 二八六四、P. 三二三七、P. 二五七七、P. 三二七七五殘卷做了大量文字校勘工作，因此放在此處叙述。

[二] 小島佑馬據强思齊《纂疏》在經文「咎莫於欲得」句中補一「甚」字，即爲「咎莫甚於欲得」。

[三] 參見［日］小島佑馬：《巴黎國立圖書館藏敦煌遺書所見録（八）》，第一二一—一四四頁。

識爲「雖」、將「其」識爲「甚」；殘卷注文識別錯誤的，如將「萬物雖富所資者沖和」之「沖」識爲「中」，將「戎馬生於郊」之「戎」識爲「戍」，將「迷徒莫曉」之「徒」識爲「徙」，等等。更重要的是，小島佑馬只指出了殘卷與諸本之異同，而未得出何者爲是的結論。

（二）蒙文通的《輯校李榮〈老子注〉》

完整輯佚、仔細校勘李《注》的第一人是蒙文通。一九四五—一九四七年蒙文通根據《道藏》殘本、巴黎所贈敦煌《老》卷影本（《德經》李《注》之後卷）、余君讓之所抄寄北平圖書館藏敦煌本（《德經》李《注》之前卷）〔三〕、《道德真經注疏》（題顧歡）、李霖《道德真經取善集》，首次輯校而成完本李

〔三〕　蒙文通在一九四五—一九四七年撰著《輯校〈老子〉李榮注》時，當未見到英藏S.二〇六〇殘卷。蒙文通哲嗣蒙默於一九九八年十月爲再次整理校勘《輯校李榮〈道德經注〉》所撰《整理後記》中説，敦煌寫本《李注》「自清末淪落海外，割裂爲六，其五存巴黎國民圖書館，而另一則存倫敦大英博物館，先君輯校《李注》時僅見巴黎所存者，而倫敦所存者（第五十三章至六十一章）則未見之」（蒙文通：《蒙文通全集》第五册，蒙默編，成都：巴蜀書社，二〇一五年，第三〇二頁）。王卡在《敦煌道教文獻研究——綜述·目録·索引》「老子道德經李榮注」條下按語云：「蒙文通跋文云：嘗致函『余君讓之』，探詢北京圖書館藏敦煌本李榮注。旋得余君抄本寄至，即《德經》李注之前卷，取以校補删改數十字云云。今查中國國家圖書館已公佈未公佈敦煌藏卷，均無李榮注抄本。不知余君所抄現藏何處。」（王卡：《敦煌道教文獻研究——綜述·目録·索引》，北京：中國社會科學出版社，二〇〇四年，第一七五頁）

《注》。一九四七年，該輯校本以《輯校李榮〈老子注〉》〔二〕爲名由四川省立圖書館石印刊行，分四卷，未分章，並附《校記》十七則和《輯校〈老子〉李榮注跋》〔三〕。該輯校本的優點毋庸多言，但也有未詳細注明部分經注文字改、補、删的依據。詳查蒙文通《校記》和蒙默《整理後記》，該輯佚本仍有部分文字改動處未加説明，如第十四章「是謂無狀之狀，無物之象，是謂惚恍」之注文，《道藏》本、强思齊《纂疏》本均爲「色視聽而契希夷」，該輯校本改「色」爲「絶」；第二十章「絶學無憂」之注文，《道藏》本爲「懷忘之進退」，强思齊《纂疏》本爲「懷忘之於進退」，該輯校本改爲「忘之於進退」；第三十三章「死而不亡者壽」之注文，《道藏》本爲「然物則百生有死」，强思齊《纂疏》本缺該句注文，該輯校本改「百」爲「有」；第三十七章「無名之樸，亦將不欲」之注文，殘卷爲「無真無真無俗何舍」，該輯校本改爲「無真無俗，何舍何取」；第三十七章「無名之樸，亦將不欲」之注文，殘卷爲「但以起有之心者是病」，該輯校本在「有」字後增補「欲」字；第三十八章，强思齊《纂疏》本經文

〔二〕二十世紀九十年代後期，蒙默以《輯校李榮〈老子注〉》爲底本，參合敦煌寫本《李〈注〉》《成疏》、遂州和易州二龍興觀《道德經碑》及《想爾注》經文重新整理校勘該輯校本，分兩卷八十一章，後以《輯校李榮〈道德經注〉》爲名收入巴蜀書社二〇〇一年八月出版的《蒙文通文集》第六卷《道書輯校十種》，二〇一五年五月又收入巴蜀書社出版的《蒙文通全集》第五册《道教甄微》。以下根據《道教甄微》所收《輯校李榮〈道德經注〉》叙述。

〔三〕一九四七年《輯校〈老子〉李榮注跋》附於《輯校李榮〈老子注〉》同時刊行，一九四八年發表於《圖書集刊》第八期。

爲「故云去彼取此」，該輯校本删「云」字；第七十一章經文「知不知，上；不知知，病」之注文，殘卷爲「照然知如無照知如不知」，强思齊《纂疏》本爲「照如無照知如無知」，該輯校本改爲「照如無照知如不知」；第七十六章，殘卷經文爲「萬物草木生之柔脆」，强思齊《纂疏》本經文爲「萬物草木生也柔脆」，該輯校本改爲「萬物草木之生柔脆」，等等。雖然蒙文通和蒙默的改、補、删是精當的，但因未對所據底本之部分文字之異同及取捨情況詳加説明，仍給研究者帶來了不少困擾。然瑕不掩瑜，該輯校本仍然是目前公開出版的李《注》輯校本中最精善的，是相關研究者必備的文獻。

（三）嚴靈峰的《輯李榮〈老子〉注》

一九六五年，嚴靈峰出版《輯李榮〈老子〉注》（全二册）〔二〕。該輯本「以道藏殘本爲底本，輯强思齊《纂疏》中之李榮注，並校法國巴黎國立圖書館與英國倫敦大英博物院所藏各號敦煌寫本殘卷；略采道藏『信』字型大小《道德真經注疏》與李霖《道德真經取善集》數條，參竅異同，使成完本」〔三〕。實

〔二〕該輯佚本收入嚴靈峰《無求備齋老子集成初編》第三函，一九六五年由臺北藝文印書館出版發行。

〔三〕嚴靈峰：《輯李榮老子注（一）·輯李榮道德經注序》，《無求備齋老子集成初編》第三函，臺北：藝文印書館，一九六五年，第三頁。

事求是地講，該輯本雖有較爲詳細地注明文字改易、取捨根據的優點，但其改易、取捨確實不如蒙文通精審，而且文字訛誤較多，如第三章經文「不貴難得之貨，使民不爲盜」之注，《道藏》本、强思齊《纂疏》本均爲「棄十城之璧」，但該輯本卻録「十」爲「干」； 第十八章經文「智慧出，有大僞」之注，《道藏》本爲「故知」，强思齊《纂疏》本爲「去知與故」，但該輯本卻改爲「去知與故知」，文意難通〔一〕； 第二十六章經文，《道藏》本、强思齊《纂疏》本均爲「是以君子終日行不離輜重」，但該輯本卻録「輜」爲「輕」，等等，兹不贅舉。

（四）周國林、王卡輯校的兩個版本的李榮《道德真經注》

蒙文通、嚴靈峰之後的輯校本主要有兩種，一爲周國林點校、王卡復校的《道德真經注》〔二〕，二爲周國林點校的《道德真經注》〔三〕。 該二輯校本均以《道藏》所收李榮《道德真經注》和敦煌殘卷P. 二五九四、P. 二八六四、S. 二〇六〇、P. 三二三七、P. 二五七七、P. 三二七七爲底本合校而成，殘

〔一〕據文意，應爲《莊子·刻意》之「去知與故」。
〔二〕該輯校本收入二〇〇四年華夏出版社出版的《中華道藏》第九册。
〔三〕該輯校本收入二〇一一年宗教文化出版社出版的《老子集成》第一卷。

缺處則據强思齊《纂疏》參校補充，並根據通行本分別章次。實際上，後者是對前者做了二十餘處文字校改，並修改一些標點符號的基礎上形成的，所以較前者完善。但即便如此，後者仍存在一些文字錯訛、句讀誤點之處，現僅舉幾例文字錯訛之處：第二十二章「窪則盈」之注，《道藏》本爲「謙退處下窒也」，强思齊《纂疏》本爲「謙退處下窪也」，周國林點校、王卡復校本爲「謙退處下窒也」，周國林點校本改「窒」「窪」爲「鋪」；第七十二章「是以聖人自知不自見，自愛不自貴。故去彼取此」之注，敦煌殘卷爲「去彼自見自貴之忓物」，强思齊《纂疏》本爲「去彼自見自貴之悟物」，周國林點校、王卡復校本爲「去彼自見自貴之忓物」，周國林點校的《道德真經注》則改「忓」「悟」爲「忏」；第七十三章「天網恢恢，疏而不失」之注，敦煌殘卷、强思齊《纂疏》本爲「罪有公私」，周國林點校、王卡復校本爲「罪有么私」，周國林點校本改「么」爲繁體字「麽」；第八十一章「聖人不積，既以爲人已逾有，既以與人已逾多」之注，敦煌殘卷爲「照臨萬寓」，强思齊《纂疏》本和周國林點校、王卡復校本爲「照臨萬嵎」，周國林點校本則改「寓」「嵎」爲「崳」，等等。另外，該二輯校本也存在一些文字改易而未加説明的問題，不再贅言。客觀講，以上兩種輯校本整體上並未超過蒙文通、嚴靈峰二輯校本水準。

（五）黄海德的《李榮〈老子注〉校釋》

除以上兩種公開出版的完本李《注》輯校本外，黄海德也對李《注》作過輯校。二十世紀八〇年代末至九〇年代初，黄海德在蒙文通《輯校〈老子〉李榮注》的基礎上，「廣搜敦煌道經，並與《道藏》引書往復校勘，終將李榮《老子注》八十一章全部復原，撰成《李榮〈老子注〉校釋》一書」〔一〕。雖然《李榮〈老子注〉校釋》一書迄今尚未正式出版，但該書第一章校釋内容曾以《李榮〈老子注〉校釋（一章）》爲名發表於《道教研究》第一輯。黄海德又曾將英藏S. 二〇六〇殘卷與强思齊《纂疏》、李霖《道德真經取善集》、顧歡《道德真經注疏》三書中引用的李《注》文字相考校，包含該校勘經注的論文《倫敦不列顛博物院敦煌S. 二〇六〇寫卷研究》發表於《四川師範大學學報（社會科學版）》一九九二年第三期。

以上公開出版的輯校本雖爲深入研究李《注》奠定了良好文本基礎，但仍存在一些不足。蒙文通的輯校本雖最爲精善，但仍存在未詳細説明部分經注文字改、補、删依據的缺憾，給研究者帶來了不便。嚴靈峰的輯本雖有較爲詳細地注明文字改易、取捨根據的優點，但其改易、取捨確實不如蒙文通先生精審，且文字訛誤較多。前兩種輯校本的缺點在周國林教授、王卡先生的二輯校本中都有表現。整體看，後二輯校本的整理水準並未超出前兩種輯校本。總之，以上輯校本不僅存在文字改

〔一〕　黄海德：《李榮〈老子注〉校釋（一章）》，《道教研究》第一輯，黄海德主編，成都：四川人民出版社，一九九四年，第六四頁。

易説明不詳細的問題，而且校勘精審程度還有提高空間。

四、結語

本文對百年來李《注》殘卷的整理史作了耙梳，以此向曾經和正在整理、研究卷帙浩繁的道教古代文獻典籍的學人致敬，並期望有更多學者參加到這一具有重要意義的工作中。